KB215953

요한복음이 단순히 정보 제공이 아니라 변화를 위해서 기록되었다면, 그 안으로 들어가는 영적 산책을 통해 우리는 삶을 변화시키는 예수님을 만나게 될 것이다. 이 책은 예수님과 대화 중인 중심 인물들을 살펴봄으로써 우리도 똑같은 대화에 참여하도록 초대한다. 이 책을 심도 있게 읽는다면 우리 역시 변화될 수 있다. 진지한 성서학 교재 중에서 보기 드물게 큰 기쁨을 주는 책이다!

폴 N. 앤더슨(Paul N. Anderson)
조지폭스 대학교(George Fox University)

제이미 클락 솔즈의 『요한복음에 가면』이 들려주는 여정은 새롭고 탐구적이고 열정적이고 통찰이 가득하고 믿을 만하고 이해하기 쉽다. 또한 성경 본문과 오늘날의 삶이 교차하는 지점을 적실하게 보여준다. 일어나 귀한 생명을 향해 가는 여행을 시작하자!

워렌 카터(Warren Carter)
텍사스크리스천 대학교(Texas Christian University)

브라보! 요한복음에 대한 새롭고 생생한 해석이 여기 있다. 더욱이 저자의 신앙 덕분에 이 복음서에 대한 깊은 통찰이 일어난다. 예수님의 친구였으며, 저자의 친구가 된 요한복음 속 등장인물들을 우리가 만날 때, 섬세한 연구가 신앙의 즐거움과 하나가 된다. 그들의 경험을 통해 우리 또한 예수님을 만나게 된다. 예수님은 우리에게도 친구가 되라고 권유하신다.

메리 L. 콜로(Mary Coloe)
PBVM, 오스트리아 야라 신학 유니온(Yarra Theological Union)

요한복음에 가면

제4복음서와 함께하는 영적 산책

제이미 클락 솔즈

Reading John for Dear Life

A Spiritual Walk with the Fourth Gospel

Jaime Clark-Soles

요한복음에 대한 제 열정을 공유하고,
저의 요한복음 읽기 형성에 영향을 준 모든 이들에게.
당신에게서 제가 생명을 받습니다.

| 목 차 |

· 옮긴이의 말

1. 본문에서 인용되는 성경 말씀은 되도록 개역개정성경 혹은 새번역성경을 따랐습니다. 그 역본들과 내용이 다소 다르다고 판단되는 경우에는 저자 개인의 번역을 따랐습니다.

감사의 말

　오랫동안 저는 요한복음을 연구하고 가르치고 설교하고 사랑하고 씨름해 왔습니다. 이 책은 요한복음 본문을 제가 개인적으로, 또 전문적으로 다룬 결과물입니다. 아마도 저는 앞으로도 계속 이 작업에 매달려 있을 겁니다. 저에게 독자와 나눌 통찰이 있다고 한다면, 그것은 제가 수년 동안 동료들과 나눈 멋진 대화 덕분일 겁니다. 물론 그 동료들 중에는 요한복음을 사랑하는 사람들도 있었고, 요한복음에 대해 다소 유보적인 태도를 보이는 사람들도 있었습니다 (물론 그들 사이에는 교집합이 있습니다).

　그러한 대화를 나눈 동료들 중에는 퍼킨스신학교(Perkins School of Theology)에서 저에게 요한복음 세미나를 수강한 학생들도 있습니다 (저와 세미나를 하다 보면 "매번" 어느 정도는 요한복음에 관한 세미나가 되어 버린다며 저를 놀리는 학생들도 있습니다). 그 수업 시간은 언제나 빈자리가 하나도 없었고, 아주 훌륭하고 똑똑한 학생들이 모여 있었습니다. 이 책에서 그 학생들의 연구와 통찰도 함께 나눕니다. 특히 베스 테일러(Beth

Taylor)는 언제나 니고데모에게 마음을 두고서 제가 더욱 입체감 있게 니고데모를 대하도록 몰아붙였습니다. 또한 휴스턴 미국연합그리스도교회(UCC) 희망의 예배당(Cathedral of Hope) 리넷 로스(Lynett Ross) 담임 목사님 덕분에 저는 요한복음 11장을 예전과는 완전히 다른 시각으로 읽게 되었습니다. 그리고 신디 리딕(Cindy Riddick) 목사님은 기꺼이 이 원고를 읽고 도움이 되는 제안을 해주셨습니다.

저는 여러 교파의 교회에서 정기적으로 가르치고 있는데요. 특히 달라스(Dallas), 휴스턴(Houston), 애머릴로(Amarillo), 타오스(Taos), 알래스카(Alaska)에서 진행한 퍼킨스 평신도 학교(Perkins School for the Laity)에 참여한 모든 분들에게 감사한 마음을 전하고 싶습니다. 특히 수지(Susie)와 론 왓슨(Ron Watson)의 이름을 언급해야 할 것 같습니다. 두 사람은 타오스에서 사흘 일정으로 열린 요한복음 비공개 모임 가운데 끝까지 자리를 지켰을 뿐 아니라, 심지어 달라스에서 같은 강의를 한 번 더 들었습니다! 그리고 이제 왓슨의 다음 세대가 그 공부 모임에 참여하고 있습니다. 앤드류 도일(Andrew C. Doyle) 감독이 지도하는 텍사스 감독 교구, 마이크 맥키(Mike McKee) 감독이 주재하는 미국연합감리교회 북텍사스 컨퍼런스, 짐 도르프(Jim Dorff) 감독이 주재하는 리오 텍사스 컨퍼런스가 저에게 평신도와 성직자 모두에게 강연할 기회를 주신 것에도 감사한 마음을 전합니다. 제가 속한 교회인 로열레인 침례교회(Royal Lane Baptist Church)에도 감사한 마음을 전합니다. 제가 가르치도록 허락해 주고, 또 제가 더 성장하도록 항상 도전을 주니 감사한 마음을 전하지 않을 수 없습니다.

저는 수년 간 여러 지면에 요한복음에 관한 글을 썼고, 여기저기에서 이 책에 담긴 생각을 나누었습니다. 저는 workingpreacher.org의 열렬한 팬인데요, 그 사이트는 설교자들에게 무료로 자료를 제공해 줍니다. 요한복음 1, 11, 14, 17, 18장과 관련된 생각들 중 일부가 그 사이트와 이 책 모두에 담겨 있습니다.

저는 과거 몇 년 동안 장애 연구에도 참여했는데, 이는 장애학(Disability Studies)이 성경과도 관계가 있기 때문입니다. 이를 통해 제게는 완전히 새로운 세상이 열렸는데, 실제로 저는 그 분야를 아주 빠르게 습득했습니다. 저는 기회가 있을 때마다 정의(justice)를 위한 의식(awareness)을 기르는 일에 헌신합니다. 일례로 저는 『장애와 성서주석』(Disability and the Bible: A Commentary, ed. Sarah J. Melcher, Mikeal C. Parsons, and Amos Yong [Waco, TX: Baylor University Press])에서 장애학과 요한문헌을 아주 길게 다루었는데, 편집자들이 제가 그 주석에 실은 견해를 이 책의 5장과 6장에서 (서론식으로) 공유하도록 허락해 주신 것에 감사를 표하고 싶습니다.

퍼킨스 학술 활동(Perkins Scholarly Outreach) 지원 프로그램이 학자들을 장려한 덕분에, 학자들은 그들이 속한 전문 협회보다 더 큰 규모의 청중에게 연구 결과와 지식을 나눌 수 있게 되었습니다. 저 역시 그 프로그램으로부터 지원금을 받은 덕분에, 더 광범위한 청중을 대상으로 이 책을 쓸 수 있었습니다. 이 책의 출간으로 그 프로그램의 목표가 달성되었기를 바랍니다.

저는 기발한 생각과 열띤 토론, 그리고 상상을 정말로 좋아합니다. 인용이나 서식 설정과 같은 세세한 작업을 요구받을 때면, 저는 금세 활력을 잃고 시들해지곤 합니다. 이러한 맥락에서 저는 레슬리 풀러(Leslie Fuller)의 도움에 마음 깊이 감사함을 느낍니다. 서던메소디스트대학교(Southern Methodist University) 구약/히브리성경 박사과정을 수료한 레슬리는 그러한 작업들을 신속하고도 인내심 있게 살펴봐 주었습니다. 신약에 대해 연구할 때 히브리성경 연구자를 곁에 두는 것은 언제나 좋은 일 아니겠습니까.

그러한 맥락에서 구약학 교수이자 두루 존경받는 로이 헬러(Roy Heller) 박사를, 아주 친한 친구들 중 한 사람으로 꼽을 수 있다는 것은 정말로 큰 축복이 아닐 수 없습니다. 이 때문에 종종 사람들이 저를 시샘한다는 것을 알고 있습니다. 사실 시샘하는 것도 어찌 보면 당연한 것 같습니다. 헬러 박사는 누구도 대신할 수 없는 제 영혼의 단짝 친구입니다. 그는 요한에 대한 저의 열의를 받아주었고, 언제나 통찰을 보태 주며, 성경이 불러 일으키는 경이감을 배가해주었습니다. "내가 헬러보다 먼저 죽는다면 그가 내 장례식 설교를 담당할 거예요"라는 말이 그와 저의 관계를 가장 잘 전달할 것 같습니다. 그는 또한 마감이 촉박한데 히브리어에 대해 급히 물어봐야 할 것이 있을 때 아주 도움이 되는 사람이기도 합니다.

로니 브룩스(Lonnie Brooks)는 앵커리지(Anchorage)에서 퍼킨스 평신도 학교(Perkins Laity School)를 총괄하고 3월마다 달라스에 있는 평신도 학교에 참석합니다. 또한 그는 성서학회(Society of Biblical Literature) 모임에도 참석합니다. 로니는 감사하게도 저의 원고 전체를 읽어 주었고, 유익한 통찰도 남겨 주었습니다. 그는 어리석은 자들을 경솔하게 대하지 않는 사람이며, 신앙이 깊고 총명한 사람입니다. 제가 아주 존경하는 사람이지요. 신세도 많이 졌고요.

누구든지 제가 책들을 출간하는 과정을 줄곧 살펴본다면, 제가 웨스트민스터 존 녹스 프레스(Westminster John Knox Press)와 협업을 많이 한다는 것을 알아차릴 것입니다. 이 출판사는 저를 다양한 독자들과 연결시켜 주었고, 또 자료들을 빈틈없이 적시에 내도록 도와주었습니다. 이 책의 경우 브리짓 그린(Bridgett Green)이 편집을 담당했습니다. 브리짓은 언제, 어디에서나 저를 격려해 주었고, 성경을 중심으로 유의미하고 흥미를 자아내는 대화가 이루어질 때면 저와 함께 그 즐거움을 나누었습니다. 브리짓, 고마워요!

이 책의 원고를 처음부터 끝까지 여러 차례 읽어 주고 가장 세세한 내용에까지 관여해 준 "미 에르마나"(mi hermana), 즉 제 영혼의 자매 미레야 마르티네즈(Mireya Martinez)에게 감사한 마음을 전합니다. 지나치게 감상적인(maudlin) 이야기처럼 들릴 수 있는 위험을 감수하고서라도(maudlin과 연결된 이 농담은 14장을 읽고 나면 더욱 분명하게 이해될 거예요), 저는 미레야가 제 인생에 주어진 아주 큰 축복이라고 말하지 않을 수 없습니다. 우리의 관계는 수년 전에, 당시 학교 선생님이던 미레야가 평신도 주간(Laity Week) 동안 요한복음 주말 세미나에 나타나면서 시작되었습니다. 그러더니 미레야는 퍼킨스 신학교의 학생이 되었고, 지금은 연합감리교회 목사가 되었습니다. 놀라울 정도로 은사가 많은 사람이지요. 미레야에 대해서, 또 미레야에게서 앞으로 더 많은 소식이 전해질 것을 기대합니다. 미레야의 어머니 엘마 (Elma)는 2015년 1월, 우리가 성지 여행을 떠나기 나흘 전에 세상을 떠나셨는데요, 저는 그 전에 엘마를 알게 되는 축복도 누렸습니다. 미레야를 통해 저는 계속해서 믿음과 소망과 사랑에 대해 배웁니다. 미레야(Mireya Martinez)는 막달라 마리아(Mary Magdalene)와, 저는(Jaime Soles) 예수 그리스도(Jesus Christ[Superstar])와 각각 이니셜이 같다는 것을 알아차렸을 때, 우리 둘은 요한에게로 무작정 달려들었습니다. 친밀한 우정은 생명을 가져다 줍니다. 풍성한 생명. 육화된 생명. 영원한 생명. 귀중한 생명을요.

니키 베이(Neeki Bey)는 지금껏 제 소중한 친구였습니다. 우리는 대안적인 교회에서 처음 만났는데요, 니키는 교회에서 음악 사역자가 되었습니다. 하지만 그는 평범한 음악 사역자가 아니었어요! 니키는 믿기 힘들 정도로 재능이 많은 음악가이자 사상가였습니다. 여러분도 니키에 대해서 더 많이 알게 되면 좋겠네요(neekibey.com). 최근에 니키와 저는 전통적으로 죄를 검정색과, 그리고 정결을 흰색과 동일시하는 것에 대해 의미 있는 대화를 나누었습니다. 이는 다른 많은 주제들과 얽히고 설킨 주제이지요. 그 특별한 대화의 결실은 이 책의 3장에서 보여 드리겠습니다.

키스 릴리제스트랜드(Keith Liljestrand)는 저의 친한 친구입니다. 저와 같은 운동광, 라켓볼 짝, 달리기 친구인데요, 그는 웃음과 놀이(그리고 많은 기죽이는 말)가 삶에서 필수적인 부분임을 저에게 꾸준히 상기시켜 줍니다. 또한 그는 제 삶 안에 한결같은 모습으로 머물렀기에

이 책에 대해 많은 대화를 나누어 주었습니다. 계속해서 질문하고 조언을 해주어 언제나 제가 신념과 목표와 전략을 분명하게 하도록 도와줍니다. 그와의 우정은 저에게 심오한 기쁨을 줍니다.

제가 영원한 절친(BFF)을 언급하기에는 너무 나이가 많다는 것을 알지만, 어쨌든 저에게는 그런 절친이 한 명 있습니다. 테리 워커(Teri Walker)는 다수의 책을 통해서 저를 만나왔습니다. 또한 인생의 여러 사건들을 함께했지요. 저는 한쪽에 "친구"라고 적힌 커플 머그컵에 음료를 담아 마시면서 이 책을 썼습니다. 그 머그컵 다른 쪽에는 "우리가 많은 일을 함께 겪었는데, 대부분은 네 잘못이었지"라는 글귀가 적혀 있습니다. 우리가 많은 공통점이 있으면서도 동시에 여러 면에서 세상을 아주 다르게 보고 있다는 사실이 몹시도 감사한 부분입니다. 그 차이를 통해서 제가 많은 것을 배우고 성장합니다. 또 다른 모험이 기다려지네요.

아버지(해롤드 클락[Herold Clark])는 "진짜" 가족과 "진짜" 가정을 이루는 것이 무엇인지 가르쳐 주셨습니다. 어머니(마고 클락[Margot Clark])는 스스로의 열정을 따라가고 또 진리를 말한다면, 나머지는 결국 제자리를 찾게 된다는 것을 (언제나 말과 본으로) 저에게 가르쳐 주셨습니다(그렇다고 해서 부모님이 저를, 특히 어린 저를 키우는 일이 쉬우셨다는 뜻은 아닙니다).

어머니가 멋진 유리 공예 작품을 이 책 표지에 쓰도록 허락해 주신 것에 감사합니다. 저는 그 작품을 보았을 때, 요한복음의 이미지와 잘 어울린다는 것을 바로 알았습니다. 저는 언제나 어머니가 가진 예술에 대한 재능에 감탄하지만, 안타깝게도 저는 그 재능을 물려받지 못했습니다. 그럼에도 어머니는 제가 가진 예술적 재능이 언어로 표현되고 있다고 다정하게 말씀해 주시는데요(어머니들이 으레 그러신다는 건 압니다), 당시에 어머니의 말씀은 제가 요한복음에 관한 책을 쓰기 위해 애쓰고 노력하는 데 귀한 토대가 되었습니다. 감사합니다!

시어머님(캐롤라인 솔즈[Caroline Soles])은 신실함과 자기를 희생하는 사랑의 귀감과도 같습니다. 저는 이 책 8장을 어머니께 바칩니다. 이 책의 여러 장들에서 설교하는 내용을 제가 살아가면서 조금이라도 실천하게 된다면, 그것은 바로 어머니께서 그 내용을 실천하시는 모습을 머릿속에 그릴 수 있을 정도로, 오랫동안 어머니를 봐왔기 때문일 것입니다. 어머니께서 베다니 마리아의 자리에 계실 때, 저는 유다의 자리에 있는 제 자신을 발견하곤 합니다. 그렇지만 어머니께서 저를 위해 꾸준히 기도하신다는 것과, 의인들의 기도는 "역사하는 힘이 많다"(약 5:16)는 것을 알기 때문에 제게도 분명 소망은 있습니다.

마지막으로 가장 큰 감사는 남편과 아이들에게 돌려야 합니다. 가족 덕분에 이러한 삶과 작업이 가능했습니다. 남편과 제가 그저 스테트슨 대학교(Stetson University) 대학생이었던 시절, BCM(Baptist Campus Ministry)에서 많은 시간을 보냈던 시절에, 그가 무엇을 마음속에 품고 상상했는지는 모릅니다만, 남편은 거의 30년 가까이 제 모든 꿈이 들어설 자리를 만들어 주었습니다. 남편이 가족을 사랑하고 헌신하는 덕분에 제가 이렇게 살아갑니다. 그레이스(Grace), 클로이(Chloe), 케일럽(Caleb)은 저에게 영감과 도전을 주며 저를 겸손하게 만들어 줍니다. 아이들은 각자의 자의식과 발상을 지닌 활기찬 대화 상대입니다(때로 저는 그 대화가 불편해서 그렇게 말해 주기도 합니다). 아이들은 제가 새로운 방식으로 생각하게 만들어 줍니다. 저에게 장단을 잘 맞춰 주고, 저를 사랑합니다. 물론 제가 아이들을 더 많이 사랑하겠지요? 아이들은 순전한 선물입니다.

이 모든 것의 마지막 한 부분까지, 은혜 위에 은혜입니다.

2015년 9월
텍사스, 달라스에서
제이미 클락-솔즈

제1장

아무도 손대지 않은
소중하고 풍성한 생명

제1장 아무도 손대지 않은 소중하고 풍성한 생명

♯개관

요한복음에 잘 오셨습니다! 요한복음을 이번에 처음 보는 것이든, 100번째 보는 것이든 관계 없이, 이제 온갖 기이하고 놀라운 일들이 여러분을 기다리고 있습니다. 이 복음서는 21장까지 있는데요, 어느 장에든 의미와 위로와 도전이 짙고도 강렬하게 담겨 있습니다. 하지만 이 책에서는 요한복음을 한 장 한 장 일일이 다루지 않고, 주요 본문을 선택하여 집중해서 읽고 연구하고 기도하고 토론할 것입니다. 기도나 묵상 혹은 연구를 위한 질문이 있는 장도 있고 없는 장도 있습니다. 왜 그렇게 했냐고요? 성령이 가고 싶은 대로 움직이시듯이(요 3:8), 저도 성령을 잡아 두거나 억누르려고 하기보다 성령이 인도하시는 곳으로 따라갔기 때문입니다. 성령은 램프의 요정이 아니시잖아요.

분명 여러분은 이 복음서를 읽고서 무엇이든 눈에 들어오는 대로 질문과 통찰을 적고 싶어질 것입니다. 그때 제 역할은 오로지 여러분에게 길을 안내하고 요한복음에 있는 하나님의/하나님에게서 온 말씀에 시간을 쏟으라고 격려하여, 여러분만의 영적 오솔길을 발견하도록 돕는 것입니다. 별다른 언급이 없다면 인용된 성경 본문은 모두 NRSV(New Revised Standard Version)에서 나온 것입니다. 때때로 제가 NRSV의 번역을 두고 씨름을 하기도 할 것입니다. 하지만 이것은 NRSV의 번역이 좋지 않아서가 아니라, 모든 번역에는 어떤 면에서든 약점이 있기 때문입니다.

본격적으로 시작하기에 앞서 아래 질문에 대답해 보세요.

- 요한복음에 대해 어떻게 생각하나요?
- 요한복음에 대해 어떤 느낌을 받나요?
- 요한복음에 대해 무엇을 알고 있나요?
- 요한복음에 대해 무엇이 궁금한가요?

요한복음을 연구하는 내내 이 목록을 곁에 두세요.

전승에 따르면 요한복음의 상징은 독수리인데요, 이는 오직 솟구쳐 날아오르는 독수리만이 태양을 똑바로 쳐다볼 수 있다는 이유에서 비롯된 것입니다. 2세기 교회 지도자였던 알렉산드리아의 클레멘스(Clement of Alexandria)는 이렇게 말했습니다. "마지막으로, 요한이 영적 복음서를 쓴 까닭은, 외적 실상은 [나머지] 복음서들이 분명하게 보여 주었다고 생각했기 때문이다. 그리고 그의 친구들로부터 요구를 받았고 또 성령의 영감을 받았기 때문이다"(유세비우스, 『교회사』, 6.14.5-7). 어느 현자의 묘사에 따르면 요한복음은 어린이가 들어가 놀 수 있을 정도로 얕으면서도 코끼리가 헤엄칠 수 있을 정도로 깊습니다. 우리의 목표는 요한복음의 풍성함을 찾아내는 것인데요, 요한의 복음서가 독특하면서도 신비롭기 때문에 여러분은 잠시도 눈을 떼지 못할 것이고, 또 곳곳에서 놀라운 사건들을 만나 즐거워하게 될 것입니다. 그러니 우리가 완전히 변하게 될 것을 기대해도 좋습니다.

요한은 그가[1] 복음서를 쓴 이유를 추측하게 놔두지 않고 분명하게 알려 줍니다. "그렇지만 이러한 일들을 적어 두는 이유는 여러분 모두가 예수님이 하나님의 아들이심을 믿고, 그렇게 믿어서 그분의 이름으로 생명을 얻게 하려는 것입니다"(요 20:31, 저자 번역).

1장 1절부터 21장 25절까지[2] 요한복음의 모든 기록은 우리에게

---

1   요한복음의 저자 문제(authorship)를 둘러싼 논쟁은 활발하게 진행 중입니다. 이 복음서 자체는 저자를 밝히지 않습니다. 요한복음의 저자로 거론되는 사람들이 많은데요, 남자도 있고 여자도 있습니다. 이 주제에 대한 견실한 논의는 Sandra Schneiders, *Written That You May Believe* (New York: Crossroad, 2003), 233-254와 Paul Anderson, *The Riddles of the Fourth Gospel* (Minneapolis: Fortress Press, 2011), 95-124 참고. 저는 이 복음서의 저자를 "그(he)"나 "요한"으로 지칭하지만, 편의상 그렇게 하는 것이지 저자가 남자라고 생각해서 그런 것은 아닙니다.

2   요한복음은 결말이 두 개 있다는 주장(첫째 결말은 20장, 둘째 결말은 21장)을 포함하여 그 구성 역사가 아주 흥미롭습니다. 21장을 부록이라고 부르는 사람도 있습니다. 요한복음과 요한서신의 구성을 학문적으로 철저하게 다룬 책으로는 Urban von Wahlde가 세 권에 걸쳐 집필한 *The Gospel and Letters of John* (Grand Rapids: Eerdmans, 2010)이 있습니다. 그에 대해 간략하지만 탁월하게 다룬 책으로는 Paul Anderson, *The Riddles of the Fourth Gospel*

지식을 전달하기 위해서뿐 아니라 또한 우리를 변화시키기 위해서 기록된 것입니다. 요한은 사람들과 사건들을 객관적으로 설명해 놓은 책을 역사 속에 한 권 더 보태려고 한 것이 아닙니다. 실제로 요한의 복음서는 설득의 화법을 선보이고 있습니다. 그러므로 이 복음서가 우리를 잘 설득한다면 우리는 하나님께서 그리스도 안에서 직접 우리에게 말씀하시는 기분이 들 것이고, 또 하나님의 가족으로서 우리가 소유하는 생명을 풍성하게 누릴 것입니다.

"생명"은 이 복음서가 특별히 내세우는 주제입니다. 많은 이들이 요한복음 3:16을 킹제임스역(KJV)으로 암송하곤 합니다. "하나님이 세상을 너무나도 사랑하셔서 독생자를 주셨으니, 누구든지 그분을 믿으면 죽지 않고 영원한 생명을 누릴 것이다"(KJV). 그러고나서 요한복음 10:10에서 예수님은 이렇게 선포하십니다. "나는 그들이 생명을 얻되 넘치도록 얻게 하려고 왔다"(NRSV).

요한복음 안에 "생명"을 뜻하는 단어 조에(*zōē*)가 36회 나옵니다. 동사 *zaō*(자오)는 7회 나옵니다. "생명을 주다", "살리다"라는 의미의 또 다른 동사 조오포이에오(*zōopoieō*)의 경우 3회 나오는데, 이 동사는 오직 요한복음에만 나옵니다. 사실상 요한복음은 생명으로 시작한다고 할 수 있습니다. 요한복음의 프롤로그(1:1-18)에는 다음과 같은 말씀이 나옵니다. "만물이 그로 말미암아 지은 바 되었으니 지은 것이 하나도 그가 없이는 된 것이 없느니라. 그 안에 생명이 있었으니 이 생명은 사람들의 빛이라"(1:4-5).

(Minneapolis: Fortress Press, 2011), 95-124을 참고하세요.

존재하는 모든 만물의 창조에 "말씀"이 있었다는 사실은, 우리가 우리를 둘러싼 모든 것, 세상에 있는 모든 것을 살펴봐야 함을 상기시켜 줍니다. 또한 그 사실은 창조의 순서가 하나님과 우리를 어떻게 이어주는지, 또 풍성한 생명의 모습을 어떻게 가르치는지를 우리가 살펴봐야 한다고 말합니다. 풍성한 생명은 분명 생명의 기간보다는 생명의 질과 관계가 있습니다. 즉, 얼마나 오래 생명을 이어가든, 중요한 것은 특정한 유형의 생명을 살아내는 것이라는 말이지요.

오랫동안 뉴욕 리버사이드 교회를 섬긴 윌리엄 슬러언 코핀(William Sloane Coffin) 목사님은 이것을 다음과 같이 표현했습니다. "아브라함이 "여름 불볕 더위"를 겪으며 살아간 반면 예수님은 젊은 나이에 죽음을 맞이했지만, 두 사람은 모두 살아간 기간보다 살아간 내용에 비추어 그 일생을 판단해야 함을 보여 주지 않았습니까?"[3] 코핀 목사님은 또 이렇게도 말했습니다. "그리스도께서는 겨우 서른 살에 제자들에게 버림받으시고 십자가에서 고통스러워하시며 "다 이루었다"고 하셨습니다. 그렇게 해서 지금껏 살았던 사람들 중에서 가장 완벽한 삶을 마치셨습니다."[4]

메리 올리버(Mary Oliver)는 요한의 마음을 본받은 시인입니다. "누가 세상을 만드셨나요?"라고 질문 앞에서, 그녀의 시 "여름 날"은

---

3 William Sloane Coffin, *Credo* (Louisville, KY: Westminster John Knox Press, 2004), Kindle edition.

4 Coffin, *Credo*.

요한복음과 아주 완벽하게 들어맞습니다. 그녀는 기도하면서 세상을 관찰하는 방법을 우리에게 일깨워 주면서, 마침내 가장 훌륭한 질문을 내놓습니다.

> 모든 것이 결국은 죽지 않나요, 그것도 너무 일찍?
> 무엇을 하시려는지 저에게 말씀해 주세요.
> 아무도 손 대지 않은, 하나뿐인 소중한 생명으로요.[5]

요한은 우리에게도 동일한 질문을 던집니다. 요한은 우리에게 속도를 늦추고 주의를 기울이라고, 그리하여 영원함으로 특징지어지는 풍성한 생명을 얻으라고 말합니다. 요한의 관심은 온통 생명에만 쏠려 있다고 말해도 될 정도입니다. 요한은 우리가 어떻게 해서 생명을 얻는지, 어떻게 해서 생명을 잃는지, 어떻게 해서 생명을 다시 되찾는지에 관심이 있습니다. 아니, 그보다 어떻게 해서 우리가 생명에게 발견되는지에 관심이 있다는 표현이 더 낫겠네요. 다시 말해, 풍성한 생명, 육화된 생명, 영원한 생명, 귀한 생명이 요한의 관심사입니다.

---

5   Mary Oliver, *House of Light* (Boston: Beacon Press, 1990), 60.

읽어 나갈 때 주목할 사항: 읽기 비법

요한복음은 여러 번 연거푸 읽을 만합니다. 제가 여행 동료로서 다음과 같은 내용을 표지판으로 제시해 드리지요.

1. 빛, 어둠, 생명, 진리, 세상, 말씀, 증인, 증거하다, 가족관계를 나타내는 표현(자녀, 출생, 모태, 아버지, 어머니)처럼 특별히 반복되는 단어에 유의하세요.

2. 제4복음서의 주요한 특징 중 하나는 "나는 … 이다/나는 나다"(I am)라는 진술의 사용입니다. 이 표현이 나올 때마다 특정한 사건들을 다루겠지만, 먼저 요한복음 안에서 이 진술이 2가지 형태로 나온다는 사실은 알아야 합니다(도표. 펠릭스 저스트[Felix Just]의 "*I AM* Sayings in the Fourth Gospel* 참고 [http://catholic-resources.org/John/Themes-IAM.htm]).

우선 술어 주격(Predicate nominative)이 따라 나오는 "나는 … 이다" 진술이 있습니다.

- 나는 생명의 떡이다(6:35, 41, 48, 51).

- 나는 세상의 빛이다(8:12; 9:5).

- 나는 양의 문이다(10:7, 9).

- 나는 선한 목자다(10:11, 14).

- 나는 부활이요 생명이다(11:25).

- 나는 길이요 진리요 생명이다(14:6).

- 나는 참포도나무다(15:1, 5).

다음으로, 절대적인 "나는 나다" 진술이 있는데요, 이 경우에 예수님은 "나는 나다"(에고 에이미[*egō eimi*])라고만 말씀하시는데, 출애굽기 3:14에도 명시되어 있듯이 이는 구약성경 안에서 하나님의 자기 지칭이었습니다(예를 들어, 요 4:26; 6:20; 8:24, 28, 58; 13:19; 18:5-8 참고).

3. 등장인물 개개인과 예수님의 친밀하고 사적인 만남을 눈여겨 보세요. 그중에는 요한복음에만 나타나는 등장인물들이 있습니다. 또 나머지 복음서에도 등장하기는 하지만 요한복음에만 해설이 나오는 인물들도 있습니다. 예를 들면 이런 사람들이죠.

- 나다나엘(1장)
- 예수님의 어머니(2장)
- 니고데모(3장)
- 사마리아 여자(4장)
- 서른여덟 해 된 병자(5장)
- 날 때부터 눈 먼 사람(9장)
- 마리아, 마르다, 나사로(11장)
- 마리아(마르다와 나사로의 누이) (12장)
- 유다(12, 13장)
- 빌라도(19장)
- 십자가 곁에 있던 막달라 마리아(19장), 무덤과 동산에 있던 막달라 마리아(20장)
- 바닷가에 있던 베드로(21장)

4. 요한복음은 "친밀하고도 접촉이 많은 관계의 복음서"라고 불릴만 합니다. 성경 안에 요한복음보다 더 친밀한 책은 없습니다. 예수님과 하나님과 성령과 우리가 모두 서로 친밀한 관계임을 보여줍니다. 또 요한복음은 접촉이 많은 복음서입니다. 예수님은 눈 먼 사람의 눈에 진흙을 문질러 주십니다. 마리아는 예수님의 발에 기름을 붓고 자신의 머리카락으로 닦습니다. 예수님은 제자들의 먼지투성이 발을 씻겨 주십니다. 부활하신 예수님이 하늘로 올라가시려고 할 때 막달라 마리아는 그분을 붙잡습니다. 요한복음에 나오는 이러한 친밀함의 예를 얼마든지 더 들 수도 있지만, 그중 특별한 사례 하나를 눈여겨보면 좋겠습니다.

1:18에서 요한은 예수님이 아버지의 "품"(콜포스[*kolpos*]) 안에 계시다고 말합니다. 여기서 콜포스는 "마음"(heart)으로 번역되기도 하고 (New Jerusalem Bible, NRSV), "그분 곁에"(at his side)로 번역되기도 합니다 (English Standard Version, New American Bible). 그러나 2가지 번역 모두 전혀 도움이 안 될 뿐더러 오히려 그릇된 인식만 심어줍니다. 우선 마음에 해당하는 단어는 이미 **카르디아**(*kardia*)가 있습니다. 하지만 카르디아가 여기에는 나오지 않습니다. 요한복음에서 **콜포스**가 여기 말고는 13:23에만 나오는데요, 그 장면에서 "사랑하시는 제자"는 예수님의 **품에 붙어서** 기대고 있지, 그분 **옆에** 있지 않습니다. 요한은 하나님과 예수님 사이에 있는 친밀함이, 우리와 예수님/하나님 사이에도 있음을 우리가 이해하기를 바란 것입니다. "마음"이나 "그분 곁에"로 오역하면 이 사실이 확실하게 드러나지 않습니다. 접촉하는

것에, 땅의 일에, 그리고 (흔히 말하는) "세속적"인 것과 "거룩한" 것 사이의 선을 긋지 않는 것에, 불편한 감정이 든다면 다른 본문을 하나 더 보세요. 요한은 그와 같은 감정에 동의하지 않을 것입니다. 그와 같은 친밀함 속에서 성육신이 나타났기 때문입니다.

5. 마태, 마가, 누가는 공관(Synoptic)복음서로 알려져 있습니다. 이 세 복음서가 *syn-optic*, 즉 "함께 볼 수" 있을 정도로 문학적인 측면에서 서로 긴밀한 관계에 있기 때문이지요. 여러분이 공관복음을 익숙하게 알고 있다면 아마 제자들 중에 "주연"(star)은 베드로라고 생각할 겁니다. 그렇지만 요한복음에서는 "사랑하시는 그 제자"(NRSV에서는 "예수께서 사랑하시는 자")가 주연입니다. 많은 사람들이 이 "사랑하시는 제자"가 세베대의 아들 요한이라고 추정하지만, 요한복음 본문에서 그 제자의 이름을 정확히 밝히지 않는다는 점에 주목해야 합니다. 해석가들은 그 제자의 정체와 관련해서 나사로, 막달라 마리아, 예수님의 동생 야고보를 포함하여 여러 사람을 거론합니다. 하지만 우리는 요한복음의 저자가 "사랑하시는 제자"의 이름을 명확히 밝히지 않은 것을 존중해 주어야 합니다. 저자는 그 제자의 이름을 밝히지 않기로 결정하면서 **저와 여러분**, 그리고 요한복음을 읽는 모든 이들(듣는 이들)이 그 자리에 각자 자기의 이름을 넣어 보기를 기대했을 것입니다.

6. 『샬롯의 거미줄』(Charlotte's Web)의 저자 E. B. 화이트(White)가 한 번은 이런 말을 했습니다. "아침이 되면 세상을 개선하려는 (구원하려는) 열망과 세상을 즐기려는 (맛보려는) 열망 사이에서 고민하게 된다.

그래서 하루 계획을 세우기가 힘들어진다."[6] 저는 이 말에 너무나도 공감합니다. 여러분도 그런가요? 제4복음서는 세상과의 갈등 관계를 표현하고 있으니 분명 화이트의 말을 이해할 수 있을 겁니다. 한편으로 하나님과 예수님은 세상을 만드셨고(프롤로그를 보세요), 또 세상을 구원하고자 하십니다(3:16-17). 반면에 세상은 예수님을 "미워합니다." 따라서 제자들도 예수님과 똑같은 일을 겪게 될 것을 예상해야 합니다. 세상이 사탄과 짝이 되었기 때문에 요한은 사탄을 자주 "이 세상의 임금"(12:31; 14:31; 16:11)이라고 부릅니다. 그렇지만 요한이 사탄에 대해 이야기할 때는 대개 사탄이 쇠퇴해 가는 것을 논하려는 맥락입니다. 사탄은 예수님에 대해서 아무런 지배력도 없고 오히려 그분으로부터 정죄를 받습니다.

7. 예수님과의 개인적이고 친밀한 만남에는 언제나 우리를 변화시키는 힘이 있습니다. 그리고 그러한 변화는 늘 공동체라는 정황 안에서 진행됩니다. 요한복음에는 **론 레인저**(Lone Ranger)와 같은 기독교가 존재하지 않습니다(사실 성경 어디에도 그러한 기독교는 없습니다만, 그것은 사뭇 다른 주제입니다).

8. 요한복음은 내러티브(narrative)이지 신문기사가 아닙니다. 요한복음을 내러티브로서 존중해 주세요. 한 자리에 앉아서 요한복음을 끝까지 읽든지 (크리스토퍼 플러머[Christopher Plummer]가 내레이션을 맡은) 영화 **요한복음**(*The Gospel of John*)을 보세요. 요한이 만들어낸 내러티브의 세

---

6 Israel Shenker가 작성한 인물소개인 "E. B. White: Notes and Comment by Author," *New York Times*, July 11, 1969에서 인용했습니다.

계에 스스로 푹 빠져 보세요. 그 세계에 빠져 있는 동안에는 다른 것들은 다 차단하세요. 처음부터 끝까지, 대사 한 마디 한 마디를 꼼꼼하게 들으면서 영화를 보려면 3시간 정도가 걸릴 것입니다. 마치 여러분이 등장인물이 된 것처럼 그 속으로 들어가 보세요. 등장인물들 하나하나의 자리에 자신을 넣어서 누가 잘 어울리는지 살펴보세요. 그렇게 하면서 다음과 같은 질문을 던져 보세요.

- 이 본문에서 무슨 생각이 떠오르나요?
- 그 이야기에 나타나는 등장인물이 마음에 드나요? 마음에 들거나 안 드는 이유가 무엇인가요?
- 그 이야기에서 예수님이 마음에 드나요? 마음에 들거나 안 드는 이유가 무엇인가요?
- 성경의 이 본문과 관련해서 전에 경험한 일이나 관계의 문제는 무엇인가요? 이 본문을 설교로 들은 적이 있나요? 그 설교가 지금 이 본문에 대한 이해에 어떠한 영향을 미쳤나요?
- 여러분의 삶과 교차하는 부분은 어디인가요? 이를테면, 사마리아 여자는 특별한 필요를 느끼고서 그 필요에 따라 "저에게 물을 주세요"라고 요청했지요. 여러분의 필요는 무엇인가요? "저에게 물을 주세요" 대신 무엇을 예수님에게 요청하고 싶나요?
- 이 본문은 우리 교회가 되어야 하는 공동체, 될 수 있는 공동체와 관련하여 무엇을 가르치나요?

9. 요한복음은 공관복음과 사뭇 다릅니다. 공관복음의 내러티브나 신학을 요한복음에 얹어서 요한복음을 "바로잡으려"고 하지 마세요. 때로 제가 요한복음을 공관복음과 비교하는 경우도 있겠지만, 그것은 무언가를 바로잡기 위함이 아닙니다. 오히려 (1) 요한복음의 특수성을 보여 주기 위해서, (2) 독자가 공관복음의 설명을 요한복음에 투영함으로써 생길 수 있는 혼란을 정리하기 위해서 그렇게 하는 것입니다. 예를 들어, 제가 예수님께서 십자가를 지고 가시는 장면을 떠올려 보라고 하면, 독자들 대부분은 아마도 예수님을 돕는 구레네 사람 시몬을 언급할 것입니다. 그렇지만 요한복음에서는 예수님께서 홀로 십자가를 지고 가십니다. 이것은 그저 흥미로운 차이에 그치지 않습니다. 이것은 요한의 신학, 특히 요한의 기독론—예수님의 삶과 사역에 대한 연구—을 이해하는 데 아주 중요한 차이입니다.

10. 한 등장인물을 다른 등장인물에 비추어서 읽는 것은 아주 유용합니다. 저는 이것을 등장인물의 상호 성격묘사(intercharaterization)라고 부릅니다. 사마리아 여자를 앞서 나온 니고데모, 그리고 (여자가 예수님을 만난 이후에 등장하는) 제자들과 비교하고 대조하면서 읽어 보세요(여자는 예수님과 만나서 최초로 복음을 널리 전하는 사람이 되었습니다). 요한복음 5장에 나오는 병자를 4장에 나오는 사마리아 여자와, 그리고 9장에 나오는 날 때부터 눈 먼 사람과 비교하면서 읽어 보세요. 또한 사마리아 여자를 날 때부터 눈 먼 사람과 비교하면서 읽어 보세요(이 둘은 모두 요한복음의 영웅들로, 우리의 본이 되어 줍니다).

11. 저는 보통 요한복음 수업을 한 학기에 걸쳐서 가르칩니다. 매주 기도나 찬송으로 수업을 시작합니다. 그런 다음 제가 "요한의 순간들"이라고 부르는 것을 나누는데요, 학생들은 요한복음의 본문이 자신들의 삶과 교차한 지점을 이야기합니다. 여러분도 일정 시간 동안 특정한 성경 본문에 몰두하면 그러한 연관성이 놀라운 방식으로 떠오를 것입니다. 이 책을 읽는 동안 여러분에게 요한의 순간이 나타나는지 주의해서 살펴보기를 권합니다.

육화된 말씀

요한에게 풍성하고 영원한 생명은 무엇보다도 육화된(embodied) 생명이었습니다. 육신(body)은 선합니다. 창조도 선합니다. 하나님이 그 모든 것을 만드셨으니, 어찌 선하지 않을 수 있을까요? 요한복음은 창조와 관련된 이야기로 시작되는데요, 이때 창세기 도입부에 있는 창조 이야기를 사용합니다.

> 태초에 하나님이 천지를 창조하시니라. 땅이 혼돈하고 공허하며 흑암이 깊음 위에 있고 하나님의 영은 수면 위에 운행하시니라. 하나님이 이르시되 빛이 있으라 하시니 빛이 있었고 빛이 하나님이 보시기에 좋았더라(창 1:1-4).

태초에 말씀이 계시니라. 이 말씀이 하나님과 함께 계셨으니 이 말씀은 곧 하나님이시니라. 그가 태초에 하나님과 함께 계셨고 만물이 그로 말미암아 지은 바 되었으니 지은 것이 하나도 그가 없이는 된 것이 없느니라. 그 안에 생명이 있었으니 이 생명은 사람들의 빛이라. 빛이 어둠에 비치되 어둠이 깨닫지 못하더라(요 1:1-5).

우리가 요한복음을 진지하게 받아들인다면, 우리는 창조와 더불어 우리 자신의 육화됨도 진지하게 받아들여야 할 것입니다.

하나님의 말씀이 육신(flesh)이 되어서 우리 가운데 거하셨다면, 즉 하나님의 말씀이 여자의 몸(body)에 있는 산도(産道)를 통과하여 나와서, 자라고, 먹고, 용변을 보고, 목욕하고, 귀신들과 싸우고, 땀 흘리고, 눈물 흘리고, 크게 기뻐하고, 모습이 변하고, 신체가 유린당하고, 영광스러운 부활 직전에 무덤에서 썩었다면, 성경도 틀림없이 그 위에 살(flesh)이 있을 것이다. 골짜기의 마른 뼈들이 다시 살 수 있다면, 뼈와 피와 빵과 살과 몸을 조금이라도 버려서는 안 된다. 우리가 성경의 오점과 영광을 이해하려고 한다면 말이다. 어떠한 해석이든 우리의 몸을 비롯하여 물질과 창조 순서를 비난하는 해석이라면 마땅히 의심해야 한다. 태어날 때부터 죽을 때까지 우리 몸은 부풀어 오르고 쪼그라든다. 우리 몸은 젖과 땀, 오줌과 구토, 섹스와 피와 물, 곪고 냄새나는 상처로 젖어 있다. 치유를 받고 구원과 속량을 받고 죽고 부활한다. 교회 안에서 성경을 읽으면서 이러한 근본적 현실에 대해 기뻐할 수 없거나 최소한 이야기도 할 수 없다면, 성경이 어떻게 우리의 삶과 교차하거나 삶에 영향을 미칠 수 있겠는가?[7]

여러분이 창세기를 잘 알고 있다면 창세기에서 나온 이야기를 요한복음에서 여러 차례 보게 될 거예요. 사실, 이 복음서는 자주 구약성경을 사용한 것으로도 유명합니다.[8] 그만큼 요한복음의 저자는 성경에 푹 빠져 있었던 것입니다. 이는 어느 시대 어느 사람에게든 정말로 좋은 일이지요.

요한복음의 구조

다른 복음서들과는 다르다는 이유로 요한복음은 때로 "별난 복음서"라고 불립니다. 각 복음서들이 시작되는 방식에 있어서도 차이점이 보이는데요. 마가복음은 예수님의 세례로 시작합니다. 마태복음은 계보로 거슬러 올라갑니다. 그리고 천사가 의로운 사람 요셉을 방문하고 이어서 예수님이 태어납니다. 누가복음은 세례 요한과 요한의 부모에게로 돌아가고, 이어서 마리아의 수태고지, 엘리사벳과 마리아라는 아주 특별한 두 여자의 이례적인 만남, 그리고 인

---

7   Jaime Clark-Soles, *Engaging the Word* (Louisville, KY: Westminster John Knox Press, 2010), 32.

8   요한복음의 구약(성경) 사용을 더 상세히 다룬 책으로는 Clark-Soles, *Scripture Cannot Be Broken* (Leiden: E. J. Brill, 2003) 참고.

구조사와 예수님의 탄생으로 이어지는데요, 현대 미국인들에게는 영화 **찰리 브라운 크리스마스**(*A Charlie Brown Christmas*)에 나오는 라이너스의 연기 덕분에, 혹은 매년 12월에 열리는 크리스마스 행진 덕분에 이 장면이 유명해졌습니다.

제4복음서는 일종의 프롤로그로 시작합니다(요 1:1-18). 1-12장은 표적의 책(Book of Signs)으로 알려져 있습니다. 1-12장에서 예수님은 공적 사역을 시작하시면서 일곱 가지 "표적들"(세메이아[*semeia*])을 행하십니다. 공관복음에서 "기적들"(뒤나메이스[*dynameis*])을 언급할 때 흔히 사용되는 단어를 요한의 경우 한 번도 쓰지 않습니다. 표적은 무언가를 가리킵니다. 요한복음 안에서 표적들은 예수님의 정체가 "하나님께서 보내시고 하나님의 능력으로 일하시며 하나님의 아들이신 메시아이심"을 가리키는 데 사용됩니다. 13-20장은 영광의 책(Book of Glory)으로 알려져 있습니다. 이 부분에서는 예수님께서 공적 사역을 중단하시고 제자들에게 집중하십니다. 이를테면, 제자들의 발을 씻겨 주시며 섬기는 지도자의 본을 보이시죠. 고별담화(14-17장)를 보면, 예수님의 떠나심과 관련하여 제자들이 불안해하고 두려워하자 예수님은 그들을 다독이시고, 그들/우리의 하나 됨을 위해 기도하십니다. 그리고 18-20장은 수난과 부활을 이야기합니다. 21장은 그 밖의 여러 일들, 이를테면 일전에 따뜻하게 불을 쬐는 가운데 예수님을 차갑게 부인했던 베드로의 회복/화해를 다룹니다.

20장과 21장의 결론부를 읽어 보면 요한복음에는 확실히 결말이 2개 있다고 할 수 있습니다. 학자들은 동일한 저자가 차후에 둘째 결말을 적은 것인지, 아니면 다른 사람이 관여한 것인지를 두고 논쟁을 합니다. 사실 요한의 복음서는 여러 층을 이루는 구성 역사를 지니고 있어서, 그러한 논쟁과 의문이 내러티브 곳곳에서 제기됩니다. 그러한 대화가 흥미롭고 중요하기는 하지만, 이 책의 목적을 고려하면 부차적 쟁점에 불과합니다.

어느 결말이 여러분에게 더 여운을 남기든지 한 가지 분명한 것은, 요한복음의 저자가 우리 개개인과 각 공동체를 요한복음의 수신인으로 내세우고 있다는 점입니다. 그렇다면 이 복음서에 딱 들어맞는 랍비의 격언이 있습니다. "그것[토라] 안에 모든 것이 들어 있으니 그것을 펼치고 또 펼치라. 그것을 거듭 보며 나이가 들고, 늙어가라. 그것에서 벗어나지 마라"(미쉬나 아보트 5:22).[9] 바로 지금이 요한복음을 펼칠 때입니다.

---

9 미쉬나(Mishnah) 중에서 피르케이 아보트(*Pirkei Avot*, 선조의 격언)이라고 불리는 부분에서 인용했습니다. 피르케이 아보트는 오랫동안 여러 랍비들과 지도자들이 말했다고 전해지는 다양한 윤리 격언으로 구성되어 있습니다. 피르케이 아보트 5장의 역본 하나를 http://www.jewishvirtuallibrary.org/jsource/Talmud/avot5.htm에서 볼 수 있습니다. 다른 히브리 문서들과 마찬가지로 이 역본에서도 단락을 숫자가 아니라 문자를 이용해서 표시했기 때문에, 5장 22절은 5:FF로 나옵니다.

제2장

태초에

제2장 태초에
♯요한복음 1장

기도 † 생명과 빛과 사랑이신 하나님, 저희가 하나님의 진리를

알도록, 그 진리가 저희를 자유하게 하도록 도우소서.

프롤로그

프롤로그(1:1-18)에서는 이 복음서의 주제를 소개합니다. 잠시 하던 일을 멈추고 요한복음 1:1-18을 읽고서 무엇이든 떠오르는 대로 다 적어 보세요. "말씀", "생명", "빛", "어둠", "믿다", "알다", "그분의 것", "충만", "품"(breast)처럼 반복해서 나오는 단어와 주제를 눈여겨보세요. 그래요, 품이라는 단어도 나옵니다(이 책 1장에서 논의한 내용을 떠올려 보세요). 이것들은 모두 우리가 요한복음에서 만나고 또 만나게 될 단어와 주제들입니다.

풍성한 생명, 육화된 생명, 영원한 생명, 귀중한 생명

요한은 복음서를 기록한 목적을 20:30-31에서 밝히고 있습니다. "예수께서 제자들 앞에서 이 책에 기록되지 아니한 다른 표적도 많이 행하셨으나 오직 이것을 기록함은 너희로 예수께서 하나님의 아들 그리스도이심을 믿게 하려 함이요 또 너희로 믿고 그 이름을 힘입어 생명을 얻게 하려 함이니라"(요 20:30-31). 처음부터 요한은 자기가 역사적인 기록 하나를 더 보태려고 복음서를 쓴 것이 아니고, 예수님이 어떤 분인지 우리에게 알리고, 우리가 부활하신 그리스도를 복음서를 통해 만나게 하려고 썼다고 밝힙니다("처음부터"라고 할 수 있는 까닭은, 저작 목적이 끝에 오기는 하지만 요한은 우리가 복음서를 한 자리에서 처음부터 끝까지 읽고 나서 곧바로 다시 읽을 것을 기대했고, 그렇게 되면 결말과 시작이 요한복음을 처음 읽는 사람이 추측하는 것에 비해 선명하게 구분되지 않기 때문이지요). 요한이 바라는 것은 우리가 "믿는 것"(피스튜오[pisteuō])입니다. "믿다"라는 뜻의 단어가 동사(피스튜오)로는 요한복음에 98회 나오는 반면, 명사 형태로는 단 한 번도 나오지 않습니다. 믿는 것은 동사, 즉 행동이라는 말이지요. 이는 그때나 지금이나 마찬가지입니다. 21장에서 요한은 우리에게 자신이 세세한 일들은 많이 생략했다고, 그렇지만 예수님이 하나님의 아들이시며 메시아이심을 믿는 데 필요한 내용들은 모두 제공했다고 이야기합니다. 그러고 나서 믿는 것은 생명으로 이어진다고 말합니다. 이 생명이 바로 풍성한 생명, 육화된 생명, 영원한 생명, 귀중한 생명이지요.

창조와 창세기

요한복음 도입부에서 창세기의 도입부가 떠오릅니다. "태초에" 라는 구절부터 창조의 힘으로서의 하나님 말씀에 대한 강조에 이르 기까지, 또 빛과 어둠에 대한 표현에 이르기까지 계속해서 창세기 가 요한복음 안에 나타나는데요, 이는 요한복음의 프롤로그뿐만 아 니라 처음부터 끝까지 내내 그러합니다. 요한은 땅의 것이 곧 하나 님의 것임을 우리가 인지하기를 바란 것이죠. 창조된 것 중에 하나 님과 별개로 창조된 것은 단 하나도 없습니다. 모든 것이 하나님에 게서 왔고, 모든 것이 하나님에게 속하며, 모든 것이 하나님을 증언 하고, 모든 것이 하나님을 드러냅니다. 이렇게 보면 창조 자체가 은 혜의 방편, 곧 성례(sacrament)입니다. 하나님께서 육신(flesh)이 되신 성 육신(incarnation)으로 인하여, 이제부터는 요한에게 빵이 그냥 빵이 아 니고(6장 참고), 육신이 그냥 육신이 아니며, 물 역시 그냥 물이 아닙니 다(3, 4, 7, 19장 참고). 포도나무, 가지, 양, 목자, 이 모두가 하나님의 본성 과 그리스도의 정체를 드러냅니다.

그렇다면 예수님이 눈 먼 사람을 고쳐 주실 때(9장), 흙을 집으셔 서 침과 섞으시고 그것을 그의 눈에 바르신 일이 이제는 전혀 놀랍 지 않습니다. 예수님은 그 지저분하고 더러운 과정을 그저 건너뛰 고ㅡ다른 데서도 그러하시듯이(5장 참고)ㅡ그 사람을 고쳐 주실 수도 있었습니다. 하지만 예수님이 흙과 침을 사용하신 덕분에 우리는 창세기에서 들은 창조 그대로를 떠올리게 됩니다. 창세기를 보면 하나님께서 흙을 사용하셔서 첫 사람을 만드십니다(하나님께서는 아다마 [adamah], 즉 "흙"으로 아담[adam], 즉 "흙 피조물"을 만드십니다. 이 언어유희를 눈여겨보 세요). 요한은 창조에 관심이 있습니다. 요한에게는 무엇이 기독교이 고 무엇이 기독교가 아닌지를 판별하는 일종의 리트머스 시험법이 있는데요. 바로 생명을 주고, 모든 피조물이 번성하게 한다면, 그것 은 기독교라는 것입니다. 반대로 만약 죽음에 이르게 한다면, 실재 할 수는 있어도 궁극적으로 기독교가 아닙니다. "도둑이 오는 것은 도둑질하고 죽이고 멸망시키려는 것뿐이요 내가 온 것은 양으로 생 명을 얻게 하고 더 풍성히 얻게 하려는 것이라"(요 10:10). 풍성한 생 명, "그분의 **충만함**으로부터 우리가 모두 받았습니다"(1:16[개역개정: 우 리가 다 그의 충만한 데서 받으니]).

그런데 창세기의 창조 이야기가 요한복음의 끝까지 계속해서 나옵니다. 동산에서 막달라 마리아와 예수님이 서로 대화하던 장면 을 떠올려 보세요. 그 본문에서 마리아는 예수님을 가리켜 "그 동산 지기"인 줄 알았다고 말합니다(20:15). 잘 보세요, "어느" 동산지기가 아니라 "그 동산지기"입니다. 우리는 동산을 만드신, 동산지기 하나 님을 기억합니다. 그래서 이 장면은 사실 타락을 다시 바로잡아 아 담(아다마)과 하와가 원래의 동산에서 누리던 하나 됨을 회복시켜 주 는 장면입니다. 그러한 교정(바로잡음)이 이제 예수님과 막달라 마리 아를 통해서 예증됩니다.

조금 더 설명해 볼게요. 창세기 2:7을 보면 히브리어로 **아담**이라 고 불리는 최초의 사람이 **아다마**, 즉 "흙"으로 지음을 받습니다. **아담**

을 직역하면 "흙-피조물"인데요, 제대로 된 이름이라고 할 만한 그런 이름이 아닙니다. 상징적인 표현이거든요. 마찬가지로 그 다음 사람이 지음 받았을 때, "하와"라는 이름이 붙습니다. 하와는 "살다"에 해당하는 히브리어 동사에서 나온 이름인데요, 실제로 그녀는 "모든 산 자의 어머니"(창 3:20)로 불리게 됩니다. 영어로 번역되면서 이들은 아담과 이브라는 고유명사가 되었는데, 그 과정에서 본래 아름답고 깊은 의미의 어근에 담긴 상징이 어느 정도 떨어져 나갔습니다.[1] 어찌되었든 이러한 창세기 이야기가 펼쳐지면서 성(gender)이 나타나고, 이 성 때문에 소외가 발생하게 됩니다.[2] 그리고 요한복음 20장에서 (사실상 요한복음 4장에서도) 이러한 소외가 화해와 속량으로 뒤바뀝니다.

---

1 "A Love Story Gone Away" by Phyllis Trible, in *God and the Rhetoric of Sexuality* (Philadelphia: Fortress Press, 1978), 72-143 [=『하나님과 성의 수사학』, 알맹e, 2022)을 읽어보세요. 이 책을 읽고 나면 결코 창세기를 예전과 같이 읽지 않게 되실 거예요. 절대로.

2 참조. Wayne A Meeks, "The Image of the Androgyne," *History of Religions* 13, no. 3 (Feb. 1974): 165-208. 이 권위 있는 논문에서 Meeks는 초기 유대교 사상가들이 젠더 범주를 극복 가능한 것으로 간주했음을 보여 줍니다. 즉, 원래 "흙 피조물"은 온전히 통합적이었다는 말이지요. 성 차별에서 소외와 계급이 생긴 것입니다. 사도 바울은 갈라디아서 3:28에서 세례의 정형 문구를 언급하면서, 우리가 모두 남녀 구별이 없어지는 유토피아의 광경을 나타냅니다. "유대 사람도 그리스 사람도 없으며, 종도 자유인도 없으며, 남자와 여자가 없습니다. 여러분 모두가 그리스도 예수 안에서 하나이기 때문입니다"(갈 3:28 새번역).

지혜(Lady Wisdom)이신 예수님

요한은 여러 방법으로 예수님께서 지혜의 역할을 하신다고 표현합니다. 다수의 칠십인역(LXX)[3] 본문을 읽어 보면 지혜(히브리어로는 호크마[hokmah], 그리스어로는 소피아[Sophia])는 하나님의 동료로서, 세상의 창조를 돕고, 사람을 기뻐하며, 사람들이 지식을 얻고 무지에서는 달아나도록 도우려 소리칩니다. 줄기차게 큰소리로 외치죠. 구약성경이 전하는 바에 따르면, 어리석은 자들은 대체로 지식을 싫어하고 차라리 무지 속에서 뒹굴겠다고 말하기 때문에 안타깝게도 지혜는 자주 거부를 당합니다. 이러한 주제가 요한복음 안에서 중요하게 언급되는데요, "구원하는 지식"처럼 정말로 중요한 것을 "아는" 사람들과 연관된 역설이 계속해서 나타납니다("알다"를 뜻하는 동사 오이다[oida]가 요한복음에 84회 나오는 반면, 마태복음에는 24회, 마가복음에는 21회, 누가복음에는 25회 밖에 나오지 않습니다. "알다"를 의미하는 또 다른 동사 기노스코[ginoskō]의 경우, 요한복음에는 57회 나오지만, 마태복음에는 20회, 마가복음에 12회, 누가복음에 28회 밖에 나오지 않습니다). 요한복음의 프롤로그를 잠언 8:22-31, 집회서 24:1-9, 잠언 1:20-32과 함께 읽어 보세요. 그러면 요한이 예수님을 지혜와

---

3   LXX는 칠십인역(라틴어로는 "칠십"[70]을 뜻하는 Septuagint라고 불림)의 약칭입니다. 히브리성경(구약)의 그리스어 역본으로 기원전 2세기경 알렉산드리아에서 만들었습니다. 아리스테아스의 편지(기원전 2세기 문서)가 전하는 전승에 따르면 프톨레마이오스 2세가 알렉산드리아에 있던 자신의 도서관에 비치하려고 유대인 학자 70명을 불러모아 히브리성경을 그리스어로 번역하게 했습니다.

같은 유형으로 그리는 것이 보일 거예요. 이 사실을 감안하면 독자들은 요한복음 1:1에서 그 말씀/지혜/예수님이 그분의 백성에게 오셨지만 정작 그들은 그분을 영접하지 않았다는 내용에 그다지 놀라지 않게 될 거예요.

하나님 임재의 중심지이신 예수님

NRSV는 "그리고 그 말씀이 육신이 되셔서 우리 중에 사셨다"(1:14)고 말합니다. 하지만 이 번역은 너무 평범하게 옮긴 것 같아요. 4절에 있는 동사 **스케노오**(*skēnoō*)는 "천막을 치다"라는 의미의 박진감 있으면서도 인유가 많은 동사입니다.[4] 이를 통해 요한은 사람들 가운데 임재하시는 하나님과 관련된 구약성경의 본문들을 넌지시 가리키고 있는 것입니다. 요한에게는 예수님이 바로 그 임재의 자리에 계셨죠. 요한은 복음서의 나머지 부분들을 통해 그 성육신에 담긴 의미를 밝힙니다. 성육신이 요한복음의 라이트모티프(leitmotif, 반복되는 주제 선율)이니, 어쩌면 우리의 라이트모티프도 될 수 있지 않을까요.

---

4 요한복음을 다룬 책 중에 제가 아주 좋아하는 책 하나가 Mary Coloe의 *God Dwells with Us: Temple Imagery in the Gospel of John* (Wilmington, DE: Michael Glazier, 2001)입니다. Coloe는 요한복음 본문의 다채롭고 아름다운 배경을 펼쳐 보여 줍니다. 그리스어 알파벳을 모르는 사람에게는 조금 어려운 부분이 있을 수 있지만, 그럼에도 읽어 보면 상당한 유익을 얻을 겁니다.

프롤로그가 제기하는 질문

요한복음의 프롤로그 때문에 산더미 같은 출판물들이 나왔습니다. 그 이유를 간단히 말하자면 이렇습니다.

첫째, 프롤로그의 장르에 대한 의문이 있습니다. 일단 프롤로그는 시의 형식으로 쓰인 찬송으로 보입니다.

요한복음 1:1-5

Ἐν ἀρχῇ ἦν ὁ λόγος,	태초에 그 말씀이 계셨고
καὶ ὁ λόγος ἦν πρὸς τὸν θεόν,	그리고 그 말씀이 하나님과 함께 계셨고
καὶ θεὸς ἦν ὁ λόγος.	그리고 그 말씀은 하나님이셨다
οὗτος ἦν ἐν ἀρχῇ πρὸς τὸν θεόν.	그분이 태초에 하나님과 함께 계셨고
πάντα δι᾽ αὐτοῦ ἐγένετο,	만물이 그분으로 말미암아 생겨났으니
καὶ χωρὶς αὐτοῦ ἐγένετο οὐδὲ ἕν.	[그분 없이 생겨난 것은 하나도 없었다]
ὃ γέγονεν ἐν αὐτῷ ζωὴ ἦν,	그분 안에서 생겨난 것은 생명이고
καὶ ἡ ζωὴ ἦν τὸ φῶς τῶν ἀνθρώπων·	그리고 그 생명은 모든 사람의 빛이었다
καὶ τὸ φῶς ἐν τῇ σκοτίᾳ φαίνει,	그 빛이 어둠 속에 비치고
καὶ ἡ σκοτία αὐτὸ οὐ κατέλαβεν.	그 어둠이 그 빛을 이기지 못했다

찬송은 신약성경 안에서 아주 흔하게 나타납니다. 에베소서 5:19과 골로새서 3:16에서도 언급되듯이요. 찬송이 나오는 몇 가지 예를 들자면, 빌립보서 2:6-11, 골로새서 1:15-20, 디모데전서 3:16이

있습니다. 여기서 주후 111-113년에 폰투스/비티니아 총독이었던 소
(小) 플리니우스가 트라야누스 황제와 주고 받은 유명한 편지가 우
리에게 도움이 되는데요, 그 편지에서 플리니우스는 그리스도인들
이 "날을 정해 놓고 동트기 전에 모여서 그리스도가 신이라고 하는
찬송을 교창하는 관습이 있습니다"라고 말합니다(Pliny, *Letters* 10.96).
쿰란에서 나온 자료들에서 볼 수 있는 것처럼 유대 찬송 역시 무척
이나 흔했습니다. 그러면 요한복음에 있는 찬송의 본래 맥락은 무
엇이었을까요? 본래는 세례 요한을 기리는 유대 찬송이었을까요?
지혜를 높이는 유대 찬송이었을까요? 본래는 지혜를 높이는 찬송이
었다가 그것을 세례 요한의 제자들이 차용했고, 그 다음에는 요한
에게 속한 그리스도인들이 물려받아 예수님에게 적용한 걸까요? 이
러한 추측을 하다 보면 끝이 나지 않습니다.

    욥기, 시편, 잠언, 전도서, 아가서를 비롯한 지혜 전승이 분명 요
한복음의 찬송에 영향을 미쳤습니다. (솔로몬의 지혜라고도 알려진) 지혜
서, (벤 시라 또는 집회서라고도 알려진) 시락서도 이 지혜 문헌의 일부이지
만, 개신교인들에게는 아마 익숙하지 않은 책들일 것입니다(만약 외
경/제2경전의 책들이 포함된 스터디 바이블이 있다면, 구약과 신약 사이에 있을 거예요.)
이 책들도 성경이라고 생각하는 그리스도인들도 있을 수 있고, 그
렇게 생각하지 않는 그리스도인들도 있을 수 있습니다. 아무튼 우
리는 이제 막 잠언 8:22-31, 집회서 24:1-9, 잠언 1:20-32에 비추어
요한복음의 프롤로그를 읽었습니다. 의욕적인 분들은 시간을 더 들
여서 시편 33:6, 지혜서 9:1-3, 바룩 3:9-4:4도 읽고 싶어질지도 모

르겠습니다. 일단 지혜의 역할과 예수님의 역할 사이의 유사점에(그리고 차이점에도) 주목해 보세요.

물론 요한복음의 프롤로그에 지혜 문헌 외에도 영지주의, 유대철학과 그리스 철학, 그리고 창세기가 영향을 주었다고 지적하는 사람들도 있습니다. 한편, 프롤로그와 (요한복음의) 나머지 부분은 어떠한 관계가 있을까요? 프롤로그가 복음서 전체에 흐르는 주요 주제들을 가리키나요, 아니면 그다지 관계가 없고 그저 "추가된" 부분인가요? (스포일러 주의!) 제가 요한복음의 프롤로그가 나머지 부분과 긴밀히 연결되어 있다고 생각한다는 걸 앞으로 보게 될 겁니다.

세례 요한은 제4복음서에서 독특한 역할을 하는데요, 특히 공관복음서와 비교해 볼 때, 요한복음의 세례 요한은 어떠한 인물처럼 보이나요?

제4복음서의 시작 부분이 공관복음서와 얼마나 다른지 알아차린다면, 제4복음서가 공관복음서와 전체적으로 어떠한 관계인지 궁금해질 수도 있습니다. 요한은 과연 공관복음 속 자료들을 알고 있었을까요? 만일 요한이 알고 있었다면 제4복음서와 어떻게 연결이 되나요? 공관복음서에 있는 자료를 수정하나요, 아니면 보충하나요?

그 외에도 여러분이 요한복음의 프롤로그를 공부할 때 생각해 볼 만한 질문들이 이번 장의 끝부분에 들어 있습니다.

요한복음 1:29-42: 와서 보라, 들으라, 알라, 믿으라, 그러고 나서 증거하라!

요한복음은 극적이며 우리의 눈을 사로잡는 내러티브입니다. 요한복음 1:29-42은 크게 두 부분, 곧 29-34절과 35-42절로 나눌 수 있습니다.

제1막: 배경

이 연극은 멋진 프롤로그(요 1:1-18)와 함께 1:1에서 시작됩니다. 세례 요한이 가장 먼저 등장하는데요(1:6-8, 15). 세례 요한은 1:19-28에서 아주 중요한 인물로 등장합니다. 예루살렘의 지도자들은 세례 요한을 추궁하면서 그에게 "정체가 무엇이냐?"고 묻습니다. 이때 세례 요한은 "부정의 방식"(*via negativa*)을 취하는데요, 이를 통해 우리는 프롤로그가 세례 요한에 대해 전달하는 내용을 듣게 됩니다. 프롤로그는 세례 요한이 그 빛이 아니라, 증인(그리스어로는 마르튀스[*martys*], 여기에서 영어 단어 "순교자"[martyr]가 유래했습니다)이라고 공표합니다. 또 세례 요한은 세 차례 연거푸 증언하기를, 자기는 메시아가 **아니라고**(20절), 엘리야가 **아니라고**(21절), "그 선지자"(아마도 신명기 18:15에서 모세가 고지한 내용을 지칭)가 **아니라고** 말합니다. 그럼에도 예루살렘 지도자들이 적대적으로 굴며 명확히 말할 것을 요구하자 세례 요한은 성경에 의지하여 자신의 사역이 선지자 이사야가 말한 맥락 속에 있다고 말합니다. 이어서 그들이 세례를 주는 의미를 묻자, 세례 요한은 곧바로 제4복음서 안에서 그가 가장 잘하는 일을 합니다. 즉, 그는 예수님을 증언하고 예수님의 탁월하심을 증언합니다. 앞서 1:15에서 말씀을 전하던 태도로 말이죠. 그러고 나서 세례 요한은 자신에게 캐묻는 자들을 두고, 그들이 예수님을 모른다는 핵심적인 발언을 합니다. 이 지점에서 우리는 1:11("그가 자기 땅에 오셨으나, 그의 백성은 그를 맞아들이지 않았다", 새번역)을 떠올리게 됩니다. 따라서 이 장면에서는 극적인 효과를 내는 음악이나 종소리―혹은 그러한 종류의 음향―가 들려야 합니다. 현재 내러티브에서는 아직 세례 요한과 예수님이 서로 영향을 미치지 않지만, 우리는 곧 다가올 그 의미심장한 순간을 멋지게 맞이할 준비를 해야 합니다.

제2막: 예수님과 세례 요한이 서로 영향을 미치다(1:29-34)

세례 요한은 권력자들과 언쟁을 한 다음날, 예수님을 보고 그분이 누구이신지 증언합니다. "보라, 세상 죄를 지고 가는 하나님의 어린양이로다"(1:29). 이제 다음의 내용을 눈여겨보세요.

1. 예수님은 교회가 아니라 세상(그리스어로 코스모스[*kosmos*])의 죄를 지고 가십니다. 3:16에서 하나님께서 세상을 이처럼 사랑하신다고 한 것, 4:42에서 사마리아 사람들이 예수님을 교회의 구주가 아닌 세상의 구주로 인식한 것도 모두 마찬가지입니다. 그리고 예수님은 12:32에서 친히 이렇게 선포하셨습니다. "내가 땅에서 들리면[자신의 십자가형을 지칭] **모든 사람**을 내게로 이끌겠노라"(저자의 강조 표시).

2. 여러분은 히브리서와 바울서신, 또 요한서신 덕분에 나름 속

죄 신학이 익숙하겠지만 그 속죄 신학을 요한복음에 투영해서 읽지 않으려고 해야 합니다. 요한 공동체에 따르면 성전(요한복음 2, 4장), 모세, 성경(5:39이하), 광야의 만나(6장), 갖가지 "유대인의 명절", 아브라함(8장, 특히 53-59절) 등을 포함하여 유대교에서 (이 점에 대해서는 사마리아교 [Samaritanism]에서도) 소중하게 여기는 모든 거룩한 은유와 전승과 공간이 예수님 안에서 성취되었다는 점에서, 예수님은 유월절 어린양이십니다. 그러니 요한이 보기에 유월절의 의미가 (어떤 면에서는) 예수님 안에서 성취되었다는 것은 전혀 놀랍지 않습니다.[5] 실제로 요한복음에서는 예수님이 공관복음에서보다 하루 먼저 죽임을 당하십니다. 즉, 공관복음 안에서 예수님이 유월절 만찬을 즐기고 계시는 그 무렵에 요한복음은 그분이 이미 죽임을 당하신 상황을 묘사합니다. 요한복음에서 예수님은 유월절 어린양을 잡는 그날에 죽임을 당하십니다(이 내용을 잘 정리해 놓은 도표가 신약 학자 Felix Just가 운영하는 요한문헌 웹사이트에 있습니다. http://catholic-resources.org/Bible/Jesus-Death.htm).

그런데 요한복음은 예수님을 일종의 속전(ransom)으로, 또는 (사도행전 8:31-32처럼) "도살자에게 끌려가는 어린양"으로 여기지 않습니다. 그래서 그 죽음이 "굴욕"이라고 여기지도 않습니다. 사실 예수님은 자신이 생명을 자진하여 버리노라고 여러 번, 분명하게 말씀하십니다. 그분에게는 그 생명을 버릴 권세도 있고 다시 얻을 권세도 있습

---

5   여기에서 "성취"라는 표현 사용이 요한 공동체나 (성경 본문을 이용하는) 후대 기독교 신학 발전의 차원에서 대체주의(supersessionism) 즉, "대체신학"(replacement theology)과 관련된 의문을 제기할 수도 있습니다. 이 사안에 대한 추가 논의는 부록에 있는 소논문을 반드시 읽어 보세요.

니다(10:17-18). 요한은 예수님의 의미와 정체와 최후가 여러분에게 강하게 새겨지도록 그저 예수님에 관한 은유를 착착 쌓아가고 있을 뿐입니다. 예수님은 하나님의 어린양인 동시에, 자기 양을 알고(10장) 자신의 어린양들을 먹이라고 베드로에게 부탁하시는(21장) 선한 목자이기도 하십니다.

2막의 마지막 장면에서 세례 요한은 다시 예수님에 대해 증언하고 자신을 낮춥니다(3:30 참조). 강조되고 되풀이되는 표현에 주목해 보세요. 세례 요한은 보고(32절), 듣고(33절), 모르다가 계시를 통해 알게 되자(32-33절), 그후에 **증언합니다**. "그런데 나는 그것을 보았습니다. 그래서 나는 이분이 하나님의 아들이라고 **증언하였습니다**"(1:34 새 번역). 요한복음 전체의 기록 목적은 곧 예수님을 우리에게 계시하여, 우리가 예수님이 어떤 분인지 완전히 알고 또 예수님을 만나도록 하는 것입니다. 저자는 (아마도 요한복음의 원래 결말일) 20:31에서 이 점을 분명하게 언급합니다. "그런데 여기에 이것이나마 기록한 목적은, 여러분으로 하여금 예수가 그리스도요 하나님의 아들이심을 믿게 하고, 또 그렇게 믿어서 그의 이름으로 생명을 얻게 하려는 것이다"(20:31 새번역).

제3막: 와서 보아라(1:35-42)

세례 요한의 첫 선포의 마지막 막은 하루 전날과 아주 유사합니다. 다시 한번 세례 요한이 예수님을 **보고서** "보아라, 하나님의 어린양이다"(1:36 새번역)라고 증언합니다. 타인의 **증언**을 들었기 때문에 세례 요한의 제자들이 예수님을 따릅니다. 그러자 곧장 예수님은 그들에게 "너희는 무엇을 찾고 있느냐"라고 물으시지요(요한복음에서 예수님은 언제나 정확하게 단도직입적으로 질문하십니다). 그리고 그 제자들에게 "와서 보아라"하고 권하십니다. 이들은 예수님과 시간을 보냈고(그리스어로는 "머무르다"는 뜻인 메노[menō]), 예수님을 깊고 친밀하게 만나게 되었습니다. 그 결과 예수님과 더불어 풍성하고 영원한 생명의 경험을 하게 되었습니다. 그들의 믿음이 더는 다른 사람의 믿음에서 갈라져 나온 것이 아니게 되었습니다. 이제는 각자 예수님과 맺은 친밀한 관계라는 기반 위에 서 있게 되었습니다.

이러한 틀이 요한복음에서 시종일관 이어지는데요, 1:41에서 여러분은 이미 보셨을 겁니다. 안드레가 영원한 생명을 발견하자 어떻게 행동하나요? 곧바로 예수님이 메시아(그리스도)이심을 증언하고, 형제 시몬에게 "와서 보라"고, 즉 스스로 예수님을 만나라고 권합니다. 그렇게 시몬도 예수님을 친밀히 만나고 그분을 따릅니다. 바로 그 다음 구절에서는 빌립이 예수님의 제자가 되자마자 예수님이 하신 표현을 그대로 사용하여 "와서 보라"고 말하며 나다나엘에게 증언합니다(1:46). 4장에서는 사마리아 여자가 이와 똑같은 일을 합니다. 사마리아 여자가 예수님과 시간을 보내는 가운데 예수님에게 깊이 끌리고, 또 예수님이 어떠한 분인지 알게 되자, 그분을 증언하게 됩니다. 곧 같은 사마리아 사람들에게 "와서 보라"고 말합니다. 사마리아 사람들은 정말로 와서 예수님과 함께 "머무르고"(4:40) 직접적으로 계시의 말씀을 듣고 다음과 같이 증언하기에 이릅니다.

"그 여자에게 말하되 이제 우리가 믿는 것은 네 말로 인함이 아니니 이는 우리가 친히 듣고 그가 참으로 세상의 구주신 줄 앎이라 하였더라"(4:42).

그렇다면 더 이상 무엇을 기다리고 있나요? 우리도 풍성하고 영원한 생명을 증언하러 갑시다!

제3장

니고데모의 어둠 속에서

제3장 니고데모의 어둠 속에서

#요한복음 3장

니고데모의 이야기에는 모든 사람에게 해당하는 특별한 무언가가 있습니다. 니고데모는 요한복음 속에서 손에 꼽힐 정도로 "열린" 등장인물들 중 하나인데요, 이는 곧 그가 여러 측면에서 해석이 가능한 인물이기 때문입니다. 니고데모는 요한복음 이야기의 처음부터 끝까지 꾸준히 등장하는 (3, 7, 19장에 등장) 유일한 인물이라는 점에서 특별한 "조연"이기도 합니다. 성경 전체의 시각에서보면 요한복음 말고는 등장하지 않습니다. 더 진도를 나가기 전에 3, 7, 19장을 먼저 읽어보는 것도 좋을 것 같습니다.

니고데모는 누구인가요? 본문은 니고데모에 대해서 3가지 사실을 들려줍니다. 우선 니고데모는 바리새인입니다. "바리새인"이라고 하면 즉시 부정적으로 희화화하는 등 잘못된 해석을 범하는 경우가 많습니다. 안타깝게도 이러한 희화화가 사전의 의미에도 반영되었습니다만, 이는 1세기에 살았던 바리새인에 대한 정확한 묘사가 아닙니다. Dictionary.com에 들어가 살펴보면, 제 말이 무슨 뜻인지 알게 될 거예요. 첫째 정의는 괜찮지만, 둘째 정의에는 분명 문제가 있습니다.

[명사]

1. 주전 1세기와 주후 1세기에 번성했던 유대교 분파의 일원으로, 종교 의식과 관습을 철저히 지키고 구전 율법과 전승을 고수했으며 내세와 메시아의 오심을 믿었다는 점에서 사두개인들과 차이가 있다.

2. (소문자로) 믿음이 두터운 척하거나 독선적이거나 위선적인 사람.

기독교 안에도 각양각색의 사람들이 있듯이, 1세기 유대교 안에도 다양한 사람들이 있었습니다. 아주 눈에 띄었던 사람들을 꼽자면 바리새인, 사두개인, 에세네인, 열심당원을 들 수 있습니다(그리스도인들은 물론이고요). 사두개인들은 성전을 기반으로 하는 제사장 귀족 계층이었습니다. 바리새인들은 성경 해석, 성경 교수, 법적 판결의 전문가들이었죠. 에세네인들은 사해 연안 쿰란(Qumran)에 살던 종파였습니다. 열심당원들은 점령국 로마를 몰아내려는 정치적 목적을 품은 민족주의자들이었고요. 주후 70년에 제2성전이 파괴되자, (성전이 없으므로) 사두개인들은 더는 존재의 의미가 없어졌습니다. 또한 열심당원들은 진압되었고, 에세네인들은 대량학살을 당했습니다. 따라서 바리새인들은 유대교 내에서 지도자의 자리를 맡을 준비가 된 유일한 (생존)집단이었습니다. 이들을 "최초의 랍비들"(proto-rabbis)이라고 부를 수도 있겠네요.

그 시기에 제2성전기 유대교가 끝나고 랍비 유대교(rabbinic Juda-ism)가 시작되었습니다. 그리고 현재까지도 성전은 다시 재건되지 못하고, 랍비 유대교가 지속되고 있습니다. 바리새인들은 전통의 민주화에 관심이 있었는데요, 즉 제사장 계급뿐 아니라 누구나 자기 집과 회당에서 토라를 준수할 수 있게 되기를 바랐습니다. 그들은 "암-하-아레츠"(am-ha-aretz), 즉 땅의 백성, 평범한 사람들에게 관심을 기울였습니다. 바울 역시 죽는 날까지 바리새인이었습니다(행 23:6; 빌 3:5). 니고데모도 마찬가지였습니다. 그는 바리새인이자 "유대인들"의 지도자였습니다(제가 "유대인"을 다룬 글을 보세요. 이 책 끝에 있는 부록에 있습니다).[1] 그렇다면 예수님과 니고데모의 대화는 유대인 선생님 대 유대인 선생님, 학자 대 학자의 대화라고 할 수 있습니다. 이 본문의 반어법 대부분이 이러한 사실을 전제하고 있습니다.

니고데모는 "밤에" 찾아왔습니다. 그런데 이것은 우발적으로 알려진 정보가 아닙니다. 제4복음서는 빛은 선하고 어둠은 악하다는 측면에서 빛/어둠 이미지를 자주 사용합니다. 예수님과 니고데모 사이의 대화가 처음에는 무난하게 시작합니다. 니고데모는 자기네 집단을 대표하여("우리가… 아니다"), 예수님이 행하신 표적이 하나님에게서 왔다고 말합니다. "표적들"(semeia)이 요한 특유의 표현임을

---

1   "'The Jews' in the Fourth Gospel," in *Feasting on the Gospels—John, Volume 1: A Feasting on the Word Commentary*, ed. Cynthia A. Jarvis and E. Elizabeth Johnson (Louisville, KY: Westminster John Knox Press, 2015), xi–xiv.

기억해 두세요. 공관복음(마태, 마가, 누가)은 예수님께서 표적이 아니라 "능력의 행위"(*dynameis*, 이 단어의 번역어로는 흔히 "기적"[miracle]이 사용됩니다)를 하신다고 말합니다. 표적은 무슨 역할을 합니까? 무언가를 가리키는 역할을 합니다. 단순히 "와, 저것 좀 봐!" 정도가 아닙니다. 오히려 표적은 하나님이 어떤 분이시며 예수님이 어떤 분이신지와 관련이 깊습니다. 사실상 요한복음에서는 "표적을 보고 믿는 신앙"을 사뭇 못마땅해 합니다. 신앙이 어린 아기의 단계라면 그래도 괜찮지만, 성숙한 그리스도인이라면 기적을 바탕으로 하는 신앙은 그저 얄팍한 (그리고 불안정한) 신앙임을 알고 있는 것이지요.

예수님이 가슴을 내밀며 "내 능력 있는 행위를 보았다니 기쁘군"이라고 말씀하시지 않는다는 점에 주의하세요. 그러시기는커녕 오히려 니고데모의 말을 들은 척도 하지 않으시고, 이중의 아멘―요한복음 3장에 3차례 나오는 이중의 아멘들 중 가장 처음 나오는 이중 아멘―을 말씀하시며 더 깊은 대화로 나아가십니다. 요한복음에는 이중의 아멘(NRSV에서는 "아주 진정으로"[very truly], 개역개정에서는 "진실로 진실로")이 25회 나오는데요, 이는 다른 복음서에는 나타나지 않는 특징입니다. 이중의 아멘 이후 중요한 선포가 나오고 하나님 나라와, 그 나라에 참여할 수 있는 방법이 언급됩니다. 하나님 나라가 무엇을 수반하든지 우리는 반드시 **아노텐**(*anōthen*)으로 태어나야 합니다. 이 단어는 그리스어로 "위로부터"와 "다시"라는 2가지 의미를 담고 있습니다. 예수님은 "위로부터"라는 의미로 쓰셨는데, 니고데모는 "다시"라는 의미로 받아들였습니다. 그러한 까닭에 니고데모는 어리둥절하여 물리적으로 다시 태어나는 것을 말하기 시작합니다. 그러자 예수님은 또다시 이중의 아멘을 말씀하십니다. **아노텐**으로 태어난다는 말은 곧 (1) 위로부터 태어난다는 뜻이요, (2) 물과 성령으로 태어난다는 뜻이요, (3) 하나님 나라를 본다는/들어간다는 뜻임을 밝히십니다.

이 말을 들으면 세례가 떠오릅니다. 즉, 예수님은 육신의 출생에 대해서가 아니라 성령으로 능력을 입은 생명에 대해 말씀하고 있습니다. 예수님은 은유로 말씀하셨는데, 니고데모는 문자적인 의미에서 빠져나오지 못합니다. "성령"(Spirit)과 "바람"(wind)이라는 영어 단어들 이면에 숨어 있는 그리스어 단어, **프뉴마**(*pneuma*)에 주목하세요. 저자인 요한은 3:8에서 언어유희를 통하여 예측불가능하여 놀랍고 흥미진진한 성령의 생명으로 니고데모를 초대합니다. 앞에서도 니고데모는 이해가 부족한 모습을 보였지만, 지금은 그보다 더 이해를 하지 못합니다. 그러니 예수님의 교수법에 약간의 좌절감 내지는 화를 느끼며 이맛살을 찌푸리고서 다음과 같이 질문했을 것입니다. "어떻게 이런 일이 있을 수 있습니까?"(3:9). 니고데모는 평범한 시각을 버리지 못했기에 특별한 일이 들어올 여지를 마련하지 못합니다. 자신이 이미 알고 있는 것을 고수하고 모든 사람과 모든 것이 "자기 차선을 지키기"를, 그리하여 자기가 예상하는 범주에 모두가 들어맞기를 바라는 것이죠. 저는 그것을 이해합니다.

니고데모가 예수님 때문에 좌절감을 느꼈다면, 예수님은 니고데모를 꾸짖으시면서 호의를 갚으시는 것으로 보입니다. 니고데모는 3:2에서 예수님을 존중하여 "랍비"라고 부르지만, 예수님은 니고데모를 가리켜 "선생"이라는 단어를 사용하셔서 비판의 의미를 전달하십니다. "너는 선생인데, 이것을 이해하지 못하느냐?" 그러고 나서 계속해서 기묘한 말씀을 하십니다. 그리고 3:9 이후에는 니고데모가 예수님과 이야기를 전혀 나누지 않습니다.

3장 끝에 이르면, 니고데모가 어떻게 반응하는지, 예수님에게 공감하는지 아니면 비웃는지 알기가 어렵습니다. 우리는 **지붕 위의 바이올린**(*Fiddler on the Roof*, 러시아 혁명을 둘러싼 유대인 가족의 이야기를 다룬 뮤지컬 및 영화의 제목이다 - 편집자주)에 나오는 테비에(Tevye) 같은 기분이 듭니다! 어떤 면에서 보면 우리는 니고데모와 반대편입니다.

- 우리는 이미 1:11을 읽었고, 거기에는 예수님이 자기 백성에게 오셨지만, 그분의 백성은 예수님을 맞아들이지 않았다고 적혀 있습니다. 니고데모는 예수님의 백성을 대표합니다.

- 우리는 니고데모가 영적인 문제에 몰두하는 역량을 보여주는 질문, 이를테면 "'육', '영', '하나님 나라', '위로부터 태어나다', '물과 성령으로 태어나다'가 무슨 의미인지 정의해 주십시오", 또는 "사람들 전반을 가리키는 복수형 '너희'로 말씀하시다가 왜 갑자기 저 개인에게 말씀하시는 겁니까?"라는 질문을 하면 좋겠다고 생각합니다. 하지만 니고데모는 예수님께서 개인적인 만남 가운데 그의 신분을 하나님 나라와 연관시켜 생각해 보도록 이끄시는 것을 묵살해 버립니다. 그리고 니고데모는 모호하고 일반적인 질문

으로 대화의 방향을 돌려 버립니다(3:9). (그 이유를 다음과 같이 추정해 볼 수 있습니다.) 첫째, 니고데모는 잠시라도 더 깊은 대화를 할 능력이 없었다. 둘째, 니고데모는 예수님의 견해를 냉소적으로 무시했던 것으로 보인다. 셋째, 니고데모는 자신의 높은 사회적 지위를 감안하여, 자기 집단의 구성을 흐트러뜨리는 대가가 무엇일지 걱정했다. 넷째, 앞선 3가지 이유가 결합되었다.

또 어떤 면에서 보면 우리는 니고데모와 같은 편입니다.

- 니고데모는 혹여 잘못된 사람을 따른다면 사회적 지위 면에서 잃을 것이 많은데도 예수님에게로 왔습니다.
- 독자로서 우리는 니고데모가 접근할 수 없었던 많은 정보(1-2장의 모든 내용)를 이미 확보했습니다.
- 우리도 이 복음서의 3장만을 읽었을 뿐이니 예수님께서 무슨 말씀을 하고 계시는지 확실히 알지는 못합니다.

또한 인칭 대명사가 혼란스럽고 모호하게 뒤섞여 있습니다. 예수님이 3:1-6에서는 말씀하실 때마다 단수형 "너"로 니고데모(개인)를 부르십니다. 그런데 3:7에서는 "너희"와 "너"가 모두 나옵니다(그리스어 원문을 반영한 번역은 다음과 같습니다. "내가 '너'에게 하는 말을 놀랍게 여기지 말아라. '너희'는 위로부터 태어나야 한다"[3:7] - 편집자주). 예수님은 니고데모를 직접 부르면서 시작하시고 이후 니고데모를 더 큰 집단의 대표자로 취급하신 것입니다. 3:11에서는 단수형("너")으로 시작하시지만 이내 복수형("너희")으로 바꾸시는데 이후로 다시는 니고데모를 개인으로서 다루지 않습니다. 그래서 마치 니고데모가 어떤 핵심을 밝히는 인물로 사용되었다는 느낌이 듭니다. 더욱이 저자 요한은 요한의 오해라고 불리는 기법을 전형적으로 사용하는데요, 이는 어떤 이야기 안에서 한 인물이 예수님을 오해하고 그것을 통해 예수님이 해당 주제를 더 상세히 펼쳐 나가실 수 있게 되는 기법—다시 말해, 복음서 저자가 독자에게 이해시키고 싶은 주제를 펼쳐 나가는 기법—을 가리킵니다. 그 등장인물은 일종의 발판인 셈이지요.

만일 니고데모도 그런 경우라면, 저자는 우리에게 무엇을 알려 주고 싶었던 것일까요? 우리는 이미 성령을 받는 것, 하나님 나라에 들어가는 것, 하나님과 하나 됨을 이루는 것에 관심을 쏟아야 한다고 배웠습니다. 그 일은 하나님의 품 안에 계신 분이자 사람의 아들(또는 사람인 자[the Human One] - 그리스어는 이 둘을 다 허용합니다)이신 예수님과 우리가 연합할 때 이루어집니다. 사람의 아들/사람인 자는 예수님이 수난에 대해서, 또 십자가에 달리실 것에 대해서 말씀하실 때 쓰신 칭호입니다. 예수님은 자신이 십자가에 "들려 올려지는" 일과, 민수기 21장에서 모세가 광야에서 "들어 올린" 뱀을 비교하십니다. "들려 올려진"에 해당하는 단어는 **휩소오**(*hypsoō*)인데요, 예수님의 십자가형을 유독 요한만 이렇게 표현합니다. 예수님이 십자가에 달리신 일은 십자가형인 동시에 높아지심(exaltation, 고양), 대관식, 그리고 모든 사람을 치유하기 위한 사건입니다. 예수님이 12:32에서 "내가 땅에서 들려서 올라갈 때에, 나는 **모든** 사람을 내게로 이끌어 올 것이다"(새번역)라고 하셨듯이 말입니다. 잘 보세요, 일부 사람이 아니라 **모든** 사람입니다. 실제로 요한복음 3:16은 우리에게, 하나님께서 **우주**(그리스어로 **코스모스**[*kosmos*]인 이 단어를 "세상"이라고 옮기면 너무 범위가 좁아집니다)를 너무나 사랑하셔서 그 우주를 구하고 치유하시고 하나님께 이끄시려는 행동을 취하셨다고 말합니다. 이처럼 몹시도 그 범위가 넓습니다. 하나님께서는 우주 전체에 마음을 쓰시면서 동시에 (니고데모, 여러분, 저와 같은) 개인에게도 동일하게 마음을 쓰십니다. 우주나 (니고데모, 여러분, 저와 같은) 개인이 어느 순간에 있든, 하나님에게 마음을 쓰든 쓰지 않든, 하나님은 그렇게 하십니다.

우리가 이 장면을 영화로 찍는다면, 우리는 니고데모가 예수님께서 3:21을 말씀하실 때까지 곁에 남아서 듣고 있다고 가정해야 할까요? 아니면 니고데모는 서서히 화면에서 사라지고 예수님만 남은 것으로 해야할까요? 우리가 어느 쪽으로 결정하든지 3장에서 니고데모는 선택을 해야 하는 상황에 놓였지만 선택을 하지 못합니다. 만약 기회가 한 번 더 있다면 잘 선택할 수 있을까요?

그리고 요한복음 7장에서 니고데모가 재등장합니다. 7:45까지 이름이 명확히 나오진 않지만, 아마 7:11에 "유대인들"이 등장하는 지점에서 무대에 등장했다고 생각해볼 수 있습니다. 기억하세요, 니고데모에게는 이름이 있고, 권력이 있고, 사회적 지위가 있고, 영향력이 있습니다. 이후 7:45에서 새로운 장면이 시작되는데요, 대제사장들과 바리새인들로서는 분통이 터지게도 성전 경비병들이 예수님을 끌고 오지 않은 것입니다. 오히려 경비병들은 예수님의 카리스마를 증언하기까지 합니다. 그리고 7:50에서 니고데모가 앞으로 나옵니다. 독자는 니고데모가 담대하게 예수님 편을 들지 않을까 하는 기대감을 품게 됩니다. 니고데모는 이미 개인적으로 예수님을 만난 적이 있고, 또 "바리새인 중에 한 사람"이니 다리를 놓는 인물이 될 수 있기 때문입니다. 하지만 니고데모는 그러한 발언을 할 용기가 없었습니다. 그럼에도 그는 조심스레 "우리의 율법으로는, 먼저 그 사람의 말을 들어보거나 … 하지 않고서는 그를 심판하지 않는 것이 아니오?"라고 질문을 던져, 돌아가는 상황을 살펴보자고 말합니다. 그 이야기를 들은 동료 바리새인들은 곧바로 니고데모의 말을 반박합니다. 그러한 반박에 니고데모는 어떻게 행동하나요? 상황을 더 고조시키나요? 맞불을 놓나요? 증언을 하나요? 이번엔 아닙니다. 성경을 들먹이며 입을 다물게 만들고 또 분수를 깨닫게 하는 동료들 앞에서 몸을 움츠리고 맙니다. 이 지점에서 니고데모는 충격적일 정도로 아무런 대답도 하지 않습니다. "(예수를 반대하는) 유대인이냐, 아니면 (예수를 찬성하는) 갈릴리 사람이냐?" 중에서 선택하라는 요구를 받자 그는 침묵합니다. 사실 동료 바리새인들의 반박은 다소 불합리한 추론이었는데, 이는 니고데모가 율법에 호소했음에도 정작 그들은 인신공격으로 넘어갔기 때문입니다. 하지만 니고데모는 그것이 부당하다고 외치지도 않고, 그 논의가 다시 율법으로 돌아오게 만들지도 않습니다. 두려워서 침묵할 뿐이었습니다.

여기에서 우리는 니고데모를 어떻게 받아들여야 할까요? 니고데모는 우리에게 어떠한 영향을 미치고 있나요? 우리는 니고데모에게 실망감을 느끼나요? 아니면 우리와 똑같은 사람이라고 생각하나요? 그것도 아니면 둘 다이며 그 외에 무언가가 더 있다고 생각하나요? 3장에서처럼 요한은 니고데모가 사회적으로 특별한 무리에 속해 있으며, 그가 예수님을 만난 일 때문에 그가 속한 무리에서 위태로운 입장에 놓였음을 다시 한번 보여 줍니다. 니고데모는 교육 수준이 높았고 어떤 일의 방향을 결정할 수 있는 상류층이었습니다. 니고데모가 옳지만 무모한 일을 해야 할지 말아야 할지 그 여부를 결정해야 하는 곤란한 상황에 놓였을 때, 독자는 위가 꼬이고 목이 타들어가는 기분이 들곤 합니다. 니고데모는 예수님을 부분적으로 알면서도, 기꺼이 예수님을 위해 자신의 사회적 지위를 포기할 수 있을까요? 우리는 예수님을 위해 우리의 사회적 지위를 포기할 수 있을까요?

니고데모가 마지막으로 등장하는 장면은 19:38-42인데요, 거기에서 저자는 "그 뒤에"(새번역)라는 문구와 함께 새로운 장면을 시작합니다. 그렇지만 18-19장의 극적인 재판과 십자가형 장면에서 니고데모가 어떠한 배역도 맡지 않았다고 가정할 이유가 없습니다. 실제로 니고데모는 아리마대 사람 요셉과 함께 예수님의 무덤에 나타납니다. 참고로 요셉은 복음서 기사 전체에서 언제나 긍정적으로 등장합니다. 요한복음에서만 니고데모가 그 요셉과 같이 무덤에 간 것으로 나옵니다. 바로 이때 저자는 우리에게 일전에 니고데모가 "밤에" 예수님을 찾아왔음을 상기시켜 줍니다. 어둠 속에서 행동하는 것이 니고데모의 특징처럼 보일 정도입니다. 니고데모가 예수님의 시신을 향료와 함께 처리하려고 한 것은 크게 2가지 측면에서 해석되어왔습니다. 부정적으로 보면, 향료를 33킬로그램 정도(1리트라는 약 327그램)나 갖고 왔다는 사실은 너무 지나치다는 생각이 듭니다. 예수님이 다시 살아나시리라 기대하지 않았음을 강조하는 무게로 보이니까요. 반면에 복음서가 풍족함을 좋아한다는 점을 고려하면, 과다한 향료를 예수님의 시신에 드린 것이니 특별히 감탄할 만한 일입니다. 물론 예수님이 죽임을 당할 때까지 기다리지 않고 행동했으면 더 좋았겠다는 생각이 들지만요. 마리아가 12장에서 기름부음과 관련된 행동을 한 것을 떠올리면, 니고데모가 그 기회를 놓친 것이 훨씬 더 실망스럽게 다가옵니다. 이후 의심한 도마와는 달리 니고데모에게는 부활하신 예수님이 나타나지 않습니다. 아리마대 사람 요셉도 두려움을 느끼긴 했지만 (빌라도에게 예수님의 시신을 달라고 요청하며) 담대하게 행동했고, 실제로 예수님의 "제자"(19:38)라고 불립니다. 하지만 니고데모는 명시적으로 "제자"라고 불리지 않습니다.

그러면 니고데모는 견실한 제자도의 모범이 되는 데 실패한 사람인가요, 아니면 성공한 사람인가요? 대답하기 쉽지 않습니다. 만약 니고데모를 의도적으로 그렇게 모호하게 표현한 것이라면 어떨까요? 만약 열린 결말 혹은 결말이 없는 것이, 독자로 하여금 그 내러티브의 시간을 복음서 너머까지 확장하여 독자 자신의 삶으로까지 이어가라고 권유하는 수사법이라면 어떨까요? 만약 우리가 니고데모라면 어떨까요? 우리는 무엇을 하고 있을까요? 소심하게 머뭇거리며 증언할까요, 아니면 위험을 무릅쓰고 담대하게 증언할까요? 아니면 그 중간 어디쯤 일까요?

니고데모가 해결해야 하는 어려운 문제라거나 해명하거나 설명을 덧붙여야 할 인물이라기보다는, 겪어보고 경험해봐야 하는 한 개인이라면 어떨까요? 니고데모는 그가 몸 담고 있는 집단의 특성을 일정 부분 공유하고 있지만 그렇다고 그 집단의 사람들과 완전히 같지는 않습니다. 심지어 때론 그 집단에 맞서기도 합니다. 니고데모는 나름의 독특성을 지닌 한 개인입니다. 저자는 니고데모에게 고유한 이름을 붙여서 그가 더욱 분명하게 한 개인으로 보이게 만듭니다. 니고데모가 그 이름이 밝혀진 채로 세 차례나 등장한다는 사실 덕분에 우리는 그러한 점을 더욱 확신하게 됩니다.

니고데모는 사회적, 종교적, 정치적 지위 면에서도 예수님 편으로 돌아서기가 어려운 부분이 있었던 것 같아요. 그렇다면 사회적 위치가 다른 독자들 역시 니고데모를 다르게 읽었을지도 모릅니다. 아마 사회적으로 가난하고 소외된 사람이라면 사마리아 여자나 눈 먼 남자에게 더 공감할 것이고, 배운 게 많고 신분이 높은 니고데모가 "잘 알아듣지 못하는 것"에 살짝 고소한 기분이 들지도 모릅니다. 반면에, 배운 게 많고 신분이 높아서 예수님을 따를 경우 사회적으로 잃을 게 많은 사람이라면, 니고데모라는 인물이 자신의 상황과 완전히 똑같다고 느낄 것입니다. 저는 우리가 니고데모에 대해서 학문적으로든 혹은 다른 측면에서든 서로 다르게 반응하는 것이 무척이나 흥미롭게 느껴집니다.

니고데모를 주요 등장인물로 간주해야 하는 이유는 이 복음서 안에서 일정한 간격을 두고 등장하기 때문입니다. 만일 요한복음의 가치관(믿기, 예수님을 위해서 공개적으로 증언하기, 다른 사람들에게 예수님을 만나라고 권하기, 사랑하기, 변화하기)을 나타내는 인물을 따라야 하고, 서술자가 반대하는 일(부인하고 배반하고 두려워하는 일)을 대표하는 인물처럼 생각하거나 행동하지 않도록 주의해야 한다는 것을 알아차린다면, 더더욱 니고데모를 전형적인 인물로 여겨서는 안 됩니다. 오히려 니고데모는 잠재적인 가능성을 시사하는 인물인 까닭에 우리는 니고데모에게 가장 공감을 하곤 합니다. 우리는 니고데모가 올바른 결정을 내리기를, 또 니고데모가 예수님과 한 편이 되기를 바라지만, 동시에 그가 다른 사람들보다 잃을 것이 훨씬 더 많다는 사실을 이해합니다. 니고데모는 사회적 지위가 높은 복합적인 인물입니다. 마치 프리즘처럼 니고데모를 빙글빙글 돌려 여러 측면에서 살펴본다면, 우리 자신이 예수님을 따르는 동기와 (예수님을 따름으로 인해) 치러야 할 희생이 얼마나 복잡하게 얽혀 있는지를 깨닫기 시작할 것입니다.

니고데모는 명확한 결론을 내리기가 가장 힘든 인물입니다. 성경 속에 등장인물들은 대체로 깔끔하게 묘사되어 선 혹은 악의 표본이 됩니다. 예수님을 부인한 베드로조차도 결말 부분에 이르러서는 원상복귀가 되지요. 반면에 제4복음서에서 니고데모는 마가복음 16:8에 나오는 여인들과 같은 역할을 합니다. 그러한 **열린 결말**은 눈을 떼지 못하게 우리를 사로잡고, 마침내 우리가 니고데모와 결말 사이의 "간극을 채워 넣게" 만듭니다. 우리는 니고데모 역을 맡아

19-21장 속 부활하신 예수님이 나타나시는 장면으로 걸어 들어가게 됩니다. 부활 이전의 예수님에게 헌신할 수도 없었고 헌신하려고 하지도 않았던 니고데모/우리가 마침내 부활하신 하나님의 아들에게 헌신하기로 결심하는 것입니다. 하나님은 우리가 그러기를 바라실 거예요. 그렇게 해서 우리는 마음에 품고 있던 땅의 일(권세, 지위, 두려움, 수치)에서 벗어나 하늘의 일(그리스도, 하나님, 위로부터 출생)로 옮겨갈 수 있습니다. 예수님께서는 니고데모에게 "내가 땅의 일을 말하여도 너희가 믿지 아니하거든 하물며 하늘의 일을 말하면 어떻게 믿겠느냐?"(3:12)라고 물으셨지요. 그 대답이 제4복음서의 내러티브에 있습니다. 니고데모, 그리고 우리가 그것을 이해하려면 21장까지 이야기 전체가 필요합니다. 제4복음서의 서술자가 2:22("죽은 자 가운데서 살아나신 후에야 제자들이 말씀하신 것을 기억하고 성경과 예수께서 하신 말씀을 믿었더라")에서도 지적했듯이, 제자들 역시 전체 이야기가 필요했습니다.

이제 그 이야기의 나머지 부분으로 돌아가 보죠.

경쟁하는 빛/어둠 이원론

저는 빛을 희망과 선, 어둠을 고통과 악과 연관 짓는 꽤 복잡한 쟁점을 솔직하게 다루려고 합니다. 이것은 아주 오래된 은유이지만 분명 유용한 측면이 있습니다. 성경과 찬송가 안에는 그와 같은 은유의 표현이 가득합니다. 그러한 표현이 다른 표현들보다 더 환영

받는 편이고요. 예를 들어, "놀랍다 주님의 큰 은혜"(Grace Greater Than All Our Sin, 새찬송가 251장)라는 제가 즐겨 부르는 아름다운 찬송가를 보시죠. 그 가사 일부는 다음과 같습니다.

> 어둠은 우리가 감출 수 없는 얼룩,
> 무엇이 그것을 씻어낼 수 있나?
> 보라, 저기 밀려오는 진홍빛 물결,
> 오늘 너희는 눈보다 희게 되리니(영어 가사)

> 죄악에 물든 영혼들을
> 주께서 피로 씻으시네
> 지금도 흐르는 그 피에
> 눈보다 더 희게 씻으라(새찬송가 가사)

어쩌면 이 찬송가의 작사가는 요한계시록 7:14의 말씀("그가 나에게 이르되 이는 큰 환난에서 나오는 자들인데 어린양의 피에 그 옷을 씻어 희게 하였느니라")을 참고했을지도 모릅니다. 제가 그 가사를 인용하려고 찬양집을 펼쳐 보니, 요한계시록을 참고했다는 명시가 없기는 합니다(그 대신 찬양집은 로마서 5:21을 인용하고 있습니다).[2] 이 찬송가는 "너희 옷"이 희게 된다고 하지 않고, "너희"가 희게 될 것이라 말합니다. "보혈 밖에는 없네"(Nothing but the Blood of Jesus)라는 찬송가 역시 이와 비슷합니다.

---

2 *Worship His Majesty* (Alexandria, IN: Gaither Music Co., 1987), hymn 482.

제임스 웰돈 존슨(James Weldon Johnson)의 "모두 목소리 높여"(Lift Every Voice and Sing)의 가사 역시 어둠과 빛이라는 은유에 기대어 만들어졌습니다.

> 어두운 과거가 가르쳐 준 믿음 가득한 노래를 부르자
> 현재가 우리에게 가져다 준 소망이 충만한 노래를 부르자
> 우리의 새 날에 떠오르기 시작한 해를 바라보며 …[3]

『우리 고향 땅에 참되게: 아프리카계 미국인 신약주석』(True to Our Native Land: An African American New Testament Commentary)이라는 탁월한 자료 안에서, 앨런 드와이트 캘러한(Allen Dwight Callahan)이 요한복음에 관해서 한 장(章)을 썼는데요, 거기에서 아프리카계 미국인 유명 화가 헨리 오사와 타너(Henry Ossawa Tanner)가 요한복음과 관련하여 그린 굉장히 멋진 작품 몇 점을 해석합니다. 캘러한은 타너의 "그리스도를 방문한 니고데모"(Nicodemus Visiting Christ)를 다루면서 이렇게 적었습니다. "예수님이 말씀하시고 손짓하실 때 얼굴에서 가장 밝은 부분이 어둑한 중에 빛나고, 동시에 불빛이 흘러나와 생각과 언어를 넘어선다. 생각은 인간의 소리이다. 예수님이 말씀하시자 세상의 빛이 니고데모의 무지의 어둠 속으로 들어간다."[4] 흑과 백, 어둠과 빛

---

3   *The United Methodist Hymnal Book of United Methodist Worship* (Nashville: The United Methodist Publishing House, 1989), hymn 519.

4   Allen Dwight Callahan, "John," in *True to our Native Land: An African American New Testament Commentary* (Minneapolis: Fortress Press, 2007),

의 이중성은 정말 유용한 은유로 쓰일 수 있습니다. 또한 의미를 여러 겹 더하여서 확장하고 구체화할 수 있음이 입증되었습니다. 예를 들어, 위에 인용한 캘러한의 글에서, 어둠은 무지를 가리키는 것으로 보입니다. 어둠의 부정적 특성과 밝음의 긍정적 특성 덕분에 문학과 미술에서 인물을 그릴 때 추상적인 성격 묘사를 시각화할 수 있게 된 것이지요.

그런데 바로 그 순간에 제 눈에는 문제가 하나 보입니다. 빛과 흰색을, 어둠과 검정색/갈색을 연관 지으면, 부득이하게 현실 세계 속에서 위험에 빠지게 된다는 것입니다. 현실 세계에서는 이러한 이원론이 실제 사람들의 신체와 연관되기 때문입니다. 특히 우머니스트(womanist)이자 포스트식민주의(postcolonial) 학자들 덕분에, 이런 이원적 도식으로 인해 (역사적으로 지금껏 백인에게 편중되어 온) 권력자들이 어떤 사람(백인)의 몸은 가치 있게 여기면서 (백인이 아닌) 다른 사람들의 몸은 공공연하게 폄하하도록 조장할 수 있음을 더 이상 부인하지 못하게 되었습니다.

여러분이 제가 상아탑에서 살고 있다거나 혹은 정치적 올바름(political correctness)의 노예라고 생각하지 않았으면 좋겠습니다(어쨌든 저는 백인 여성이긴 합니다만). "인형 실험"이 제 말이 사실임을 밝혀주었으니까요(인터넷에 검색해 보세요). 유색인 여자아이들은 거의 예외없이 흰색 인형을 선택합니다.

189.

어느 한 시점에 면담자가 한 여자아이에게 어느 인형이 가장 멋지냐고 묻자, 그 아이는 백인 인형을 집어 들었다. 그리고 어느 것이 가장 못된 인형이냐고 묻자 흑인 인형을 집어 들었다. 면담자가 왜 그것을 "못된" 인형이라고 생각했느냐고 질문하니, 아이는 놀라운 대답을 했다. "흑인이니까요."[5]

이러한 문제에 대해 충분히 관심을 기울여 온 사람이나, 어느 정도 나이가 있는 사람이라면 사실 전혀 놀랄 일이 아닐 것입니다. 이 실험은 1940년대에 처음 실시되었습니다.

백인으로서 제가 이 문제가 복잡하다고 말하는 이유는, 유색인들에게(특히 제임스 웰돈 존슨에게!), 개인으로든 공동체로든 유의미한 특정 은유를 더 이상 사용하지 못하게 하려고 이러한 이야기를 꺼낸 것이 아니기 때문입니다. 굳이 특정 은유의 힘을 **어떤** 유색인 **누구**에게든 제한을 두려는 것도 아닙니다. 그럼에도 저는 언어에는 분명 어떠한 힘이 있으니 그것을 조심해서 사용하면서 자신의 선택에 담긴 전망과 위험을 늘 가늠해야 한다는 것을 우리 모두에게 상기시키고 싶습니다. 우리에게(특히 최고 권력을 향유하는 사람들에게) 소중한 은유가, 다른 이들에게는(특히 권력이 없는 사람들에게는) 상처가 될 수 있음을 깨닫는다면, 우리는 기꺼이 그 은유를 버리고 더 많은 형제자매들에게 생명을 주는 은유가 들어설 자리를 마련할 수 있을까요? 위대한 언어철학자 루드비히 비트겐슈타인(Ludwig Wittgenstein)이 분명히

---

5   http://lybio.net/tag/doll-test-quotes; accessed October 18, 2016.

말했듯이 "내 언어의 한계는 곧 내 세계의 한계를 의미"합니다. 우리에게 잠시 좋은 언어는 있을 수 있지만, 그럼에도 언제나 **더 좋은** 언어가 무엇인지 파악하려 애써야 합니다. 그리고 이때 권력 없는 사람의 목소리가 **가장 커야** 합니다. 자신의 지혜와 경험에 대해 열린 자세를 취하는 것, 이것이 다수 집단에 속한 사람—어떤 부분에서든, 곧 권력에 있어서든, 인종이나 젠더, 민족, 성적 지향, 능력, 계급 등에 있어서든—이 해야 하는 일이 아닐까요?

니고데모, 그리고 우리 자신을 다른 시각에서 보기

저는 니고데모를 다룬 신약 연구 대부분을 감사하는 마음으로 읽어왔습니다. 저에게 큰 영향을 준 사람 중 한 명은 저의 제자, 베스 테일러(Beth Taylor)입니다. 그녀는 현재 상담 코치로 일하고 있습니다. 테일러는 신학교 첫 학기, 저에게서 입문 수업을 들은 이후로 니고데모의 대변자가 되었고, 그것이 요한복음 세미나까지 이어졌습니다. 요한복음 세미나에서 테일러는 니고데모를 다루는 연구 과제를 쓰면서 동시에 창의적인 프로젝트도 진행했습니다. 그녀는 상당한 시간을 들여서 니고데모가 나오는 단락을 붙잡고 고심했고, 저에게 (그리고 다른 사람들에게) 니고데모를 양자 택일, 내부인이냐 외부인이냐 등의 이원론을 극복한 사람으로 볼 것을, 또 존재와 변화를 귀하게 여기는 기독교 제자도의 본을 보인 사람으로 여기며 살펴볼 것을 요구했습니다. 테일러의 탁월한 주장과 질문은 이렇습니다.

- 요한복음의 수많은 등장인물은 예수님과 더 충만하게 관계를 맺을수록 신앙의 진전을 보여 줍니다(4장에 나오는 사마리아 여자, 11장에 나오는 베다니의 마르다, 20장에 나오는 막달라 마리아를 생각해 보세요). 그들은 한 단락 안에서 그러한 진전을 이루는 반면에, 니고데모의 신앙은 내러티브 전체에 걸쳐서 차츰차츰 성장합니다.
- 테일러는 니고데모의 3가지 에피소드가 신앙 여정의 3가지 측면, 즉 개인적인 삶(3장에서 니고데모가 예수님을 사적으로 만남), 공개적인 간증(7장에서 니고데모가 같은 유대인들과 함께 있음), 그리고 기독교 공동체에 관여(니고데모가 아리마대 사람 요셉과 [막달라 마리아를 비롯하여] 다른 그리스도인들에게 합류)라는 측면과 상통한다고 봅니다.
- 빛 이미지 자체가 양자택일의 이원론보다 훨씬 더 폭넓은 스펙트럼을 제공해 줍니다.

이원성(duality)은 양자택일을 제시합니다. 그러나 신앙 생활은 하나님에 대한 완전한 지식 그리고 완벽한 어둠 사이에 놓인 기나긴 회색 지대입니다. 예수님은 각 사람들과 대화를 나누시는 가운데, 그들이 그 지대 위에서 앞으로 나아가게 하십니다. 이때 중요한 것은 그 인물이 앞으로 나아가느냐, 아니면 예수님과의 관계라는 빛에서 떠나느냐 하는 것입니다. 그렇기 때문에 물리학이나 우주론적인 측면에서, 심지어 신앙 발달의 측면에서 정말로 어둠과 빛의 본질을 생각해보면, 어둠/빛 은유의 절대성은 무너지고 맙니다. 물리학에는 빛의 변화율이라는 것이 있습니다. 인간의 눈은 이용 가능한 빛의 양의 변화에 맞추어 서서히 적응합니다. 이용 가능한 빛의 정도에 익숙해질수록 그 빛 아래서 살아가기에 편해집니다. 우주론에 따르면 그 누구도 완벽한 어둠 속에 지속적으로 머물러 있지 않습니다. 세상에는 빛이 존재하기 때문입니다. 마찬가지로 요한복음의 저자는 신앙 발달이 계속 정체 상태에 있는 사람은 아무도 없다고 말합니다. 이 복음서는 사람들을 믿음에서 떼어 놓으려고 끌어당기는 어둠과, 사람들을 관계 속으로 끌어들이려는 빛 사이에 존재하는 긴장을 강조하고 있습니다. 이렇듯 사람들은 일련의 성장 과정을 거치면서 하나님의 자녀가 됩니다. 그리고 그 성장은 예수님을 만남으로써 시작되지요.[6]

테일러는 우리를 도구들을 활용한 묵상으로 초대합니다. 이를테면, 전등은 우리가 예수님과 성령과 기독교 공동체에 플러그를 꽂음으로 이용할 수 있는 예수님을 나타냅니다. 전등이 도시 전체에 공급되는 전원에 플러그를 꽂음으로 연결되어 있듯이, 예수님은 성부 하나님 그리고 성령 하나님과 친밀하게 연결되어 있으십니다. 테일러는 우리가 예수님과 연결되면 예수님을 다시 살린 능력과 똑같은 능력을 우리도 이용할 수 있음을 일깨워 줍니다.

우리 각자가 갖가지 재능과 은사를 지니고 창조되었듯이, 전구

---

6   Beth Taylor, "Movement toward the Light: Nicodemus and Becoming a Child of God" (unpublished paper, Perkins School of Theology, December 5, 2014).

들은 우리 각 사람을 나타냅니다. 테일러는 우리에게 각자 타고난 특성을 최소 10개 찾아보고, 그것을 전구에 적어보라고 말합니다. 예를 들어, 테일러가 보는 니고데모는 지적이고, (그런 지위에 오를 정도로) 끈기가 있으며, 헌신적이고, 탐구심이 많으며, 신중하고, 과묵하지만 열정적이고 또 남의 말을 경청하는 사람입니다. 테일러는 이렇게 말합니다, "이 전구는 니고데모를 나타냅니다. 삶에서 자기 자리에 꼭 맞게 만들어지고 또 디자인이 완벽한 좋은 전구이지요. 모든 사람이 하나님의 특별한 작품인 것과 마찬가지로, 이 전구도 특별하게 디자인되었습니다. 니고데모에게 다른 사람들보다 장점이 많았지만, 아직 예수님에게 플러그가 꽂히지 않았습니다. 니고데모가 창조된 목적이 있고 그 목적대로 니고데모가 자기가 만들어야 하는 것을 만들려면 전류가 통하듯이 생기가 돌아야 합니다. 니고데모는 그의 은사들을 주위 사람들과 나눠야 했습니다."

우리 대부분은 빛과 연결되고픈 욕구를 니고데모보다도 깨닫지 못하고 있습니다. 하나님이 없이도 공동체 안에서 우리의 지위, 우리의 평판, 우리가 인지되는 가치에 있어서 아무런 불편함도 없고 안정감을 느끼기 때문이지요. 그러한 지위나 평판이나 가치가 아무리 환하게 빛난다고 하더라도 성령이 우리라는 전구의 필라멘트를 거쳐 세상으로 흘러가실 때 비치는 빛에 비하면 희미하고 어두침침할 뿐입니다.

그러고 나서 테일러는 니고데모를 나타내는 전구를 전등에 돌려 끼워 넣습니다. 전구에 빛이 들어오게 하는 방향은 예수님과 성령과 공동체를 향해 있습니다. 전구가 연결되면 그 목적을 다 이룬 것입니다. 하지만 전구를 돌려서 빼내고 빛의 원천과 끊어지게 하면 그 전구는 더 이상 빛나지 않고 또 그 용도에서 벗어나게 됩니다.

그 다음에 테일러는 전구를 여러 개 꽂을 수 있는 촛대 모양 전등에 우리의 전구들을 돌려서 끼워 넣으라고 말합니다. 각 사람이 자신의 전구를 예수님과 연결되는 방향으로 돌릴 때, 성령의 이끄심에 따르게 되고, 세상에서 일제히 밝게 빛나게 됩니다. 계속해서 예수님을 만나면 그 관계가 깊어지고 또 우리를 통해서 세상에 비치는 빛이 더욱 환해집니다.

우리가 그 빛과 더 깊이 연결되도록 (다시) 플러그를 꽂고, (다시) 전구를 돌리려면 무엇이 필요할까요? 만약 우리가 그렇게 한다면 세상은 어떤 방식으로 선물을 받게 될까요? 더 큰 사회 공동체 안에 있는 교회의 차원에서 보면, 그러한 일이 어떻게 보일까요?

니고데모는 요한복음 3장에서 예수님과 이야기를 나누고 어둠에서 나와 빛으로 들어갔습니다. 그리고 그가 예수님을 떠나갔을 때 희미한 빛이라도 품었을까요? 7장에서 니고데모는 예수님과 연결된 빛이 깜박이는 것을 느꼈지만, 주변의 압박을 받자 뒷걸음치고 맙니다. 그러나 19장에서는 아주 친밀한 행동을 보였습니다. 그는 그러한 행동의 순간에만 빛났을까요, 아니면 (공동체를 통해) 예수님과의 관계가 계속 이어지고 깊어졌을까요? 우리는 어떤가요? 능력과 빛의 근원이신 예수님과 더 깊이 연결되는 방향으로 우리의 전구를 돌리고 있습니까, 아니면 그 방향에서 멀어지고 있습니까?

제4장

이 여자가 없으면 복음이
역사하지 못하리;
사마리아 여자

제4장 이 여자가 없으면 복음이 역사하지 못하리: 사마리아 여자
#요한복음 4장

만약 이 이야기가 요한복음에서 사라진다면 저는 더 이상 요한복음을 연구하지 않을 거예요. 제가 이번 장의 내용을 집필할 때 (고대의 세겜, 현재 나블루스[Nablus]라고 불리는 곳에 있는) 야곱의 우물에 있는 교회에서 사온 성상(icon) 하나가 책상 위에 있었습니다. 또 그 근처에서 사온 등잔도 책상 위에 있었고요. 그 성상을 소유하게 된 과정은 제가 성지(holy ground)를 걸으면서 경험한 엄청난 이야기와 관련이 있습니다(고대 이후 바로 이 순간까지도 이어지는 다층적인 이야기입니다. 고대의 성도, 요르단강 서안지구에 있는 공동체를 섬기는 사제, 그리고 저와 함께 여행을 다닌 소중한 친구들이 엮인 이야기이며, 제가 늘 소중하게 여기는 이야기입니다).

그 성상과 등잔, 심지어 제가 착용하는 (그 우물 인근 지역에서 발견된 로만 글래스로 만든) 귀걸이 한 쌍마저도 저로서는 오래 전부터 이 여자를 기리고 또 그녀와 이어지고자 총력을 다한 것입니다. 그녀의 간증이 지금까지도 제 인생을 변화시키고 있고요. 요한복음 안에서 축

약본 역할을 하는 이야기 하나를 고른다면, 바로 이 이야기일 것입니다. 요한의 복음은 이 여자가 없다면 역사하지 못했을 거예요. 그러니 이 생수의 이야기 속으로 풍덩 뛰어들어가 궁금한 것을 묻고 또 하나님에게 계시를 알려 달라고 졸라 봅시다.

하지만 먼저, 어렵게 얻은 중요한 교훈 하나를 나누고자 합니다.

요한복음 4장과 요한일서 4장을 혼동하지 마세요!

몇 년 전 침례교 목사인 제 친구의 교회에서 가톨릭 신자들의 결혼식이 있었습니다. 많은 사람들이 그렇듯이, 그 부부도 상황이 좀 복잡했습니다. 둘 다 초혼이 아니었고 자녀가 있었죠. 그들은 혼합 가족(blended family, 재혼가족)으로 함께 살고 있었습니다. 이혼과 동거 등의 이유로 그 지역 가톨릭 사제가 결혼 주례를 맡지 않으려고 했기 때문에, 그들은 제 친구에게 주례를 부탁했습니다. 제 친구는 그러겠다고 대답했고, 다만 일반적인 결혼 예비 상담을 받을 것을 요구했습니다. 그런데 그 과정에서 일이 생겨서 제 친구가 그 결혼식 자체를 진행해 줄 수 없게 되었습니다. 그래서 같은 목사로서 제가 대신 주례를 맡기로 했습니다. 그리고 결혼식 전날 밤, 리허설 전에 두 사람을 처음으로 만났습니다.

리허설 때 우리는 예식을 미리 연습했습니다. 요한일서 4장, 특히 16-19절은 결혼식의 단골 구절인데요.

우리는 하나님이 우리에게 베푸시는 사랑을 알았고, 또 믿었습니다. 하나님은 사랑이십니다. 사랑 안에 있는 사람은 하나님 안에 있고 하나님도 그 사람 안에 계십니다. 사랑이 우리에게서 완성되었다는 사실은 이 점에 있으니, 곧 우리로 하여금 심판 날에 담대함을 가지게 하려는 것입니다. 우리가 이렇게 담대해지는 것은, 그리스도께서 사신 대로 또한 우리도 이 세상에서 그렇게 살기 때문입니다. 사랑에는 두려움이 없습니다. 완전한 사랑은 두려움을 내쫓습니다. 두려움은 징벌과 관련이 있습니다. 두려워하는 사람은 아직 사랑을 완성하지 못한 사람입니다. 우리가 사랑하는 것은 하나님이 우리를 먼저 사랑하셨기 때문입니다(요일 4:16-19 새번역).

이 성경 본문은 분명 결혼식에 완벽하게 어울리는 내용이라 할 수 있습니다.

그리고 이 본문의 낭독을 맡은 사람이 앞으로 나와 낭독을 연습할 순서가 되었습니다. 그 낭독자는 자리에서 종이 한 장을 들어 올려 저에게 보여주며 준비가 되었음을 알려주었습니다. 그 본문을 이미 프린트 해놓았다고 말이죠. 예비 부부가 저녁 식사 자리를 예약해 놓았기 때문에 저는 진행을 서둘러야 한다는 압박을 받았습니다. 더욱이 제가 사실 그 부부를 잘 알지 못했기 때문에 조금 어색하기도 해서 리허설을 두고 까다롭게 굴고 싶지 않았습니다. 그래서 낭독 연습은 건너 뛰었죠.

다음날 결혼식에서 카메라가 돌아가고 있는 가운데, 그 낭독자가 일어섰습니다. 그런데 요한일서 4장이 아니라 요한복음 4장을 읽지 뭐예요! 요한복음 4장 16-19절은 다음과 같습니다.

> 예수께서 그 여자에게 말씀하셨다. "가서, 네 남편을 불러 오너라."
> 그 여자가 대답하였다. "나에게는 남편이 없습니다." 예수께서 여자
> 에게 말씀하셨다. "남편이 없다고 한 말이 옳다. 너에게는 남편이 다
> 섯이나 있었고 지금 같이 살고 있는 남자도 네 남편이 아니니, 바로
> 말하였다." 여자가 말하였다. "선생님, 내가 보니 선생님은 예언자이
> 십니다"(요 4:16-19 새번역).

낭독자가 첫 단어를 입에서 떼었을 때 저는 어떤 상황이 벌어질
지가 훤히 보였습니다. 하지만 저는 그 부부를 잘 알지 못했고 또 카
메라는 계속 돌아가고 있었기에 순간의 결정을 내려야 했습니다.
그 순간 저는 하나님에게 말했습니다. "하나님은 살아계시며 무슨
이유에서인지 저를 미워하신다는 것은 확실히 알겠네요! 그렇다면
저는 이 자리에 있는 **누군가**에게 요한일서 4장 대신 요한복음 4장을
들려줄 필요가 있었던 것이라고 생각하겠습니다!" 다행히 아무도
눈치채지 못한 것 같았습니다. 아무도 성경 본문을 거론하지 않았
거든요. 평소에는 성경을 잘 모르는 사람들을 볼 때마다 안 좋은 마
음이 들었는데, 그날은 감사했습니다.

물론 요한일서가 찾기 어려울 정도로 얇은 책이라는 것은 저도
잘 압니다. 하지만 적어도 요한복음과 요한일서가 같은 책이 아니

라는 것이 헷갈려서는 안 됩니다. 또 만일 여러분이 저에게 결혼 주례를 부탁한다면, 결혼식 리허설 때 성경 낭독자는 반드시 제가 듣는 앞에서 낭독을 연습해야 함을 알아두세요. 설령 미리 예약해 놓은 저녁 식사 자리에 늦더라도 말이지요.

세부 내용에 주목하기

세부 내용은 중요합니다. 그러니 성경을 꺼내어 요한복음 4:1-30을 읽어보세요. 영화 **요한복음**(*Gospel of John*)중에서 이 본문이 들어 있는 부분을 살펴보는 것도 추천합니다(Disc 1, Scene 5, Jesus and the Samaritan Woman). 요한은 예수님께서 사마리아를 거쳐 가셔야 했다는 언급과 함께 이야기를 시작하는데요. 하지만 분명 그곳에 **머무르실** 필요까지는 없었습니다. 따라서 예수님이 그렇게 결정하신 것을 눈여겨볼 만합니다. 당시 유대인과 사마리아인은 서로 반목이 심했습니다. 여러분이 다른 동네에 머무르고 있고, 거기에서 최소 야유를 당할 정도로 눈에 띄는 상황을 떠올려 보세요. 그럼에도 예수님께서 사마리아로 가기로 결정하신 것은 신학적인 이유도 있고 또 개인적인 이유도 있습니다.[1] 예수님은 자신이 사마리아를 비롯한 온 세상의

---

1   유대에서 갈릴리로 갈 때 보통은 요단 계곡을 따라서 내려가곤 했습니다. 그 렇게 되면 사마리아 동쪽 언저리를 지나가게 됩니다. 아니면, 해안 도로를 따 라서 내려가곤 했는데, 그럴 경우 사마리아 서쪽 언저리를 지나가게 됩니다. 수가(Sychar)/세겜(Shechem)이 있고 구릉과 산이 많은 사마리아 내륙을 통

구주이심을 밝히기 위해 그리로 가셨고, 또 그곳에 예수님을 필요로 하는 사마리아 여자가 있었기 때문에 그리로 가셨습니다.

초반부터 제가 일종의 포기 선언을 하는 것을 양해해 주세요. 요한은 이 이야기를 정치적/민족적, 종교적, 개인적인 차원을 망라하여 정교하게 글을 썼기 때문에, 개론적 읽기 단계에서 요점들을 제시하려고 할 때 각 맥락을 따로따로 구분하여 다루기가 거의 불가능합니다. 각각의 향방에 대해 이야기하려고 시도는 해보겠지만, 아무래도 다 섞일 가능성이 높습니다.

예수님께서 야곱의 우물가에 털썩 주저앉으십니다. 빛이 훤한 대낮, 정오입니다. 요한복음의 프롤로그가 생각나지 않나요? "참 빛 곧 세상에 와서 각 사람에게 비추는 빛이 있었나니"(요 1:9). "세상"에는 **모든 사람**, 즉 사마리아인도 포함됩니다. 이때 사마리아 여자가 걸어옵니다. 요한복음 3장에서 예수님이 니고데모와 교류하시던 일을 떠올려 보세요. 니고데모는 밤에 예수님을 찾아왔습니다. 그에 반해 사마리아 여자는 세상의 빛이신 분을 하루 중 제일 밝은 시간에 만났으니, 요한에 따르면 칭찬받아 마땅합니다. 요한은 앞서 3:19-21에서 이런 말을 들려주었습니다. "심판을 받았다고 하는 것은 빛이 세상에 들어왔지만 사람들이 자기들의 행위가 악하므로 빛보다 어둠을 더 좋아하였다는 것을 뜻한다. 악한 일을 저지르는 사람은 누구나 빛을 미워하며 빛으로 나아오지 않는다. 그것은 자기 행위가 드러날까 보아 두려워하기 때문이다. 그러나 진리를 행하는

과하는 길보다는 그 두 길이 훨씬 빨랐을 것입니다.

사람은 빛으로 나아온다. 그것은 자기의 행위가 하나님 안에서 이루어졌음을 드러내려는 것이다"(3:19-21 새번역).

저는 많은 사람들이 정오라는 시간대를 (역설적이게도) "밤의 여인"이라는 식의 설명과 연결시킨다는 것을 깨달았습니다. 하지만 본문은 그렇게 말하지 않습니다. 여자에게는 남편들이 있었지, 손님들이 있었던 것이 아니니까요. 오히려 이후 유다가 베다니의 마리아를 돋보이게 하듯이 니고데모는 이 사마리아 여자를 돋보이게 합니다.

시간뿐만 아니라 야곱의 우물이라는 장소에도 의미가 묻어납니다. 여자의 조상인 야곱은 다른 물줄기에서 하나님과 씨름을 했지요. 그리고 구약성경을 보면 우물가에서 또 어떤 일이 이루어졌습니까? 우물은 약혼의 장소였습니다. 이삭의 아내가 될 리브가를 우물가에서 찾아내기도 했고(창 24:10-61), 야곱이 라헬을 우물가에서 만나기도 했습니다(창 29:1-20). 또한 모세와 십보라의 결혼도 우물과 관련이 있습니다(출 2:16-22).[2] 요한복음 안에서 우리는 이미 예수님이 결혼식에서 행하신 일을 보았습니다(요 2장). 요한복음 3:29에서는 요한이 예수님을 신랑이라고 선언하기도 합니다.

사마리아 여자는 자기 볼 일을 보고 있는데, 갑자기 예수님이 물을 달라고 청합니다. 그러자 여자는 정신 좀 차리라는 식으로 말합니다. "어째서, 당신 같은 유대인 남자가 저 같은 사마리아 여자한테

---

2   제 견해는 Sandra Schneiders의 *Written That You May Believe* (New York: Crossroad, 2003) 내용 중에 사마리아 여자를 다룬 장인 "포괄적 제자도"에서 영향을 많이 받았습니다. Schneiders는 요한 연구 전문가로서 그녀의 학문 연구는 흠잡을 데가 없습니다.

물을 달라고 하십니까?" 예수님과 이 사마리아 여자가 연관이 되려면, 기존의 민족과 성(gender)의 두터운 경계를 넘어야 합니다. 예수님은 그 경계를 단호히 밀쳐내어 생명을 주고자 하십니다. 오늘날 우리는 그렇게 하고 있나요? 예수님은 "생명을 얻으라"고 말씀하십니다. 더 정확히 말하자면 "내가 주는 생명을 받으라"고 말씀하십니다.

지금 이 사마리아 여자는 세상사에 훤한 사람입니다. 남자들이 거의 모든 힘과 여자들을 독점했던 세상에 살았습니다. 물리적 힘, 경제적 힘, 종교적 힘, 정치적 힘, 모두 남자들의 것이었습니다. 그녀는 또한 요한복음의 등장인물들 중에서 예수님을 제외하면 성경을 제일 잘 알고 있습니다. 따라서 우물이 예비 신랑 신부가 만나는 장소라는 사실을 알고 있습니다. 우리는 이미 예수님이 신랑이심을 알고 있지만 여자는 아직 그 사실은 모르고 있습니다. 여자는 그저 자신이 홀몸이고 무방비 상태인데, 지금 기존의 사회적 경계를 무너뜨리고 있는 남자와 함께 있다는 사실만 자각하고 있을 뿐입니다. 여자는 경계하지만, 예수님이 어떤 위협처럼 보이진 않습니다.

두 인물이 이런저런 말을 주고받습니다. 여자는 삶 가운데 완전히 지쳐 마지못해 살아가고 있는 것처럼 보입니다. 예수님께서 여자에게 생명의 물을 주겠다고 말씀하실 때, 우리는 앞서 예수님이 출생과 모태에 관해서 니고데모와 대화를 나누신 사건, 그러나 결국 말이 통하지 않았던 사건을 떠올리게 됩니다. 그리스도인으로서 세례도 떠오르고요. 혹여 어린이나 청소년을 대상으로 사역한 적이 있다면, "나한테는 생명의 강이 있어요"(I've Got a River of Life) 노래를 자기도 모르게 흥얼거릴지도 모릅니다. 제 경험상 정말로 이 노래를 아는 사람들은 후렴을 부를 때 생기가 돕니다.

> 솟아나라, 우물아 (쑥, 쑥, 쑥, 쑥) 내 영혼 안에서
>
> 솟아나라, 우물아 (찰싹- 철썩) 나를 온전케 하라
>
> 솟아나라, 우물아 (물결!) 내-게
>
> 풍성한 생명을 주어라.[3]

사마리아 여자가 이러한 노래를 부르진 않았겠지만, 불렀더라도 구슬프게 들렸을 것입니다. 그 여자는 살고 있었던 것이 아니라 그저 견뎌내고 있었을 뿐이니까요. 실제로 사마리아 여자의 냉소가 곳곳에 드러납니다.

사마리아 그 자체인 사마리아 여자

완전히 낯선 사람인 예수님은 사마리아 여자의 삶에 더 깊이 파고들며 그녀의 남편에 대해 묻습니다. 그리고 그 질문으로 합당한 예배와 오실 메시아에 대한 깊은 신학적 대화가 이루어집니다. 여

---

3   L. Casebolt, "I've Got a River of Life," http://www.hymnlyrics.org/requests/ive_got_a_river_of_life.php.

자의 남편에 대한 대화가 어떻게 그러한 대화로 이어질 수 있었을까요? 이것을 이해하기 위해서는 사마리아의 역사를 알아야 합니다.[4]

생생한 묘사가 담긴 열왕기하 17:13-34을 참고하면 좋을 것 같습니다. 유대인의 관점에서—즉, 예수님의 관점에서—보면, 사마리아는 앗수르의 포로에서 돌아온 이후 거짓 신들과 결혼한 이들이었습니다. "이와 같이 그들이 여호와도 경외하고 또한 어디서부터 옮겨왔든지 그 민족의 풍속대로 자기의 신들도 섬겼더라. 그들이 오늘까지 이전 풍속대로 행하여 여호와를 경외하지 아니하며 또 여호와께서 이스라엘이라 이름을 주신 야곱의 자손에게 명령하신 율례와 법도와 율법과 계명을 준행하지 아니하는도다"(왕하 17:33-34).

그래서 예수님, 곧 유대인의 관점에서 보면 "사마리아의 야훼 신앙은 거짓 신을 향한 예배로 더러워졌고, 사마리아의 현재 '남편'—언약의 하나님과 사마리아의 관계를 지칭—은 언약 관계의 완전함 측면에서 볼 때, 진짜 남편이 아니었습니다(요 4:17-18 참고)."[5]

(여자가 대표하는) 사마리아는 다섯 남편들(이방 족속의 거짓 신들)이 있었고 여섯째 남편과도 바람직한 관계가 아니었습니다. 그리고 진짜 남편, 진짜 신랑이신 예수님이 일곱째가 되시는데요, 숫자 7은 성경에서 완전, 완벽, 온전, 평화, **생명**을 나타내는 수입니다.

우리는 뒤섞인 두 갈래의 성적인 이미지를 가지고 있습니다. 먼

---

4   Schneiders, *Written That You May Believe*, 139-141.

5   Schneiders, *Written That You May Believe*, 140.

저 열왕기하 본문에서 성과 연관된 비난 표현은, 모든 선지자들이 이스라엘의 하나님에게 헌신하지 않고 우상에 빠졌다고 언성을 높일 때 쓰는 전형적인 비난 표현과 연결됩니다. 호세아와 고멜을 생각해 보세요. 논란이 있는 성차별적 은유이지만, 그럼에도 분명 성경의 저자들이 당대에 쉽게 사용할 수 있는 은유였습니다. 성적 은유의 부정적 사용이라고 부를 수 있을 것 같네요.

그러나 성경에는 (그리고 이 본문에는) 아름다운 성적 은유와 성적 활기의 교류도 풍부합니다. 이를테면, 원함의 표현,[6] 정혼의 표현, 하나 됨의 표현이 있죠.

사마리아 여자는 그녀 편의 선지자들을 알고 있었기 때문에, 유대인인 예수님이 사마리아의 종교 관습을 전형적인 방식으로 비난하고 있다고 이해했습니다. 선지자들이 하는 일이 그것이었죠. 즉 거짓된 예배와 공의의 문제를 놓고 언성을 높이는 것이 선지자들의 일이었습니다. 바로 그러한 이유로 여자는 예수님을 그저 유대인 남자라고 부르다가 이후 선지자라고 바꿔 부릅니다. 그것은 마치 예수님이 손금을 읽고서 여자의 비정상적 성적 탈선을 줄줄 읊거나 혹은 노스트라다무스 식으로 미래를 예언할 수 있는 사람이었기 때문이 아니었습니다. 선지자들이 하는 일이 곧 (온갖 우상들로부터 떠나서) 하나님을 합당하게 예배하고 기도하도록 재교육시키는 것이었기

---

6   제가 도발적이고 자극적이라고 여기는 본문을 "더 수준 높게" 읽고 싶다면 Stephen D. Moore, *Post-structuralism and the New Testament* (Minneapolis: Fortress Press, 1994), 52-54에 있는 "The Hydraulics of a Liquid Metaphor" 단락을 참조하세요.

때문입니다. 합당한 예배는 오늘날 개신교인들에게 익숙한 전장일 것입니다. 현대적(contemporary) 예배? 통합적(blended) 예배? 전통적 예배? 뾰족탑이 있는 전통적 건물에서? 지역 술집에서? 줄 늘어선 상점가에서?(와 같은 논쟁이 활발하지요). 사마리아인들은 그리심산에서, 유대인들은 시온산에서 예배했습니다. 시대는 다른데 내용은 똑같네요. 우리 모두는 궁극적으로 영과 진리로 하나님을 예배해야 한다는 데 동의합니다. 하지만 세부 사항을 놓고서는 계속 논쟁 중에 있습니다.

예수님과 사마리아 여자는 합당한 예배에 대한 논쟁에서 기독론으로, 다시 말해 메시아의 특성으로 화제를 돌립니다. 이 사마리아 여자는 예수님과 심오한 대화를 나누는 신학자, 씩씩하고 자신감 있고 생각이 깊은 신학자와 같습니다. 예수님께서 니고데모에게 하셨듯이 사마리아 여자에게도 다소 모호하게 말씀하시자(이를테면, 요 4:10), 여자는 니고데모와 달리 질문을 던지며 토론합니다. 지적으로, 신학적으로 호기심이 많은 사람이지요. 그때 예수님이 요한복음을 통틀어 처음으로 "내가 그다"(I am)라는 강렬한 말씀으로 자신을 드러내십니다. 그리고 사마리아 여자는 신의 현현(하나님의 모습)을 경험합니다. 자, 이에 대해 더 자세히 설명해 드리겠습니다.

요한복음의 유명한 특징 중 하나가 바로 "나는 … 이다/나는 나다"(I am)라는 진술을 사용한다는 것입니다. 요한복음에서는 이 진술이 두 가지 형태로 쓰입니다. 첫째는 예수님이 술어 주격이 따라오는 "나는 … 이다"(I am)로 말씀하시는 경우입니다. 이를테면, 우리는

"나는 생명의 떡이다"(요 6:35, 48), "나는 세상의 빛이다"(8:12), "나는 양의 문이다"(10:7, 9), "나는 선한 목자다"(10:11, 14). "나는 부활이요 생명이다"(11:25), "나는 길이요 진리요 생명이다"(14:6), "나는 참포도나무다"(15:1, 5)와 같은 말씀을 듣습니다. 이러한 "나는 … 이다" 진술이 때로는 예수님이 행하시는 특정한 표적과 연결되기도 하는데요, 이 내용은 나중에 또 살펴보겠습니다.

하지만 기독론의 쟁점에 있어서, 그리고 사람들이 요한복음에 그와 같은 고기독론(high Christology)이 있다고 생각하는 이유에 있어서 중요한 것은, 둘째 범주의 "나는 나다/그다"(I am) 진술인데요, 이는 구약성경에 나오는 하나님의 자기 지칭이 그 진술에서 그대로 울려 퍼진다는 점에서 중요합니다. 출애굽기 3:13-22에서 모세는 자신을 보낸 하나님의 이름을 이스라엘 백성이 묻는다면 뭐라고 말해야 하는지 알고 싶어합니다. 그러자 하나님께서는 이렇게 대답해주십니다. "나는 곧 나다. 너는 이스라엘 자손에게 이르기를, '나'라고 하는 분이 너를 그들에게 보냈다고 하여라"(출 3:14 새번역). 요한복음 8:39-59을 보면, 예수님께서 유대인들과 누가 어느 아버지에게 속했는지를 놓고서 언쟁을 벌이십니다. "유대인들"은 아브라함이 자신들의 아버지라고 주장하지만, 그에 대해 예수님은 사실상 그들의 아버지는 살인한 자요, 거짓말쟁이인 마귀라고 매섭게 다그치십니다.[7] 그리고 한술 더 떠서 이렇게 말씀하시죠. "내가 진실로 진실로

---

7   세월이 흐르면서 이 진술은 유대교와 기독교 관계에 있어서 당연히 문제가 되어왔습니다. 이 책 부록에 제가 이 곤란한 쟁점에 대해 자세히 설명한 글

너희에게 말한다. 아브라함이 태어나기 전부터 내가 있다(I am)"(8:58).
구약성경을 잘 알고 있던 사람들에게, 이 표현은 예수님께서 자신
의 신적인 신분을 분명히 드러낸 것과 같았습니다. 요한은 "그래서
그들은 돌을 들어서 예수를 치려고 하였다"(8:59)라고 말하며, 유대
인들이 예수님의 표현을 신성 모독으로 받아들였음을 확증합니다.
이와 더불어 예수 그리스도의 정체가 가장 잘 계시되는 것은 바로
그분의 죽으심, 승귀 그리고 영화를 통해서입니다. "너희가 인자를
들어올릴 때, 너희는 그때 내가 나(I am)임을 알게 될 것이다"(8:28, 저자
번역)

필시 사마리아 여자는 자신이 막 신현(theophany)을 체험했음을 깨
달을 정도로 성경을 잘 알고 있었습니다. 그렇기에 여자는 곧바로
어떻게 반응했습니까? 두 가지 일을 하는데요, 먼저 자기 물동이를
그대로 둡니다. 그리고 공동체에 증언하기 위해 달려갑니다.

이 있으니 꼭 읽어 보세요. 그리스도인들이 유대인과 유대교를 배척하지 않
는 것은 윤리적 의무입니다. 우리의 일부 해석이 그러한 폐해를 의도한 것
이 아니라는 사실이 우리의 핑계거리가 되어서는 안 됩니다. 이러한 관점
에서 우리의 해석을 분석해 보는 것이 중요합니다. 이 사안에 대해 도움이
되는 책으로는 Marilyn Salmon, *Preaching without Contempt: Overcoming
Unintended Anti-Judaism* (Minneapolis: Fortress Press, 2006); Amy-Jill
Levine, *The Misunderstood Jew: The Church and the Scandal of the Jewish
Jesus* (New York: HarperOne, 2007)이 있습니다.

여자가 자기 물동이를 그대로 두고 가다

요한복음 안에 세세한 내용이 아무 이유 없이 들어가는 경우는 없습니다. 따라서 이 내용을 곰곰이 생각해 보아야 합니다. 사마리아 여자는 왜 물동이를 그대로 두고 간 것일까요? 그것은 곧 사마리아 여자가 예수님께서 주시는 생수(living water)를 받았다는 표시입니다. 여자는 자신이 가진 좋은 것과 더 좋은 것을 맞바꿉니다. 생존을 풍성한 생명과 맞바꾼 것입니다. 우리 역시 우리의 물동이─솔직히 말해서, 우리 물동이에 물이 가득 들어 있던 적이 있을까요─를 뒤에 두고 떠난다면 어떨까요? 생수가 우리를 적시고 축복하고 새롭게 하고 깨끗하게 하고 부드럽게 한다면 어떨까요? 한번 생각해 보세요. 여러분의 물동이는 무엇입니까? 안전을 보장해 준다고 생각해서 꼭 붙잡고 있지만, 사실은 여러분을 노예로 삼고서 더 중요한 것, 더 나은 것, 더 풍성한 생명을 주는 것을 받지 못하게 하고 있는 것은 무엇인가요?

우물가에 있던 여자는 붙잡고 있던 것을 놓아버리자 생명 그 자체를 다시 받습니다. 그제서야 그녀는 생존과 생명을 맞바꾼 것이지요. 자신의 생존 수단인 물동이를 꼭 쥐고 있는 동안에는 나눌 것이 전혀 없었습니다. 그러나 예수님과의 관계에서 자신이 진정 누구인지 이해하게 된 순간, 그동안 자신의 경험에서 나온 교만, 수치, 상처, 기죽고 방어적인 태도를 예수님께서 씻겨 주시는 순간, 여자에게는 생명이 가득하게 됩니다. 풍성한 생명, 육화된 생명, 영원한 생명, 귀한 생명이 넘치게 된 것이지요. 그러자 가장 먼저 무슨 일이 일어났을까요? 다른 이들에게 마음을 터놓고 이야기를 나누며 그들에게 복이 되어 주려고 합니다! 그녀는 별다른 희망없는 현실적인 사람이었으나, 이제 좋은 소식을 전하는 선교사, 하나님께서 베푸시고, 베푸시고, 거듭 베푸시는 풍성한 **생명**을 전하는 선교사가 됩니다.

여러분의 물동이는 무엇입니까? 예수님 대신 무엇을 의지하고 있습니까? 무엇으로 안정감을 느낍니까? 무엇을 꽉 붙잡고 있습니까? 여러분이 꽉 붙잡고 있는 그것이 사실은 여러분을 손에 쥐고 있음을 깨닫고 있습니까?

여자는 자기 삶에 하나님이 개입하신 이야기를 나눕니다

예수님께서 사마리아 여자에게 풍성한 생명을 주시자, 여자는 그 생명을 남몰래 저장할 생각은 하지도 않고 곧장 그 소식을 나누러 갑니다. 그녀는 "생명을 얻고" 생명을 나눕니다. 하지만 그녀는 동족 사마리아 사람들이 전해 듣고 믿는 것으로는 만족하지 않았습니다. 그래서 "와서 보라"고 강하게 끌어 당깁니다. 사람들이 예수님을 직접 만나서 경험하기를 바란 것이지요. 그녀의 이야기가 그들의 이야기는 아니니까요. 그 순간 그녀의 절실했던 필요가 그들의 절실한 필요와 반드시 일치하는 것은 아니니까요. 그렇지만 사마리아 여자는 예수님께서 사람들에게 그들이 잊어 버리거나 희망을 놓았던 자리에서 만나 주시고 그들에게 새로운 생명, 풍성한 생명, 영원한 생명을 불어넣어 주실 수 있음을 확신하고 있습니다. 그러자 사람들은 예수님을 만나게 해 준 이 선교사에게, 좋은 소식의 선포자에게 고마워합니다. 그녀는 요한복음 3:30("그는 흥하여야 하겠고 나는 쇠하여야 하리라 하니라")에 나오는 말씀을 이해하고 있었습니다. 그래서 자신이 주연이 되지 않도록, 온통 자신만 드러나는 쇼가 되지 않도록 주의하며 증언했습니다. 그녀의 동족들도 예수님을 따르게 되고 세상("코스모스", 3:16 참조)의 구주로 인정하게 되자, 여자의 간증은 더욱 풍성해졌습니다. 여자는 예수님을 단순히 사람으로 여기는 것에서, 선지자로 여기는 것으로, 그리고 다시 메시아로 여기는 것으로 바뀌었습니다. 우리는 이러한 패턴을 요한복음 9장에서도 볼 수 있습니다. 이름이 알려지지 않고 "무능한" 믿음의 영웅 또 한 사람이 그곳에서 나타납니다.

사마리아 여자와 니고데모, 그리고 제자들

제가 이 책의 1장에서 환기시켰던 패턴 하나가 바로 상호 성격 묘사인데요, 이는 어떤 주장을 입증하기 위해—요한복음의 경우에는 여러 주장들을 입증하기 위해—특정 인물들을 나란히 놓는 것을 가리킵니다. 앞서 우리는 사마리아 여자가 여러 측면에서 니고데모와 비교되는 것을 살펴보았습니다. 사마리아 여자는 종교, 민족, 성 (gender), 계급, 지위, 교육, 재정 안정성 측면에서 보면 분명 사회에서 소외된 인물이었습니다. 니고데모는 이와 정반대 인물이었고요. 여자는 예수님과의 관계에 있어서도 "다른 쪽"에 서 있는데요, 니고데모는 이스라엘의 선생이니 예수님과 같은 쪽에 있는 사람이었습니다. 또 어떤 면에서 니고데모는 어둠과 관련이 있고, 사마리아 여자는 빛과 관련이 있습니다. 니고데모는 입을 꼭 다물었던 반면, 사마리아 여자는 신약성경에서 예수님과 가장 폭 넓게 대화를 나누었습니다. 또한 그녀는 신의 현현을 경험하고, 예수님이 누구이신지 자신이 점차 더 깊이 이해한 내용을 계속해서 말로 표현합니다. 이러한 차이가 계속됩니다.

그런데 여기서 저자 요한이 사마리아 여자를 제자들과 어떻게 엮어 가는지도 눈여겨보세요. 사마리아 여자와 예수님께서 마실 거리에 대해 대화를 나누는 중간에 요한은 "이는 제자들이 먹을 것을 사러 그 동네에 들어갔음이러라"(요 4:8)라는 기록을 삽입합니다. 여기서 독자 여러분은 그저 "그렇군요" 하고 반응할지도 모르겠네요. 그런데 이어서 예수님께서 사마리아 여자와 계시적인 대화를 나누는 사이에 제자들이 그 장면에 또다시 등장합니다. 어딘가 어색함이 느껴지는데요. 실제로 제자들의 반응은 훨씬 더 어색합니다. 별다른 반응 자체가 없기 때문입니다. 삶을 변화시키는 영광스러운 일이 한창 일어나는 가운데 제자들은 익숙하고 진부한 접근 방식을 취하고서는, 성(gender)의 경계를 넘어서시는 예수님을 우려합니다.

신적 계시에 관한 한, 또 광장에서 남자들에게 연설을 함으로써 예수님의 이름으로 사역을 하는 임무에 관한 한 유리 천장(충분한 능력을 갖춘 사람이 성 차별 등의 이유로 고위직을 맡지 못하는 상황을 비유적으로 이르는 용어 - 역주)이 있었다는 것을 예수님께서 모르셨던 걸까요? 제자들은 그 상황에 무의식적으로 반응했고 또한 편견을 이기지 못했습니다.

사마리아 여자로서는 그 자리에 남아서 제자들의 성차별주의적 개념을 상대할 시간이 없었습니다. 좋은 소식이 절실한 이들이 너무나 많았기 때문입니다. 사마리아 여자가 아주 효과적으로 간증을 한 덕분에, 사람들이 자기 발로 예수님을 찾아오기 시작합니다. 하지만 제자들은 니고데모처럼 문자적인 차원에 지나치게 중점을 둔 나머지 자신들 앞에서 펼쳐지는 일의 영적인 의미에 관여하지 못했습니다. 그 결과 여자가 중요한 일을 하고 있는 동안 제자들은 그저 호들갑을 떨고 있을 뿐이었습니다. 사마리아 여자가 뿌린 씨를 제자들은 나중에야 거두게 될 것입니다. 사마리아 여자는 지금 이후 제자들이 증축할 건물의 기초를 닦고 있는 것입니다(요 4:37-38).

니고데모나 제자들과는 대조적으로, 이 사마리아 여자는 이름도 없고 이스라엘 사람도 아니며 정통 신앙을 가진 사람도 아닙니다. 남자들이 지배하는 사회에서 이 남자에게서 저 남자에게로 넘겨지던 여자입니다. 그런데 바로 그러한 여자를 하나님께서 신앙의 여정에서 따라야 할 모범으로 높이신다는 사실이 놀라우면서도 심지어 역설적이라는 생각이 들지 않나요? 하나님께서는 오늘날에도 그러한 일을 하고 계실까요?

개인적인 측면에서의 사마리아 여자

사마리아 여자는 유대인-사마리아인 관계의 상징이며 예수님의 사역 범위("우주"[cosmos], 4:42)의 상징입니다. 그렇지만 사마리아 여자는 예수님께서 한 사람 한 사람을 만나고자 하실 때 벌어지는 일의 전형을 보여주기도 합니다. 많은 사람들이 이 이야기를 자신의 삶과 관련시켜 깊이 공감합니다. 예수님께서 사마리아 여자를 잘 알고 계시다는 것을 보여 주시자, 여자는 예수님에게 주목하게 되었습니다. 예수님은 여자가 무슨 일을 겪어 왔는지 아셨습니다. 하지만 우리는 여자의 남편들에게 무슨 일이 일어났는지 아무것도 듣지 못합니다. 유대 율법이 명시한 대로라면 남편이 자녀 없이 죽으면 바로 손아래 형제가 형의 아내와 결혼을 해야 했습니다(신 25:5-6). 이러한 결혼은 2가지 기능을 했는데요, 맏아들이 첫 남편의 상속자가 되고, 또한 비록 여자가 돈이나 재산은 상속받지 못하지만 그럼에도 그 가문의 식량을 계속해서 이용할 수 있게 됩니다. 여하간 예수님은 사마리아 여자가 바라거나 계획한 대로 인생이 풀리지 않았다는 것을 아셨습니다. 젊은 시절의 그녀는 자기가 나이가 들면 결국 어떠한 처지에 놓이게 될지 결코 알지 못했을 겁니다. 초췌해져서 기대할 것이 아무것도 없는 사람이 되리라고는 상상도 하지 않았을 겁니다.

이 지점이 이 이야기에서 정말로 제 눈길을 사로잡은 부분인데요, 덕분에 저는 제 삶에 대해, 또 여러분의 삶에 대해 다음과 같은 중요한 질문을 던지게 되었습니다.

- 사마리아 여자의 인생에서 예수님을 만나기 전과 후의 순간에 그녀를 가장 분명하게 보여주는 관계는 무엇입니까?
- 여러분의 인생에서 어느 관계가 여러분을 가장 분명하게 보여줍니까?
- 여러분은 이 여자를 어떻게 묘사하겠습니까?
- 여러분은 스스로를 어떻게 묘사하겠습니까?
- 여러분은 예수님께서 이 여자를 어떻게 보셨다고 생각하십니까?
- 여러분은 예수님께서 여러분을 어떻게 보신다고 생각하십니까?
- 이 여자의 가장 깊은 갈망은 무엇입니까? 여자의 가슴을 뛰게 만드는 것은 무엇입니까? 여자의 열망은 무엇인가요? 여자가 그것을 알고나 있나요? 예전에는 알고 있었나요?
- 여러분의 가장 깊은 갈망은 무엇입니까? 여러분의 가슴을 뛰게 만드는 것은 무엇입니까? 여러분의 열망은 무엇인가요? 여러분은 그것을 알고는 있나요? 예전에는 알고 있었나요?

사마리아 여자는 예수님의 눈을 바라보고서는 그분이 자기를 아시고 사랑하신다는 것을, 또 생명을 주겠다는 약속을 실제로 지킬 수 있으시다는 것을 알았습니다. 여자에게는 물이 필요했으므로, 예수님께서는 여자에게 생수를 주시는 것에 대해 말씀하셨습니다. 요한복음 끝부분에서 제자들은 물고기가 필요했습니다. 그러자 예수님께서는 제자들의 그물에 물고기를 넣어 주셨고 바닷가에서 물고기 요리를 만들어 주셨습니다. 여기서 핵심은 예수님께서 우리에게 물이나 물고기를 주신다는 것이 아닙니다. 문자적으로든, 은유적으로든 우리가 생명을 얻기 위해 가장 필요한 것은 무엇이든지 우리에게 주신다는 것이지요. 우리들 대부분은 자신의 특색을, 자신의 더러움과 아름다움을, 그리고 엄청난 성공과 크나큰 실패를 최대한 이해받고 사랑받기를 갈망합니다. 완벽하게 살지 못해도 완벽하게 사랑받을 수 있다는 것을 알고 싶어 하지요. 그리고 바로 예수님께서 우리를 그렇게 사랑하고 계십니다.

기도 † 하나님, 제가 이 사마리아 여자를 만나 본 적은 없지만, 그녀에게 믿음을 주셔서, 복음을 나누려는 열망을 주셔서, 그리하여 지금도 그 믿음이 다른 사람에게 믿음을 불어넣게 해 주셔서 감사합니다. 예수님께서 사마리아 여자에게 그러셨던 것처럼, 저희도 몇 번이고 변화시켜 주셔서, 예수님이 진실로 유대인의 구주, 사마리아인의 구주이실 뿐만 아니라 또한 온 세상/우주의 구주이심을 선포하게 해주세요. 아멘.

제5장

시력과 통찰력

제5장 시력과 통찰력

♯ 요한복음 9장

요한복음 4장에 있는 사마리아 여자처럼, 9장에 있는 선천적 시각 장애인 남자도 우리가 열심히 본받아야 할 인물 중 하나입니다. 요한복음은 연극으로 공연하기에 적합하므로, 이 내러티브를 한 장면씩 나누어서 보도록 하죠.[1]

첫 장면: 치유(9:1-7)

---

[1] 왜 내러티브의 순서에서 벗어나 갑자기 9장을 다루냐고요? 거기에는 몇 가지 이유가 있습니다. 첫째, 사마리아 여자와 나면서부터 눈이 먼 사람은 요한의 이상적 제자도의 본보기이기 때문에 4장과 9장이 잘 어울립니다. 그래서 저는 독자가 이 두 이야기의 유사성을 보았으면 합니다. 둘째, 오늘날 독자들이 죄와 고난을 동일시하는 경향이 있으므로, 제자들이 빠진 것과 똑같은 함정에 빠지지 않도록 5장을 다루기 전에 9장의 만남을 보는 것이 중요합니다.

"예수께서 가시다가, 날 때부터 눈먼 사람을 보셨다"(요 9:1 새번역). 이 사람은 요한복음 5장에 나오는 남자와는 달리 선천적 장애인이었습니다. 제자들은 당장 "선생님, 이 사람이 눈먼 사람으로 태어난 것이, 누구의 죄 때문입니까? 이 사람의 죄입니까? 부모의 죄입니까?"(9:2 새번역)라고 질문함으로, 고난이나 장애를 죄나 악행(적어도 미심쩍은 선택)과 연관짓는 우를 범합니다. 하지만 예수님은 곧바로 "이 사람이 죄를 지은 것도 아니요, 그의 부모가 죄를 지은 것도 아니다…"(9:3 새번역)라고 딱 잘라 말씀하심으로 제자들의 말을 바로잡으십니다. 다시 말해, 죄와 고난이 서로 관련이 있다고 생각해서는 안 된다는 것이었습니다. 제자들의 질문은 좋지 않은 질문이어서, 잘 봐 줘야 쓸데없는 질문이고 최악의 경우에는 해로운 질문입니다.

자기가 잘못을 저질러서 자신이 혹은 가까운 사람이 고난을 겪는다는 말을 자주 듣게 됩니다. 한번은 제가 이 단락을 가르치고 있을 때, 다운 증후군이 있는 딸의 엄마가 그 자리에 있었어요. 그 엄마가 수업 후에 저에게 다가와서 "그러면 교수님은 제 딸에게 다운 증후군이 있는 게 제 잘못이 아니라고 말씀하시는 건가요?"하고 말했습니다. 그래서 저는 이렇게 말했습니다. "제 말이 아니라 예수님의 말씀이지만, 저는 예수님의 말씀에 동의합니다." 사실 그 엄마가 노산을 했다는 이유로 죄책감을 느끼게 하는 사람들이 주변에 많았습니다. 저는 여기에서 2가지 주장을 하고 싶습니다. 첫째, 우리는 죄와 고난에 대해서 계속 어리석고 허튼소리 하기를 중단해야 합니다. 고난의 원인이나 질, 양, 정도, "해결책"이 모조리 똑같지는 않으니까요. 둘째, 제가 이 이야기를 한다고 해서 다운 증후군이 "문제"라거나, 다운 증후군에 있어서 고난은 고려해야 할 요소 중에 하나라는 뜻이 아닙니다. 이러한 경우에 고난은 낙인 찍기, 비난하고 수치를 주는 신학 때문에 일어나는 것입니다.

예수님은 책임 공방(blame game)을 꾸짖으신 후에, 영역본 대부분에서 놓치고 있는 놀라운 말씀을 하십니다. NRSV에서는 이렇게 옮겼죠. "… 하나님의 일들을 그에게서 드러내기 위해 그가 눈이 먼 채로 태어났다. 우리는 나를 보내신 분의 일을 낮 동안 해야 하니, 아무도 일할 수 없는 밤이 곧 온다"(9:3-4 NRSV). 이러한 번역은 하나님에 대해 심각한 의문을 제기하게 만듭니다. 하나님께서 그저 이 남자를 하나님의 마술쇼 소품으로 이용하시려고 장애를 안고 태어나게 하셨나요? 세상을 너무나도 사랑하셔서 예수님을 세상에 보내시고 사람들에게 풍성한 생명을 주고자 하시는 하나님께서 하나님 때문에 생긴 문제를 고쳐 주시는 것을 자랑하려고 하신다고요? 만일 그렇다면 하나님께서 어떤 사람들의 선천적 장애는 고쳐 주시면서 또 어떤 사람들은 고쳐 주시지 않는 이유는 무엇인가요? 이 이야기 안에는 믿음이 치유의 전제 조건이라는 말이 전혀 없습니다. 사실, 이 남자가 고쳐 달라고 했다는 말조차 전혀 없습니다.

하나님께서 비극적인 상황이 **일어나게 하신**다고 생각하면, 하나님의 윤리적 성품과 관련하여 심각한 의문들이 발생합니다. 제 수업을 듣던 한 사람이 자기가 쌍둥이의 아빠가 되었다는 소식을 전한 적이 있습니다. 그런데 그 쌍둥이 중 한 명이 죽고 말았습니다.

그리스도인 친구들은 그 아빠를 위로하려고 하면서, 아이의 죽음으로 그 아빠가 하나님에게 더욱 이끌리게 되리라는 생각부터, 비극적인 일을 한창 겪는 중에 영웅적인 믿음을 보여 주고 간증을 할 기회가 생겼다는 생각에 이르기까지, 하나님께서 그러한 일을 하신 까닭을 이모저모로 내세웠습니다. 그 아빠에게는 그 어느 시나리오도 도움이 되지 않았는데요, 저는 그 이유를 알 수 있었습니다. 하나님께서 비극적인 상황을 **구속하여** 주실 수 있다고 말하는 것과, 하나님이 비극적인 상황을 **일어나게 하신**다고 말하는 것은 전혀 다르기 때문이지요.

여기에서 고전 그리스어 본문과 관련하여 2가지를 지적하는 것이 좋겠습니다. 첫째, 번역자들이 작업할 때 보았던 고대 사본은 **연속 문자**(*scriptio continua*)로 작성되었다는 것입니다. 단어 사이에 간격도 없고, 구두점도 없고, 대문자와 소문자 사이의 구분도 없지요(장과 절 번호 역시 16세기에 도입된 것입니다). 여기서 서로 다른 현대 영역본들의 번역자들이 내린 판단에도 주목하게 됩니다. 만일 여러분이 고대 본문을 읽어야 하는데 그 원문이 영어로 되어 있다면 요한복음 서두는 아마 다음과 같은 모양이었을 것입니다.

INTHEBEGIN

NINGWASTH

EWORDANDT

HEWORDWAS

(이를 한국어에 적용해보면 다음과 같습니다 - 역주)

ㅌㅐㅊㅗ에ㅁㅏㄹ쓰ㅡ

ㅁㅣㄱㅖㅅㅣㄴㅣ라

ㅇㅣㅁㅏㄹ쓰ㅡㅁㅣ하

ㄴㅏㄴㅣㄱ과ㅎㅏㅁ께

둘째, NRSV에서 "그가 눈이 먼 채로 태어났다"라고 번역한 구절이 사실 그리스어 본문에는 전혀 나오지 않습니다. 그리스어 본문은 이렇습니다(원문에 더 충실하기 위해 대문자와 구두점을 생략합니다). "이 사람이 죄를 지은 것도 그 부모도 아니고 다만 하나님의 일이 그에게서 드러나기 위해서 우리는 나를 보내신 분의 일을 낮 동안 해야 한다. 아무도 일할 수 없는 밤이 곧 온다." 이제 9:3-4에 대한 2가지 번역이 서로 어떻게 다른지 주의해서 보세요(먼저 NRSV 번역이 나오고 이후 제 번역이 나옵니다).

예수께서 대답하셨다.

"이 사람이나 그 부모가 죄를 지은 것이 아니고,

그에게서 하나님의 일이 나타나기 위해서 그가 눈이 먼 채로 태어났다. 우리는 낮 동안 나를 보내신 분의 일을 해야 하니,

아무도 일할 수 없는 밤이 곧 온다"(NRSV).

예수께서 대답하셨다.

"이 사람이나 그의 부모가 죄를 지은 것이 아니다.

[그가 눈 먼 채로 태어났다][2]

그에게서 하나님의 일이 나타나기 위해서,

우리는 낮 동안 나를 보내신 분의 일을 해야 한다.

아무도 일할 수 없는 밤이 곧 온다"(저자 번역).

이것이 이 본문에 대한 아주 다른 두 해석입니다. 제가 제시한 대로 본문을 읽으면 예수님께서 그 남자의 장애가 그나 그의 부모나 하나님 중에 누구의 잘못인지 판단하려는 집착에서 탈피하시려는 것이 보입니다. 그 남자가 눈이 먼 채로 태어났다는 것은 단순한 사실일 뿐입니다. 현실은 그 사람이 그 순간에도 여전히 눈이 멀어 있다는 것이지요. 제자들이 머리카락을 올올이 가르듯이 신학적으로 사소한 일을 따지며 학문 활동을 하느라 분주한 동안, 여기에 장애가 있는 사람이—"사건"이 아니라 사람이—앉아 있습니다. 설령 제자들이 누구의 잘못인지 판단할 수 있었다고 해도, 그 남자가 앞을 볼 수 없다는 사실이 변하지는 않습니다. 예수님은 과거를 추측하고 있던 제자들의 (뻣뻣한?) 목을 돌려서 그들 앞에 있는 사람에게

---

2   [ ]는 이 문장이 그리스어 본문에는 없다는 것을 표시합니다. 만일 여러분이 [ ]을 넣는 쪽을 선택한다면, 그저 사실(fact)을 진술하는 문장으로만 포함시켜야 합니다. 그는 눈이 먼 채로 태어났습니다. 그러한 일은 일어나기 마련입니다. [ ] 문장이 그리스어 본문에 없으므로 그냥 생략하는 편이 훨씬 더 좋습니다.

시선을 맞추게 하십니다. 그리고 예수님은 제자들에게 하나님을 위해 하나님과 함께 일을 할 것인지, 아니면—이 이야기에서 나중에 보게 될 바리새인들의 경우처럼—자신들을 위해 일을 하며 하나님을 거스를 것인지 생각해 보라고 말씀하십니다.

제자들의 처지가 되어 봅시다. 우리가 무대에 등장해서 이 흥미로운 사건을 보고 길게 논의를 한다고 합시다. 그리고 우리가 누구 잘못으로 그 사람의 눈이 멀었는지 판단할 수 있다고 해봅시다. 우리가 그것을 골똘히 생각한다고 해서 그 사람의 삶이 얼마나 더 나아질까요? 우리로서는 신학적 올바름이라는 측면에서 정당성을 입증받은 기분은 들겠지만, 정작 그 사람을 도와주는 일은 아무것도 하지 않았습니다. 자기 자신을 도왔을 뿐이죠. 그때 예수님께서 우리에게 앞으로 나오라고, 타인을 우선시하면서 솔직하게 그 상황을 헤아려 보라고, 그리고 이렇게 질문하라고 하십니다. "이 상황에 하나님은 어디 계시는가? 이 남자를 어떻게 도와주어야, 장차 타인들에게 들려 줄 하나님 이야기에 어떻게 하면 그가 들어갈 수 있을까?" 우리와 우리의 신학적 만족이 늘 중요한 것은 아닙니다.

문제가 하나 더 있습니다. 현재에 대처하려고 할 때 우리는 과거를 돌아보는 경향이 있습니다. 제자들 역시 현재 상황이 어떻게 해서 발생했는지 판단하기 위해 과거를 돌아보았습니다. 그렇지만 예수님은 제자들의 고개를 과거로부터 돌려서 그 시선이 현재를 향하게 하셨습니다. 과거에 고착되어 있다면 현재 상황에 대해서는 결코 아무것도 알아내지 못하며 사실상 현실에 대처하지 못하게 됩니다. 그저 과거로 날아가서 이것이 누구의 잘못이냐며 상상의 나래를 펼치게 되죠.

이러한 패턴을 11장에 나오는 마리아와 마르다에게서 다시 살펴볼 것입니다. 예수님은 "우리가 하나님의 일을 해야 한다"고 (우리를 포함하여!) 제자들에게 강하게 명령하십니다. 하나님은 길이 없는 데서 길을 만드시고, 창조하시고, 풍성한 생명을 주시는 일을 하십니다. 참으로 이것이 예수님께서 제자들에게 그리고 우리에게 말씀하신 복음입니다. "내가 진정으로 진정으로 너희에게 말한다. 나를 믿는 사람은 내가 하는 일을 그도 할 것이요, 그보다 더 큰 일도 할 것이다. 그것은 내가 아버지께로 가기 때문이다"(요 14:12 새번역). 예수님께서 친히 하신 것보다 더 큰 일이라고요? 우와! 그렇다면 이제 우리도 일하러 가야 할 시간입니다.

예수님은 자신이 하나님 편에 있다고 분명하게 선언하고 보여주셨습니다. 우리는 이미 빛에 대해서(1:8), 일에 대해서(4:34, 또 5:34은 9장에 나오는 그 사람을 묘사하고 5:36은 예수님의 일을 서술) 들었습니다. 요한복음에서 "나는 … 이다"(I am) 진술은 대개 특정 "표적"(다른 복음서에서는 "기적"[개역개정: 능력]이라고 부르지만, 요한복음에서는 한 번도 "기적"이라고 부르지 않음)과 엮입니다. 그러니 8장에서 예수님이 "나는 세상의 빛이다"라고 말씀하신 다음에 행하신 표적이 날 때부터 눈 먼 사람(9장)이 볼 수 있게 해주신 것이라는 사실이 전혀 놀랍지 않지요.

다시 한번(1:1참조) 요한복음의 저자는 창세기의 창조기사를 넌지시 암시합니다. 예수님은 왜 흙을 취하여 자기 침과 섞으셔서 치유가 일어나게 하셨을까요? 사실 예수님이라면 굳이 그 남자에게 손을 대지 않으셨어도, 또 땅의 것을 이용하지 않으셨어도 고치실 수 있으셨을 거예요. 그렇지만 예수님은 창세기에서 이야기하는 대로 창조하시고 생명을 주시는 하나님의 능력을 자신의 것으로 취하시고, 땅의 것과 하늘의 것이 얽혀 있음을 우리에게 다시 한 번 상기시켜 주십니다. 땅의 것(물, 빵, 진흙, 물고기, 성경)에는 우리에게 하나님을 계시해주는 능력이 있습니다. 하나님께서는 예수님과 함께 그 모든 것을 창조하셨죠.

그리고 예수님은 그 남자에게 실로암 못에 가서 씻으라고 명령하셨습니다(9:7). 우리 그리스도인들은 물을 볼 때마다 자연스레 세례를 떠올립니다(니고데모가 나오는 3장과 물이 언급되는 7:38, 예수님의 옆구리에서 피와 물이 나오는 19장 참고). 지금 언급하는 실로암 못이 2004년에 발굴되어서, 이제 우리도 가볼 수 있습니다. 나면서부터 눈이 멀었고 믿음의 영웅으로 제시되는 이 남자가 "보냄을 받았다"라는 뜻의 이름을 지닌 못과 관련이 있는 것은 결코 우연이 아닙니다. 예수님과 제자들은 거듭해서 보냄을 받은 이들이었기 때문이지요.

둘째 장면: 이웃 사람들 생각은?(9:8-12)

이야기의 나머지 부분은 나면서부터 눈이 멀었던 남자의 치유를 보고서 그와, 이웃 사람들, 부모, 종교 당국 같은 각계 각층 사람들이 보인 반응을 들려줍니다. 이웃 사람들은 평상시와 달리 당황합니다. 이웃 사람들은 자신들의 질서 정연했던 범주가 치유받은 사람 때문에 혼란에 빠졌기에, 그 남자가 자신들이 예전에 알던 남자인지 판단조차 내리지 못합니다. 축하하고 하나님을 찬양하기보다는 자신들의 세상이 흔들리지 않도록 그 남자를 계속 제자리에 두려고 한 것입니다. 하지만 남자는 그 범주를 거부하고 "내가 그라"(에고 에이미[egō eimi], "그"[the man]가 원문에는 없지만 번역자들은 그동안 이 단어를 삽입해왔습니다)라고 대답하여 통합된 정체성을 주장합니다. 즉, 그 남자는 예전에 앉아서 구걸하던 그 사람인 **동시에** 그 이상의 의미가 있는 사람이라는 말입니다. 요한복음의 저자에게는 하나님과 함께하는 미래의 이야기로 옮겨간다는 것이 예전의 삶을 부정한다는 뜻이 아닙니다(4장과 21장 참고). 치유는 과거를 부정하거나 두려워하거나 과거에 대한 부끄러움에 집착하는 것이 아니라, 과거를 인정하는 것에서 시작됩니다.

여기에서 "내가 그라"(egō eimi)라는 진술은 이 복음서가 (앞 장에서 논의했듯이) 기독론적 주장을 전달하는 유명한 특징입니다. 요한복음의 저자는 이 남자와 예수님을 연결하는 "내가 그라" 진술을 사용해서 정체성 문제를 대담하게 표현합니다. 남자가 계속해서 "내가 그라"(반복을 의미하는 동사가 쓰임)고 말한다는 사실은 대화와 심문이 계속 이어지고 있음을 나타냅니다.

이웃 사람들은 거듭거듭 설명을 요구합니다. 치유는 보통 사회에 파문을 일으킵니다. 한 사람이 치유를 받으면, 다른 사람들은 그 일이 자기들의 마음의 평정이나 자의식, 가능한 일/불가능한 일에 대한 지각, 능력에 대한 감각을 혼란스럽게 하고 어지럽히지 않을지 그 여부를 알고 싶어 합니다. 이것은 1세기는 물론이고 21세기에도 마찬가지입니다. 우리는 부모와 종교 지도자들에게서도 두려워하는 모습, 지지를 해주지 않는 모습을 보게 되죠.

셋째 장면: 바리새인들(9:13-17)

이제 독자들은 요한복음 5장에서처럼 예수님께서 그 치유/기적을 안식일에 행하셨음을 알게 됩니다. 겉으로 보면 대화가 기적적인 치유에 관한 것으로 보이는데요, 9:14에서 예수님이 "그의 눈을 뜨게 하셨다"라고 되풀이하고, 9:15에서 바리새인들은 "그가 어떻게 보게 되었는지"를 남자에게 계속 물어보기 때문입니다. 이때 동사는 미완료 시제여서 그 남자가 계속해서 당하고 있는 시련을 강조합니다. 남자는 꿋꿋하게 서서 자신의 경험을 확신 있게 정리해서 말하고, 증거를 공유하며, 복음을 전하는 사람이 됩니다. 그런데 이웃 사람들과 같이 바리새인들 역시 그 남자를 축하하거나 하나님에게 영광을 돌리지 않고 오히려 자기들끼리 언쟁을 벌이는데요, 이번에는 그 남자가 날 때부터 눈이 멀었다는 사실보다는 예수님의 정체를 놓고서 언쟁하기 때문에, 이제 이야기는 그 남자가 죄인인지 아닌지에 대한 여부가 아니라 예수님이 죄인인지 아닌지에 대한 여부로 옮겨갑니다. 이에 대해 그 남자는 증언을 요구받습니다. 그가 처음에는 예수님을 그저 사람(*anthrōpos*)으로 받아들였지만, 이제는 "선지자"라고 말함으로써 예수님이 누구이신지 더욱 깊이 이해했음을 드러냅니다. 예수님을 선지자라고 부른다는 것은 그분에게 종교적 권위가 있다고 여기는 것이었으니까요. 생각해 보면 모세와 엘리야와 엘리사 모두 치유를 행한 바 있했습니다.

넷째 장면: 부모의 곤경(9:18-23)

이제 바리새인들은 부모를 심문해서 예수님을 상대로 송사를 하고자 합니다. 남자가 자기 사회의 권력 구조와 담판을 짓는 동안, 부모는 어떤 식으로든 아들을 지지해 주지 못했다는 정도의 표현으로는 부족합니다. 남자의 부모는 아들을 옹호할 경우 치르게 될 대가가 두려워 겁을 먹었습니다. 반면에 전에 눈이 멀었던 남자는 권력에 대항하여 진실을 말합니다. 남자는 혼자서라도 저항하는 일에 익숙한 것처럼 보입니다. 부모는 아들을 저버린 것으로 보이고요.

다섯째 장면: 바리새인들, 2차전(9:24-34)

이 단락에는 "알다"(*ginōskō*)라는 동사를 바탕으로 역설이 가득합니다. 바리새인들은 예수가 죄인이라는 것을 안다고 주장하면서, 남자를 협박하여 자기들과 같은 편으로 삼고 예수를 대적하게 만들고자 합니다. 남자는 그가 바리새인들의 학문적 논쟁에 대해서는 잘알지 못한다는 것을 인정하지만, 자기가 아는 그대로 예수님께서 실제로 자기 눈을 (문자적으로, 은유적으로) 뜨게 하셨다고 주장합니다. 바리새인들이 계속 질문을 퍼붓지만 남자는 그들이 복음에 귀를 기울이지 않는다는 사실을 깨닫고 그들을 놀림감으로 삼기까지 합니다. 나름의 대응 방식이었죠.

늘상 그렇듯이, 그와 같이 권력에 대응하면 이내 혹평과 위협과 배척이 따라오기 마련입니다. 바리새인들은 남자가 모세를 선택하게 만들려고, 예수님을 모세와 분리시킵니다. 그들의 지식에 토대를 두고서 말이죠. 예수님과 모세를 구분할 뿐만 아니라 예수님과 성경을 구분하는 그릇된 이분법을 예수님께서 요한복음 5:39-47에서 이미 다루셨음을 떠올려 보세요.

> "너희가 성경에서 영생을 얻는 줄 생각하고 성경을 연구하거니와 이 성경이 곧 내게 대하여 증언하는 것이니라. 그러나 너희가 영생을 얻기 위하여 내게 오기를 원하지 아니하는도다. 나는 사람에게서 영광을 취하지 아니하노라. 다만 하나님을 사랑하는 것이 너희 속에 없음을 알았노라. 나는 내 아버지의 이름으로 왔으매 너희가 영접하지 아니하나 만일 다른 사람이 자기 이름으로 오면 영접하리라. 너희가 서로 영광을 취하고 유일하신 하나님께로부터 오는 영광은 구하지 아

니하니 어찌 나를 믿을 수 있느냐? 내가 너희를 아버지께 고발할까 생각하지 말라. 너희를 고발하는 이가 있으니 곧 너희가 바라는 자 모세니라. 모세를 믿었더라면 또 나를 믿었으리니 이는 그가 내게 대하여 기록하였음이라. 그러나 그의 글도 믿지 아니하거든 어찌 내 말을 믿겠느냐?"(5:39-47)

제 생각에 바리새인들은 미국 침례교 목사이자 제 절친인 데이비드 바틀렛(David Bartlett)이 즐겨 하는 말을 들어야 했어요. "우리는 예수님을 믿는 사람들로서 성경을 갖고 있지, 성경을 믿는 사람들로서 예수님을 갖고 있지 않다." 나무들 때문에 숲을 못 보면 안 됩니다.

이 이야기 안에는 누가 무엇을 알고 있느냐와 관련해서 역설이 빼곡하게 담겨 있습니다. 이 지도자들은 예수님이 어디에서 왔는지 자기네들은 모른다고 선언하면서, 어디서 왔는지 모른다는 이유로 예수님을 배척합니다. 요한복음을 잘 아는 독자라면 알 수 있듯이, 예수님이 어디서 오셨는지(위에서), 누가 예수님을 보내셨는지(하나님), 예수님이 어디로 가고 계시는지(하나님에게로)에 대한 질문이 요한복음 안에서 무엇보다도 중요한데요, 지도자들은 뜻하지 않게 진실을 말함으로써 스스로를 정죄하고 있습니다. 사실 지도자들은 예수님이 어디에서 오셨는지 모르고 그분에 대한 진리를 배우는 데도 아무런 관심도 없기 때문이지요. 그들이 알고 있는 것과 모르는 것 자체가 그들을 고발하고 있습니다. 남자는 억지로 발언권을 얻어내어 논리적이고 신학적인 주장을 펼칩니다. 남자는 아주 재치 있게도 지도자들을 조롱하기까지 합니다. 그의 말을 바꿔서 표현하면 이렇습니다. "우와, 여러분은 소위 지식 때문에 하나님의 영광이 일하고 계신 것을 못 보고 있군요. 여러분의 지식은 너무나도 작아서 하나님의 놀라우신 역사가 끼어들 자리가 없네요. 정말 애석한 일입니다." 지도자들은 "네가 감히 … 우리를 …"과 같은 말로 남자를 눌러 버리려고 합니다. 하지만 남자는 그들의 말을 묵살해 버리고 나서는 31절과 33절에서 이렇게 선언합니다. "하나님께서 죄인들의 말은 듣지 않으시지만, 하나님을 예배하고 그분의 뜻에 순종하는 [지도자들은 이렇게 하지 못했습니다] 사람의 말은 들으신다는 것을 우리가 압니다 … 이 사람이 하나님에게서 오지 않았다면 [시력을 기적적으로 되찾아 준 일은 물론이고] 아무런 일도 할 수 없을 텐데요"(9:31-33).

그러자 지도자들은 "너"와 "우리"라는 범주를 사용하여 다시 한 번 자신들을 별개의 존재로 여깁니다. (1:11의 "자기 땅에 오매 자기 백성이 영접하지 아니하였으나"로 시작하는) 요한복음의 전체 내러티브의 구성을 보면, 불의한 사회, 죽음에 이르게 하는 사회, 사람들을 그저 제자리에 머물게 하는 사회를 예수님은 거부하셨기 때문에, 지도자들은 예수님을 무력하게 만들고 싶어했습니다. 전에 눈이 멀었던 이 남자가 예수님 편에 서기로 하자, 지도자들은 초반에 제자들이 그러했듯이 남자의 죄에 초점을 맞추어서 인신공격을 하는 쪽으로 옮겨갑니다. 9:34에서 그 남자를 "쫓아내 보냈다"고 말하는 데 쓰인 동사(ekballō)

는 폭력적인 단어인데요, 바로 귀신들을 좇아낼 때 쓰이는 단어입니다. 지도자들은 안식일의 문지기들이니 기분이 좋을 리가 없지요.

여섯째 장면: 화면이 점점 어두워짐(9:35-41)

마지막 장면에서, 예수님이 다시 그 남자와 대화를 하시며 자신을 인자로서 계시하시자 그의 통찰력이 밝아집니다. "너는 이미 그를 보았다(horaō)"(9:37 새번역). 그는 이제 완전한 깨달음을 얻고 온전히 헌신하게 됩니다. 이제는 예수님을 "사람"이나 "선지자"가 아닌 "주"(kyrios)라고 부르며 자신의 신앙을 분명히 밝힙니다. 요한이 이 복음서의 목적이 믿음이 생기게 하는 것임을 뚜렷하게 밝힌 것을 고려하면(20:31), 이 남자는 제자가 되라는 부르심에 완벽한 본보기라고 할 수 있습니다. 기꺼이 예수님과 관계를 맺고자 한 것 그리고 그분의 정체성에 대해 질문한 것을 통해(앞에 나온 사마리아 여자가 연상됩니다), 마침내 예수님에게 경배하게(개역개정: 절하게) 된 것입니다(9:38).

이어서 예수님은 바리새인들을 위해 "내가 심판하러 이 세상에 왔으니 보지 못하는 자들은 보게 하고 보는 자들은 맹인이 되게 하려 함이라"(9:39)라고 말씀하십니다. 여기서 우리는 앞서 예수님께서 보는 것과 빛과 어둠에 대해 하신 말씀을 떠올리게 됩니다. "진실로 진실로 네게 이르노니 사람이 위로부터(개역개정: 거듭) 나지 않으면 하나님 나라를 볼 수 없느니라"(3:3). 역설적이게도, 눈이 먼 채로 태어난 남자는 하나님 나라를 보게 되었습니다. 예수님은 한 걸음 더 나아가 이렇게 말씀하십니다. "그 심판(개역개정: 정죄)은 이것이니 곧 빛이 세상에 왔으되 사람들이 자기 행위가 악하므로 빛보다 어둠을 더 사랑한 것이니라. 악을 행하는 자마다 빛을 미워하여 빛으로 오지 아니하나니 이는 그 행위가 드러날까 함이요, 진리를 따르는 자는 빛으로 오나니 이는 그 행위가 하나님 안에서 행한 것임을 나타내려 함이라"(3:19-21).

빛이신 예수님께서 세상에 오셨고, 종교 지도자들의 얼굴에 빛을 비추십니다. 하지만 그들은 그 빛을 미워하고, 죽음을 통해 예수님을 무력하게 만드는 악행을 저지르고자 합니다. 반면에, 눈이 먼 채로 태어난 남자는 그 빛을 보고 예수님을 믿음으로 하나님의 일을 합니다. 바리새인들은 예수님이 자신들을 가리켜서 말씀하신다는 것을 직감하지만, 그 모든 지식과 지위와 권세가 있는데도 자신들을 가리켜 눈이 멀었다고 하는 것을 받아들이지 못합니다(여기에서 눈이 멀었다는 것은 "보지 않으려는 사람만큼 눈 먼 사람은 없다"라는 속담처럼 "무지함"을 나타내는 암호입니다). 예수님은 (그들이 방금 죄인이라고 비난한 그 남자처럼) 눈이 먼 채로 태어난 사람들은 죄인이 아니라고 지적하시며 그러한 유추를 끊어내셨습니다. 오히려 심판의 자리에 서게 되는 사람들은 신체의 시력은 정상일지 몰라도 통찰력이 없어 자신만을 옹호하고 무지의 죄를 고의로 범하는 사람들입니다. 그리고 그들이 범하는 죄에는 권력 남용(15:22 참고)과 신체적으로 앞을 못 보는 사람들을 향한 비하도 포함됩니다.

몇 가지 결론

요한복음 9장을 다루는 자료가 산더미 같이 많은데요, 이는 해석의 가능성과 삶에 적용할 점이 아주 많기 때문입니다. 이 장에서 우리가 다룬 요점 몇 가지를 정리해 보겠습니다.

1. 모든 번역은 해석입니다. 현대 성경이 기나긴 과정을 거쳐서 우리에게 왔다는 것과, 우리가 번역자와 편집자의 결정에 대해 얼마든지 질문을 해도 된다는 사실을 기억하세요.

2. 그리스도인의 삶은 역설적입니다.

3. 우리에게는 언제나 옛 모습과 현재 모습이 공존합니다. 그것은 축하해야 할 사실이지 부끄러워서 피하거나 감추어야 할 사실이 아닙니다.

4. 예수님을 거듭해서 만나면 그분을 더욱 깊이 알게 됩니다. 날 때부터 눈이 먼 남자(사마리아 여자와 마찬가지로 이 남자도 이름이 없습니다)의 경우 처음에는 예수님을 사람이라고 불렀습니다. 그 다음에는 선지자라고 불렀고 마지막에는 인자이자 주로 그분을 경배했습니다.

5. 먼저 예수님께서 주도적으로 우리를 치유해 주십니다. 예수님은 언제나 세상에 오시는 분입니다. 요한복음에서 이러한 표현은 기본적으로 예수님의 칭호가 됩니다. 예수님은 우리가 예수님을 찾지 않을 때조차 우리를 찾으시는 분입니다.

6. 우리가 어떤 사람이든지 간에, 심지어 권력에 대고 진실을 말해야

하는 상황이라 할지라도 우리는 예수님이 하신 일을 증언하라고 부르심을 받았습니다. 요한복음 9장 속 남자는 눈이 멀고 배우지 못한 사람이었고, 이름도 지위도 없는 거지였습니다. 그렇지만 그의 이야기는 수천 년이 흐른 후에도 여전히 우리를 제자의 자리로 부르고 있습니다.

이 이야기에서 전반적으로 기억해야 할 것 3가지를 꼽아야 한다면, 다음과 같은 내용을 특히 강조하고 싶습니다.

첫째, 자신의 체험을 믿어야 하며, 다른 사람들이 그 체험을 억누르거나 없애도록 놔두지 말아야 합니다. 우리가 하나님과 함께하는 체험의 세부 내용은 특별하고 특이해서 어쩌면 전통이나 규칙을 넘어서는 행동이 될 수도 있습니다. 어쩌면 복음을 증언할 만한 상황이 없을런지도 모르죠. 만일 그렇다면 9장에 나오는 우리의 형제를 떠올려보세요. 또 갈라디아서 3:1-5을 참고해보세요. 그 본문에서 바울은 갈라디아 사람들이 그들의 믿음을 흔들려 하는 일부 성서 신봉자들을 마주 대하고 있는 상황 속에서도 그들의 그리스도 체험을 받아들이고 찬양하도록 도와줍니다. 물론 우리의 체험은 공동체 안에서 공유되고 해석되어야 합니다. 하지만 그와 함께 우리는 우리 각자의 삶에서 하나님이 행하신 이야기를 담대하게 받아들여야 합니다.

둘째, 죄와 고난에 대해서 어리석은 말을 하지 말아야 합니다. 죄와 고난이 서로 연관되어 있다는 말을 함부로 하지 마세요. 그보다는 예수님께서 우리에게 하라고 명하신 일을 합시다. 도움이 필요한 자리에 가서 고난을 겪고 있는 사람들의 이야기에 귀를 기울입시다. 모든 것의 답을 알고 있는 척일랑은 그만둡시다. (제자들이 날때부터 눈 먼 사람을 놓고서 사람으로 대하지 않고 신학[학문 활동]의 대상으로 삼았던 것처럼) 우리 앞에 있는 사람에게서 인간다움을 빼앗는 자들에게 새로운 방향을 제시해줍시다. (어떤 사람들에 대해서 또는 "그들의 유형"에 대해 말하기보다는) 실제로 사람들과 관계를 맺고서, 그들의 상황을 이해할 수 있는 좋은 질문을 던집시다. 하나님께서 그들의 미래 이야기 속에서 우리가 어떻게 그들과 동행해야 한다고 명령하시는지 귀기울여 봅시다. 우리는 바로 그러한 일을 하라고 부름을 받았습니다. 예수님이 "하나님이 그 아들을 세상에 보내신 것은 세상을 심판하려 하심이 아니요, 그로 말미암아 세상이 구원을 받게 하려 하심이라"(3:17) 하고 말씀하셨다면, 우리는 예수님을 따르는 사람으로서 "그[예수님]가 하신 것보다 더 큰 일"을 할 권능을 받았으니 정죄가 아니라 치유를 해야 하지 않겠습니까.

셋째, 하나님께서는 언제나 길이 없는 곳에서 길을 만드신다는 것을 기억하세요 그리고 이것을 다른 사람들에게 상기시켜 주세요. 그러니 언제나 어떤 상황에서도 소망을 전하는 사람이 됩시다. 메시지에서 소망이 눈에 띄지 않는다면, 그 메시지가 다른 어떤 메시지가 될 수 있을지는 몰라도, 정의상 기독교의 메시지는 될 수 없습니다.

제6장

베데스다에서 걸어서 가기를 기다리며, 물결이 일어나든지 물러서든지?

제6장 베데스다에서 걸어서 가기를 기다리며, 물결이 일어나든지 물러서든지?

#요한복음 5장

요한복음 9장에서 우리는 저자인 요한이 고난을 죄와 관련 짓는 안이하고도 잘못된 전제를 바로잡는 것을 보았습니다. 때로 고난이 일어나지만, 그 고난은 우리 잘못도 다른 누구의 잘못도 아닙니다.

하지만 요한은 이것을 결코 지나치게 단순화하지 않습니다. 우리는 요한복음 5장에서 우리가 겪는 고난이 우리 때문에 일어나거나, 적어도 우리가 일조하거나, 혹은 우리 자신이 치유에 걸림돌이 되는 때가 있다는 사실을 직면하게 됩니다. 저는 여기에서 우리가 절대로 "피해자 비난하기"에 가담해서는 안 된다는 점을 조심스레 강조하고 싶어요. 각 개인이 겪는 고난은 그 사람의 토대 위에서 다루어야 하고, 그 사람이 겪는 고난의 성격을 고찰하고 이름을 붙이는 일은 고난을 겪는 당사자가 할 일입니다. 요한복음 5장의 이야기는 우리 자신과 우리에게 조언을 구하는 이들이, 고통의 성격과 앞으로 나아갈 길을 분별하는 과정에 있어서 좋은 질문들을 던지는

데 도움을 줍니다.

    제가 요한복음 5장을 9장보다 먼저 다루지 않고, 9장 다음에 다루는 이유가 궁금할지도 모르겠네요. 첫째는 사람들이 고난을 자동적으로 죄와 연결 짓는 경향이 많고, 저는 그러한 경향을 단호하게 바로잡고 싶었기 때문에 9장을 앞에 두었습니다. 둘째는 요한복음 9장에서 먼저 훌륭한 제자도의 본이 되는 요한의 영웅 중 한 사람을 만나고 싶었습니다. 그 사람은 치유를 받고, 예수님을 거듭해서 만나고, 예수님을 경배하고, 권력에 대고 진실을 말하고, 복음을 위해 위험을 감수하고, 하나님이 주시는 풍성한 생명을 진정으로 받아들였습니다. 앞에서 좋은 본을 보았으니, 요한의 관점에서 5장에 나오는 남자가 기독교의 제자도에서 좋은 사례가 될 수 없는 이유를 더 수월하게 이해할 수 있을 거예요.

    저는 먼저 이 본문에 대한 일반적인 접근법을 제시하고 그 다음에는 장애학이라는 또 다른 관점으로 살펴보겠습니다.

해석1: 전형적인 접근법

    요한복음 5장의 치유 이야기 바로 앞에는 자기 아들의 병을 예수님이 고쳐 주실 것을 믿음으로 반응한 아버지가 본보기로 나옵니다(요 4:46-54). 우리는 9장에서 실로암 못가에 있는 남자를 보았는데요, 5장에서는 38년 동안 병을 앓던 남자를 예루살렘에 있는 또 다른 못에서 보게 됩니다. 이번에는 베데스다라는 못입니다. 그 연못이 일종의 병원 역할을 하고 있었으니 "약한/병든 무리"(저자 번역)가 그곳에 누워 있는 것은 당연했습니다. NRSV는 이 사람들을 "병약자들"(invalids)이라고 부릅니다. 물론 철자만 같고 뜻은 다른 *in-valid*(명사로 "병약자")와 *inválid*(형용사로 "무효인")를 두고 현대의 독자가 장애 이슈와 관련해서 딱히 혼란스러워하지 않을 것이라 생각합니다만, 나중에 더 자세히 살펴보기는 하겠습니다.

5:6에서 예수님은 한 이름 없는 병자에게 낫고자 하느냐, 혹은 낫고 싶으냐고 물으십니다(그리스어 *thelō*에는 "의지를 갖다"와 "바라다"의 의미 둘 다 있음). 언뜻 보기에는 어리석고 지각 없는 질문이죠. 병이 낫기를 바라지 않는 사람이 누가 있겠어요? 그런데 그 병자가 예수님의 질문에 대답하지 않았다는 것—즉, 예나 아니오라고 대답하지 않았다는 것—에 주목해야 합니다. 요한복음을 읽는 많은 독자들이 이 질문이 아주 중요하다고 생각하는데요, 이는 병으로부터 나으려는 의지가 없다면 실제로 나을 가능성이 적기 때문입니다. 의지를 갖거나 바라는지가 중요합니다. 실제로 어떤 이들은 고통 속에서 정확하게 평형 상태에 이릅니다. 때로는 우리의 자기 정체감이 약점이나 고통, 아픔에 대한 감각을 기반으로 하는 경우가 있습니다. 우리가 실제로 건강해지기를 바라지도, 건강해지고자 하지도 않는다면 우리가 건강해지도록 돕는 것은 예수님을 포함하여 어느 누구에게도 쉬운 일이 아닙니다.

예수님께서 하시는 놀라운 일 중 하나는 좋은 질문들을 잘 던지신다는 것인데요, 예수님의 질문들은 우리를 우리의 가장 속마음으로, 또 우리가 처한 상황이나 자초한 상황의 핵심으로 이끕니다. 우리의 결정과 습관과 관련된 가장 곤란한 질문을 던질 친구가 우리 모두에게 적어도 한 명은 있으면 좋겠습니다. "우리를 포기하지 않는 사랑"과 은혜의 토대 위에서 말이죠. 동시에 우리 자신이 그러한 친구가 되기를 바랍니다.

요한복음 5장에 나오는 병자는 낫기를 바라나요? 정황에 따르면 딱히 그런 것 같지 않습니다. 첫째, 이 병자는 "제때에 저를 못에 넣어줄 사람이 없고, 제가 못에 들어가려고 하면 저 말고 다른 사람이 먼저 들어갑니다"(5:7)라며 장황하게 변명을 늘어놓습니다. 만일 요한복음 9장에 나오는 남자가 (실제로 물에 들어감으로써) 세례를 가리키는 것이라면, 요한은 이 병자가 물에 들어가지 않는 것을 보여 줌으로써(즉, 이 남자는 세례를 받지 않았기에, 제자가 되지 않았습니다), 9장의 남자와 대조하려는 것일 수도 있습니다. 또 사마리아 여자가 생수를 주시겠다는 예수님의 말씀을 받아들인 것도 떠올려 보세요. 5장의 병자는 단 한 번도 입수에 성공하지 못합니다.

둘째, 이 남자는 관계를 맺거나 공동체를 찾는 데 관심이 있는 것 같지 않습니다.

셋째, (예수님의 명령을 선뜻 따르기는 하지만) 병을 낫고 싶다고 한 번도 분명하게 말하지 않았습니다.

넷째, 예수님이 병을 낫게 해 주셨지만, 이 사람이 (4:53에 나오는 왕의 신하와 달리) 감사하거나 변화하거나 이해했다는 표시가 전혀 나타나지 않습니다. 9장에 나온 날 때부터 눈이 먼 남자와는 달리, 5장의 남자의 경우 (예수님이 아니었다면) 결국 베데스다 못으로 다시 돌아가서 스스로 선택한 질병에 짓눌렸을 것이라 짐작해 볼 수 있습니다. 그는 복음을 위해서 위험을 무릅쓰지 않을 사람, 예수님을 희생시켜서라도 자신의 유익을 구할 사람이었습니다. 사마리아 여자와 날 때부터 눈이 먼 남자와 달리, 그는 예수님을 선지자나 메시아, 혹은 주라고 선포하지 않았습니다. 또한 다른 사람들에게 직접 예수님을 겪어 보라고 권유하지도 않았습니다.

예수님은 그러한 남자에게 일어나서 걸으라고 명령하셨습니다. 이 일이 안식일에 일어났다는 사실은(이는 요한복음 5:9-10, 16, 18; 7:22-23; 9:14, 16; 19:31; 20:1, 19에서 되풀이되는 주제입니다) 종교 당국(앞에서 말한 안식일의 문지기들)의 반감을 샀고, 결국 그들은 치유를 받은(*therapeuō*) 그 남자를 불러 세웁니다. 그 남자는 자신의 병에 대해서 아무런 책임도 지지 않았듯이, 자신의 치유에 대해서도 아무런 책임을 지지 않습니다. 곧장 그 일의 책임을 자기가 알지 못하는 사람(딱히 더 알고 싶지도 않았던 것 같습니다), 즉 자기에게 명령을 내린 사람(*anthrōpos*)에게 돌려버리죠. 이것은 꼼짝달싹 할 수 없는 사실입니다. 첫째, 요한복음 안에서 예수님의 정체를 완전하게 이해하지 못한 사람들은 그분을 그저 **안트로포스**(*anthrōpos*, 사람)라고 부르는데요, 이는 빌라도의 유명한 선언인 "보라, 이 사람(*anthrōpos*)이로다"(19:5)에서 절정에 다다릅니다. 둘째, "알다"(*ginōskō*)라는 동사는 요한복음 안에서 내부인과 외부인을 표시하는 역할을 하는데요. 즉, 내부인은 알지만 외부인은 알지 못합니다. 5장의 병자가 예수님을 모른다고 고백한 사실에는 그가 예수님의 제자가 되지 않았으며, 실패한 제자도의 표본 역할을 한다는 의미가 담겨 있습니다.

5:14을 보면 예수님께서 친히 다시 그 남자에게 다가가는 모습이 나옵니다. 그 남자를 성전에서 발견하신 예수님은, "네가 건강해진 것을 보아라. 이제 더는 죄를 짓지 말고, 더 나쁜 일이 네게 일어나지 않도록 하라"(5:15 저자 번역)고 분명하게 말씀하셨습니다. 예수님은 이 명령을 2인칭 단수(단수형인 "너") 현재 명령법으로 하셨습니다. 현재형이라는 것은 계속 진행 중인, 즉 습관적 행동을 의미합니다. 이 명령이 현대 독자에게는 논란의 여지가 있을 수도 있지만, 예수님은 그 남자가 계속해서 죄를 짓고 있는 것으로 가정하셨습니다. 예수님이 병을 낫게 해 주셨을 때 그 남자가 감사하지도 않고 제자로서의 반응도 보이지 않은 것을 보세요. 오히려 그는 예수님과 성전에서 이미 한 번 맞붙었던(2:13-16), 적대적인 종교 당국에 고자질을 합니다. 그리고 그의 행동이 직접적으로 원인이 되어서(dia touto, 5:16), 종교 당국은 (안식일에 병을 낫게 해 주었다는 이유로) 예수님을 박해합니다. 그리고 이 지점에서 내러티브는 하나님과 관련한 예수님의 정체와 권위에 초점을 둔 안식일 논쟁으로 바뀝니다.

그 남자의 5년 후를 상상해 봅시다. 어디에서 그를 보게 될까요? 결국 베데스다 못으로 돌아가지 않았을까요. 까놓고 말해 봅시다. 때로는 계속 아픈 채로 있는 것 더 이로워 보일 때도 있습니다. 우선 사람이 아프면 그 사람에게 아무것도 기대하지 않기 때문이죠. 실제로 책임질 일이 전혀 없게 됩니다. 한 번은 이 이야기를 두고 일곱 살 아이와 토론을 한적이 있는데요, 그 아이가 이렇게 말하더군요. "그건 아프다고 말하는 거랑 비슷해요. 그러면 학교에 가지 않아도 되고, 그만큼 공부를 하지 않아도 돼요." 저는 그 말이 **정확한** 지적이라고 생각합니다.

그래서 저는 우리가 이 본문을 충분히 생각하고 겪어 봤으면 좋겠습니다. 낫기를 바라나요? 그러려면 변화가 필요합니다. 어느 정도는 새로운 페르소나(persona)를 택해야 하지요. 만일 여러분이 가족이나 관계망 속에 있다면, 그것은 곧 가족 드라마에서 자신이 맡은 역할을 넘어서 더욱 앞으로 나아갈수록 그러한 관계가 틀어질 가능성이 있다는 뜻입니다. 즉, 무언가를 대가로 치를 수도 있다는 말입니다. 그리고 그 무언가는 (사마리아 여자의 물 항아리처럼) 여러분에게 반드시 필요해 보이는 것일 수 있습니다. 모든 것을 얻었을 때, 모든 것을 잃은 기분이 들 수도 있죠. 자, 그러니 우리를 위해 사셨고 죽으셨고 다시 사신 예수 그리스도로 말미암아 나아가도록 합시다.

해석2: 장애 렌즈의 중요성

저는 베데스다에 있던 남자가 요한복음의 독자들에게 적어도 2가지 면에서 부정적 사례를 제공한다고 지적하며, 첫째 해석을 마무리했습니다. 우선, 이 남자는 실패한 제자도를 대표합니다. 이를테면, 남자는 세례가 가능한 못 옆에서 예수님을 만나지만, 그 세례의 물에 절대 들어가지 않지요. 이 내러티브의 끝 무렵에 이르면, 남자는 예수님을 따르지 않을 뿐 아니라 예수님이 종교 당국에 휘말려 들게 함으로써 예수님과 대립합니다. 다음으로, 이 남자는 스스로 저지른 죄 때문에 생긴 장애로 고생하는 이들을 대표하는 것으로 보입니다.

요한복음의 거의 모든 구절은 수많은 방법으로 해석할 수 있습니다(그리고 그렇게 해석되어 왔습니다). 이 책에서 저는 각 구절을 너무 많은 방향에서 접근하지 않으려고 하는데요, 그렇게 하면 분량이 너무 방대해지고 또 혼란스러울 수 있기 때문입니다. 출판사가 만들기에는 너무 길고 비싼 책이 될 거고요. 하지만 저는 이 본문에 대해서는 또 다른 각도에서 살펴보자고 제시하고 싶습니다. 일단 지금 성경과 장애에 관하여 중요한 대화가 이루어지고 있기 때문이고요, 또한 그 대화가 아직은 교회에 널리 영향을 미치지 않았기 때문입니다. 『장애와 성서 주석』(*Disability and the Bible: A Commentary*)에서[1] 저는 요한복음과 요한서신에 대해 많은 글을 쓰면서 이렇게 질문을 던졌습니다. "장애의 관점에서 볼 때, 고대 청중과 후대 해석자들에 있어 이러한 본문에 담긴 약속과 위험은 무엇인가? 다시 말해, 이 본문은 어떤 면에서 사람들을 자유하게 해 주는 역할을 할 수 있으며, 또 어

---

1   *Disability and the Bible: A Commentary*, ed. Sarah J. Melcher, Mikeal C. Parsons, and Amos Yong (Waco, TX: Baylor University Press, forthcoming).

떤 면에서 풍성한 생명을 찾는 이들에게 장애물이 되는가?"[2]

저는 그러한 질문과 쟁점을 잘 보여주는 대표 사례로서 요한복음 5장을 살펴보고자 합니다. 5장이 장애인들을 위한 공정(justice)을 추구하는 사람들에게 유용한 측면이 있을까요? 아니면 별 다른 도움이 안 될까요? 그것도 아니면 둘 다 일까요?

정의

모든 전문 분야가 그렇듯이 이 분야에도 전문 용어들이 있습니다. 따라서 본격적으로 시작하기 전에 먼저 몇 가지 정의들을 살펴봐야 합니다.

장애학에서는 신체 기능의 손상이나 저하(기능장애[impairment], 신체적·의료적 현상)를 능력장애(disability, 사회적, 문화적 현상)와 구분하는 것이 통례입니다. 해당 사회가 교육과 교통, 고용, 길을 찾을 수 있는 건축물, 정치적 힘을 포함한 사회의 혜택을 모든 구성원이 평등하게 누리도록 조치를 취하지 않는다면, 신체 기능에 장애가 있는(impaired) 사람들은 장애를 겪게 됩니다(disable). 그러한 혜택은 모두 "비장애인"(normate, "정상인"이라는 의미지만 이 표현이 한국에서는 장애인 비하로 쓰이는 경우가 있기에, 본서에서는 가급적 "비장애인"이라는 용어를 사용합니다 - 역주)의 신체

---

2   Clark-Soles, "Disability in the Johannine Literature (Gospel of John, 1-3 John, Apocalypse)," in *Disability and the Bible*.

를 가진 사람들이 보통 당연하게 여기는 권리이지요. 사실 "정상" 신체는 이상적인 사회적 구성개념에 불과합니다. "정상" 신체는 어떤 모습인가요? 남자인가요? 여자인가요? 트랜스젠더인가요? 피부가 검은색인가요? 하얀색인가요? 갈색인가요? 키가 작은가요? 큰가요? 주근깨가 있나요, 없나요? 이처럼 정상 신체라는 것은 실제로는 존재하지 않고, 그저 지어낸 개념일 뿐입니다. 흔히 "정상"(normal) 대신에 "비장애인"(normate)의 신체라는 전문 용어가 사용되어 이러한 사실을 나타냅니다.

때로는 "능력장애"(disability)를 "기능장애"(impairment)와 동의어로 사용하기도 합니다. 그러나 더 전문적으로 말하자면, 기능장애는 비장애인의 신체에서 벗어난 것으로서, 그것이 신체 기능에 장애가 있는 사람에게 문제가 될 수도 있고 되지 않을 수도 있습니다. 기능장애 때문에 고통이 발생할 수도 있고 발생하지 않을 수도 있으며, 만약 고통이나 괴로움이 전혀 없다면 기능장애가 있는 사람은 굳이 필요한 치료법을 찾지 않을 수도 있습니다. 한편, 대개 "능력장애"(disability)는 사회가 기능 장애가 있는 사람을 대하는 방식 때문에 생겨나는 괴로움과 불의를 가리키는 단어입니다. 다시 말하면 사회는 기능장애가 있는 사람들이 능력장애를 겪게 합니다(disable). 다리가 없이 태어난 사람이 이곳 저곳으로 이동하려면 휠체어가 필요합니다. 그 사람에게 신체적 고통은 아마 없을 겁니다. 하지만 휠체어를 탄 그 사람들은 도로 경계석 때문에 "장애가 없는"(nondisabled) 사람들—이들을 때로는 TAB(s), 즉 당장은 신체가 건강한 사람들[temporarily able-bodied]이라고 지칭함—이 당연하게 여기는 시설을 이용할 수 없다는 사실에서 능력장애(disability)가 생기는데요, 그러한 시설에는 공공 건물, 버스, 기차, 심지어 교회(특히 설교단과 성가대석)도 포함됩니다. 또한 어느 사회나 종교가 현실을 해석하거나 하나님의 호의나 냉대를 해석하는 방식 때문에 (9장에 나온 것과 같이) 나면서부터 눈이 먼 사람들이 죄인이라고 무시당할 수도 있습니다.

정의를 내릴 때 또 다른 중요한 사안은 "치유"(cure)와 "회복"(healing)입니다. 치유는 신체 기능상의 장애를 없애는 것을 지칭하고, 주로 개인적 차원에서 체험하는 것입니다. 반면에, 회복은 자신과 하나님과 공동체와의 통합과 화해를 경험한 사람 안에서 일어나는 변화를 지칭합니다. 간혹 회복에 치유가 수반되지 않을 수도 있습니다. 기능장애를 개인적인 토대에서 겪듯이, 치유도 개인적인 차원에서 겪습니다. 그리고 능력장애의 경우 공동체가 가한 제약이듯이, 회복 역시 공동체를 기반으로 한 해방이 뒤따라옵니다.

질문 제기

장애의 관점에서 요한복음 5장을 보면 몇 가지 사안이 떠오릅니다. 첫째, 본문에 등장하는 사람과 장애가 많은 측면에서 **지워집니다**. 일단 그 사람의 이름이 없습니다. 또한 그의 신체 기능상의 장애에 대해서 혹은 어쩌다가 장애를 입었는지에 대해서 구체적인 설명이 없습니다. 어떤 의미에서 보면 그 사람은 사람이 아니라 일종의 볼모로서, 건강한 사람들의 내러티브—즉, 예수님께서 그분의 정체, 힘, 권위, 하나님의 대리자로서의 능력을 드러내시는 것을 다루는 내러티브—안에서 볼모 역할을 하는 것이죠. 그 사람에게 장애가 있는 한에서만 "정상인" 해석자에게 유용한 것입니다. 실제로 그와 예수님의 만남이라는 에피소드는 주로 예수님과 종교 당국의 논쟁으로 번지는 역할을 합니다. 해당 본문은 5:19-47의 기독론적 독백으로 이어지고요. 그가 일종의 암호인 것입니다. 캐시 블랙(Kathy Black)은 훌륭한 저서 『치유 설교학: 설교와 장애』(A Healing Homiletic: Preaching and Disability)에서 다음과 같이 말합니다.

> 우리는 다른 주장을 입증하기 위한 객체로 그들[성경 이야기에 나오는 장애가 있는 사람들]을 이용하는 경향이 있다. 문제는 그렇게 하는 경우, 오늘날 장애가 있는 사람들도 비슷한 객체로 취급받는 기분이 든다는 것이다. 보건, 교육, 고용, 사회 복지 사업 같은 우리 사회의 모든 기본 제도가 장애가 있는 사람들을 처리해야 할 객체로 여기지, 기여할 것이 있는 주체로 여기지 않는다.[3]

데이비드 미첼(David Mitchell)과 샤론 스나이더(Sharon Snyder)가 "내러티브 보조장치"(narrative prosthesis)라고 칭한 사례가 있는데요.

---

3   Kathy Black, *A Healing Homiletic: Preaching and Disability* (Nashville: Abingdon Press, 1996), 13.

내러티브 보조장치라는 개념은 이러한 특정한 인식으로부터 발달되었다. 즉, 사회적 맥락에 부적절하다고 낙인찍힌 일탈(deviance)을 해결하거나 바로잡는 (그 용어에 대한 데이비드 윌스의 통찰에 따르면 "보조장치화하는"[prostheticize]) 내러티브 이슈들에서 발달되어 나왔다. 간단한 내러티브 구조 도식은 다음과 같다. 첫째, 일탈 즉, 낙인이 찍힌 차이점이 독자들에게 드러난다. 둘째, 내러티브가 그 일탈의 기원과 형성 결과에 대한 설명을 요구함으로써 내러티브의 존재 필요성을 강화한다. 셋째, 일탈이 관심사의 주변부에서 앞으로 일어날 스토리(이야기)의 중심부로 옮겨온다. 넷째, 그 스토리의 나머지 부분에서 그 일탈을 어느 정도 복구하거나 고친다. 넷째인 일탈 복구 단계에는 "치유"를 통한 차이점 제거, 그 멸시 대상을 사회적 비난에서 구해주는 것, 사회 단체의 정화로서의 일탈 근절, 대안이 되는 존재 양식의 재평가가 포함될 수 있다. 지금 우리가 장애라고 일컫는 것을 역사적으로는 신체적 외모와 능력에 대한 공통 규범에서 일탈한 몸의 특징으로 서술해 왔다(narrated). 따라서 역사 속에서 장애(disability)는 가장 눈에 띄고 두드러지는 차이들 가운데 하나로 기능하며 스토리텔링을 발생시켜 왔다. 문화적 일탈의 표지들(signs)이 내러티브들을 통해 문자로 표기된 본문으로 바뀌게 된다.[4]

---

4   David T. Mitchell and Sharon L. Snyder, *Narrative Prosthesis: Disability and the Dependencies of Discourse* (Ann Arbor: University of Michigan Press, 2000), 53-54.

이러한 사안은 두 번째 쟁점, 곧 "이 이야기에서 남자는 누구를 위해서 치유를 받았는가?"라는 쟁점으로 이어집니다. 예수님은 그 남자에게 "낫고자 하느냐?"고 물으셨는데요, 그 남자는 낫고 싶다는 말을 전혀 하지 않았지만 예수님은 어쨌든 그 남자를 낫게 하셨습니다. 이것이 예수님으로서는 편의주의적인 행동인가요? 비장애인(normate) 해석에서는 기능장애가 있는 모든 사람들의 목표가 치유라고, 그리하여 그 장애가 있는 사람의 몸이 사회가 이상적이라고 여기는 비장애인의 몸과 더 비슷해지는 것이라고 가정합니다. 그러나 사실 기능장애가 있는 사람들 중에는 비장애인의 몸이 되는 데 딱히 집착하지 않는 사람들도 있습니다. 그들은 오히려 우주 만물이 다양하게 빛난다고, 사람의 몸은 모양, 크기, 색, 상태, 외형이 다양하게 태어난다고, 그래서 한 사람의 몸을 다른 사람의 몸보다 더 귀하게 여길 이유가 없다고 주장합니다.

만일 어느 사회가 신체 장애가 있는 사람들을 낮게 하여 문화적 이상(ideal)과 줄을 맞추는 데 초점을 맞추는 대신, 육신으로 존재하는 사람들의 진정한 다양성을 존중하고 그 다양성을 귀하게 여긴다면 어떨까요? 그리하여 (문자적으로나 은유적으로나) 해당 사회의 구조가 단일 유형의 (소위 "강건한") 신체만 귀하게 여기는 대신, 그 폭넓은 다양성을 하나님의 온전한 형상에 대한 증언으로 받아들이는 (아니, 칭찬하는) 사회가 세워진다면요? 의학을 모범으로 삼아서 몰아붙이는 사회에서는 신체의 기능 장애를 제거해야 하는 문제로 여기니, 자신의 다름을 "극복하는" 노력에 협조하지 않는 사람들에게는 평가가 두려움으로 다가옵니다. 그리고 바로 이 지점이 장애 공동체에서 "지나쳐 버리기"(passing)와 "타자성"(otherness)의 위치와 관련된 논쟁이 계속해서 일어나는 지점 중 하나입니다.

셋째, 고대와 현재의 해석자들 모두에게서 워렌 카터(Warren Carter)가 "관상학적 의식"(physiognomic consciousness)이라고 언급한 것이 나타나는데요, 관상학적 의식은 "신체의 외모와 도덕적 성품 사이에 상관 관계가 있다고 상정하고서, 성품의 문제로 관심을 돌립니다. 그렇게 해서 신체의 추함과 신체적 기형이 악과 악덕, 우둔함, 낮은 지위를 나타낸다고 하면서 그러한 추함과 기형에 집중하지요."[5] 카터에 따르면 예수님은 요한복음 5장 속 남자의 병이 도덕적으로 열등한 성품과 관련이 있다고 주장하시며 그에 상응하는 조치를 취하신 것입니다. 일부 질병들이 그런 식으로 다루어집니다. 이 요한복음 본문을 다룬 주석들에 대한 카터의 논평을 보면 그와 같은 접근 방식이 많은 것을 알 수 있습니다. 이를테면, B. F. 웨스트코트(Westcott)가 있습니다. 웨스트코트는 다음과 같이 말합니다.

> 몸이 마비된 남자는 시간에 맞춰서 "움직이는" 물에 들어가 치유를 받지 않음으로써 자신의 상태를 묵인한다. 무관심이 특징인 남자에게는 "고통을 줄이려고 적극적으로 노력하려는" 의향이 없다. 레이먼

---

5   Warren Carter, "'The blind, lame, and paralyzed' (John 5:3): John's Gospel, Disability Studies, and Postcolonial Perspectives," in Candida R. Moss and Jeremy Schipper, *Disability Studies and Biblical Literature* (New York: Palgrave Macmillan, 2011), 130.

드 브라운(Raymond Brown)은 이 남자의 특징이 "둔감함", "치유 효과가 있는 물에 창의성 없이 다가감", "기회를 붙잡지 못하는 만성적 무능", "진정한 우둔", "지속적인 고지식함"이라고 서술한다. C. H. 도드(Dodd)에 따르면 이 남자는 "[토라의] 은혜의 수단을 이용하는 것을 거부했고", 살려는 "의지가 없으며", 그 물에 들어가지 않은 것에 대해 "설득력 없는 핑계"를 댄다.[6]

다시 말하지만, 관상학적 접근법의 주요 문제 중 하나는 정작 신체 장애 자체는 지워 버린다는 것입니다. 즉, 그 남자의 성품이(라고 주장되는 것이)나 (추론상의) 심리적 동기에 초점을 맞추게 됩니다. 그런 일이 일어나면, 안타깝게도 그 남자의 **실제** 신체 장애와 사회적, 영적, 정치적, 경제적 현실, 또는 그로 인한 결과가 보이지 않게 되지요. 그러면 당시 개인과 공동체와 사회가 처한 현실의 중요성도 덩달아 지워지니, 이것은 분명 문제가 많은 해석 방법입니다. 그런데 그러한 문제가 요한의 본문 그 자체로 인해 생겨나고 있습니다.

넷째, 제가 9장을 다루면서 주장했듯이, 죄를 장애와 연관 짓는 것은 위험하고도 해로운 습관일 수 있습니다. 연관을 지을 수 있는 특수한 경우가 있기는 하지만, 반드시 그렇게 연관 지을 수밖에 없는 것은 아닙니다. 구원과 죄의 용서를 "치유"와 결부시키는 것에도 비슷하게 문제가 있습니다. 그러면 여전히 치유받지 않은 상태인 장애가 있는 사람들은 여전히 구원받지 못했다거나 용서받지 못했

---

6   Carter, "'The blind, lame, and paralyzed,'" 131.

다거나 믿음이 부족하다거나, 아니면 실제로는 회복되지 않은(un-healed) 상태에 있다는 뜻이 될 수 있습니다. 이것은 피해자들에게 가해하는 일이 될 수 있고, 장애가 있는 사람들을 까닭 없이 피해자라고 말하는 것일 수 있으며, 몸이 당장은 건강한 사람들이 신체와 정신적인 측면에서 우월하다고 인상을 남기는 것일 수 있습니다. 치유(cure)와 회복(healing)이 동의어가 아님을 기억하세요.

윈(Wynn): 5장을 개인의 죄에 대한 부정적 사례로 보기

케리 윈(Kerry Wynn)은 요한복음 5장에 나오는 남자 이야기의 경우에 예수님이 죄와 장애를 대놓고 연결시키신다는 것을 부인할 수 없다고 인정합니다. 윈은 자신의 글 도입부에서 이렇게 말합니다. "대중 신학에서 장애가 있는 사람들을 소외시키는 가장 일반적인 가정 2가지는, (1) 장애는 죄 때문에 일어난다는 것, (2) 믿음이 충분하면 회복되리라는 것이다."[7] 윈은 요한복음 5장의 남자와 9장의 나면서부터 눈 먼 남자를 비교 분석하면서, 각 내러티브에서 죄와 장애 사이의 관계는 자신의 장애에 대한 **반응**과 관련이 있다고 주장합니다. 요한복음 5장에 나오는 남자의 경우에 대해서 윈은 이렇게 말합니다.

---

7   Kerry H. Wynn, "Johannine Healings and the Otherness of Disability," *Perspectives in Religious Studies* 34 (2007): 61-75, (61).

38년 동안 장애가 있었던 남자는 비장애인 사회의 제도적 보건 제도 안에 있다. "베데스다"가 병원 이름으로 인기 있는 것은 우연이 아니다. 치유의 연못과 현대 의학이 1세기와 21세기 장애 현실에서 중요한 역할을 한다는 말이 아니다. 문제는 그 남자가 38년이 지난 다음에도 여전히 기적적인 치유를 기대하고 있었다는 것이고, 어영부영 인생을 흘려 보내고 있었다는 것이다. 이 남자는 무력하게 의존하는 역할을 받아들였고, 비장애인(normate) 사회는 그 역할을 인정해 주었다. 이 단락에 대한 현대의 해석을 보면 비장애인 사회가 여전히 오늘날에도 그러한 역할을 인정한다는 것을 알 수 있다.[8]

예수님의 대안, 진리, 생명은 육신으로 존재하는 사람들의 폭 넓은 다양성의 가치와 타당성을 성육신적으로 인정하지만, 남자는 그러한 쪽을 택하지 않고 (종교 당국으로 대표되는) 주류 문화의 얄팍하고 근시안적인 가치관을 묵인해 왔습니다.

요한복음 9장과 같은 다른 많은 이야기들과 마찬가지로, 해석자들은 이 이야기를 세례라는 주제와 관련지어 생각합니다. 그 남자는 예수님이 오시기 전에도 낫게 해 주는 물에 전혀 들어가지 않았고, 예수님이 오신 후에도 세례의 물에 절대 들어가지 않았습니다. "그는 여전히 비장애인 사회에 종속되어 있음으로, 더는 죄를 짓지 말라는 예수님의 경고에 주의를 기울이지 않았습니다. 그리하여 그

---

8   Wynn, "Johannine Healings," 65.

는 더욱 안 좋은 사태에 빠졌습니다."[9]

카터(Carter): 5장을 제도적, 구조적 죄에 대한 부정적 사례로 보기

워렌 카터는 탈식민주의(postcolonial) 렌즈를 사용하여 요한복음 5장을 다루면서, 이야기 속 남자가 로마 제국 때문에, 또 로마의 집중 점령지였던 그 사회 때문에 장애를 입었다고 주장하며 윈보다 더 동정 어린 시각으로 살펴봅니다. 페미니스트들(faminists)과 우머니스트들(womanists)이라면 잘 아는 것처럼, 한 사회의 정치 체제는 실제 무리, 특히 해당 사회의 "정상인" 무리에서 벗어났다고 간주되는 무리와 대응합니다. "제국은 스스로를 가리켜 온전함과 치유를 가능하게 하는 존재라고 주장하지만, 이러한 무리[요한복음에 나오는 장애인 무리]는 그와 같은 제국의 비전과 경쟁하고 제국의 비전을 모방하면서 그 주장의 허위를 드러낸다. 저자인 요한은 로마 세력에 참여하고 모방하고 경쟁하는 대안적인 세계를 구축하고 있다."[10]

카터는 프란츠 파농(Frantz Fanon)의 『대지의 저주받은 사람들』(*Les damnes de la terre*: 그린비, 2010 역간)과 살만 루슈디(Salmon Rushdie)의 소설 『한밤의 아이들』(Midnight's Children: 문학동네, 2011, 2015 역간)에 의거하여 창의적으로 유추를 하는데요, 파농의 책의 배경에는 프랑스의 알제

---

9   Wynn, "Johannine Healings," 70.

10   Carter, "'The blind, lame, and paralyzed,'" 129-30.

리 통치라는 정황이 있고, 루슈디의 배경에는 영국 제국의 인도 통치와 그 결과가 있습니다. 고대에나 현대에나 제국의 열강들은 건강과 평화의 제공자를 자처하고, 제국의 지도자들은 흔히 구원자로 지칭됩니다. 하지만 사실 제국의 열강들은 영양가 있는 음식과 깨끗한 물, 의료, 위생적 생활 환경, 교육, 고용, 사회적 이동의 이용과 같은 아주 기본적인 필요부터 시작하여 다방면에 걸쳐 사람들에게 장애를 안겨줍니다. 제국들은 자국민들을 전쟁터에 내보내는데, 전쟁터에서 그들은 장애인이 되기도 하고 또 다른 집단을 침략하여 장애인을 만들기도 합니다. 카터는 요한복음 5장에 있는 내러티브에 의문을 품고 이야기 속 남자의 장애가 제국과 어떠한 관계가 있는지 판별합니다.

> 파농과 루슈디의 심신(psychosomatic)의 틀 안에서, 실명과 마비는 피지배인의 침묵과 더불어 제국화의 대리인들의 압도적인 힘을 모호하게 드러낸다. 요한복음 5장에서 마비된 남자가 움직일 수 없다는 사실이, 너무나도 강력한 힘으로 상대를 무력화시키는 제국의 힘을 증거하는가? 혹은 피지배인이 이동을 거부함을 증거하는가? 요한복음 9장에서 눈이 먼 남자가 볼 수 없다는 사실이 저항할 수 없을 정도로 "충격과 공포"를 주어 눈이 멀게 하는 제국의 힘(군사력과 제국의 모든 구조)을 증거하는가? 혹은 피지배인이 그 힘을 인정하기를 거부하는 방식을 증거하는가?[11]

---

11 Carter, "'The blind, lame, and paralyzed,'" 136.

대부분의 주석에서는 개인의 죄와 장애를 서로 연결하는 것을 우려하지만, 사람들에게 장애를 입히는 측면에서의 사회 체제의 역할에 대해 카터는 중요하고 중대한 질문을 던집니다. "누가 죄를 지었는가? 제국과 온갖 정치·경제·문화적 사회 체제가 어느 정도 죄를 지었다. 충분한 식량 자원을 빼앗고 불의한 생활 여건을 조장해서 사람들에게 해를 입히고 장애인이 되게 했기 때문이다. 고대나 현재나, 정부나 다국적 기업이나 제국적 힘과 관행에는 '사람들의 건강에 해로울 수 있다'는 경고가 뒤따른다."[12]

결론

요한복음 5장에 나오는 남자는 (후기)근대 사회에 있는 이들에게 의문을 제기합니다. 정말로 그 남자가 투덜거리는 피해자인가요, 아니면 주석가들이 피해자를 비난하고 있는 건가요? 그 남자를 지켜보기가 불쾌하다면, 그의 나약한 성격 때문인가요, 아니면 제도가 그에게 저지른 일의 결과인가요? 물론 식민지화하는 일을 해본 사람이라면 누구나 알듯이, 어떤 민족의 피지배 상태를 유지하는 데 제일 좋은 방법은 그 민족으로 하여금 무력함과 약함과 무가치함이라는 메시지를 내면화시키도록 하면서, 동시에 피지배 민족이 식민지 점령자의 가치관을 모방하게 하는 것입니다. 그렇게 되면 "성공

---

12   Carter, "'The blind, lame, and paralyzed,'" 145.

하다"라는 말이, 힘으로 볼 때 가장 존경받는 사람들, 즉 힘 있고 강건한 사람들과 사귀고 그들처럼 되는 것을 의미하게 되죠.

가이사(로마 황제)가 실패한 곳에서 예수님은 구원하십니다. 예수님은 회복시키고 구원할 수 있으십니다(그리고 부수적으로 치유도 해 주십니다). 예수님은 정의에 토대를 둔 진정한 평화를 제공하실 수 있고, 풍성하고 영원한 생명을 가져오실 수 있습니다. 사람은 가이사가 아니라 예수님 안에서 회복을 발견할 수 있습니다. 요한복음 5장에 나오는 사람이 치유를 받았는지는 몰라도, 회복이 된 것 같이 보이지는 않습니다. 이것이 개인적으로 그리고 공동체적으로 오늘날 우리의 삶에 어떠한 의미가 있을까요? 부활하신 그리스도께서 이 이야기를 통해서 우리에게 무슨 말씀을 하고 계신 걸까요?

제7장

비난이 찬호로 변하다

요한복음 11장은 이런 말씀으로 시작합니다. "어떤 병자가 있으니, 이는 마리아[1]와 그 자매 마르다의 마을 베다니에 사는 나사로라 … 이에 그 누이들이 예수께 사람을 보내어 이르되 '주여 보시옵소서, 사랑하시는 자가 병들었나이다' 하니"(요 11:1-3). 11장은 흔히 "나사로를 다시 살리심"이라는 제목으로 불립니다. 나사로가 다시 살아난 것은 사실이지만, 어쩐지 이 본문에서 나사로는 한 마디도 말을 하지 않습니다. 사실상 마르다가 예수님과 신학적으로 깊은 수준에서 이야기를 나누는 사람이고, 그 위대한 예수님의 말씀, "나는 … 이다"를 듣는 사람입니다(여러분이 요한복음 4장에 나오는 사마리아 여자의

---

1   이 마리아가 막달라 마리아가 아니고, 죄인도 아니고, 매춘부도 아니라는 것을 눈여겨보는 것이 중요합니다. 이 점을 혼동하는 사람들이 많아 보입니다. 저는 *Engaging the Word* (Louisville, KY: Westminster John Knox Press, 2010), 36-42에서 마리아들 전부와, 예수님에게 기름을 부은 여인들 전부를 분류했습니다.

이야기를 읽었다면, 이것이 익숙한 패턴으로 들릴 거예요). 그러니 오히려 "마르다의 신앙고백"이 11장에 더 어울리는 제목일 수도 있습니다.

더 자세히 살펴봅시다. 이 자매들이 예수님에게 나사로가 아프다고 기별을 보냅니다. 그런데 예수님은 곧장 그 현장으로 달려가지 않으십니다. 대신 "이 병은 죽을 병이 아니라 하나님의 영광을 위함이요, 하나님의 아들이 이로 말미암아 영광을 받게 하려 함이라"(11:4) 말씀하시며 미적거리십니다. 독자인 우리는 곧 일어날 일이 우리에게 하나님의 영광을 보여줄 것이라는 것과, 예수님이 하나님의 아들이시라는 것을 알게 될 것입니다. 11:5이 특히 흥미로운데요, 예수님의 사랑을 강조하고 있기 때문입니다. 여기서 우리가 혼란스러움을 느끼는 것도 당연합니다. 예수님께서 그들을 사랑하시는데, 정작 그들이—그리고 우리가—사랑의 방식이라고 이해하는 대로 행동—그들 쪽으로 즉시 달려 가는 행동—을 하지 않으시고, 일부러 기다리시기 때문입니다. 여러분이라면 이에 대해 어떻게 반응하겠어요? 11:5에서 마르다의 이름이 먼저 나오는데, 여동생 마리아의 이름은 나오지도 않고, 정작 나사로의 이름이 제일 마지막에 나온다는 것도 눈여겨보세요. 이 이야기는 주로 마르다에 관한 이야기인 것입니다. 그리고 결국은 여러분과 저에 관한 이야기죠.

그러고 나서 예수님께서는 제자들에게 유대로 가겠다고 말씀하십니다. 마르다와 마리아와 나사로가 바로 그곳에 있었기 때문입니다. 요한복음을 공부할 때는 "지리학이 곧 신학이다"라는 문구를 되풀이해서 말해야 합니다. 요한복음 안에서는 예수님께서 갈릴리에 계실 때면 예수님의 생활이 더할 나위 없이 좋지만, 반대로 유대로 향하실 때면 불길한 배경 음악이 깔리기 시작합니다. 제자들도 예수님이 알아들으시게끔 이야기합니다. "랍비여, 유대 사람들이(저자 번역) 방금도 랍비를 돌로 치려고 했는데, 거기에 또 가시려고요?"(11:8). 그럼에도 예수님은 가겠다고 고집하시며 나사로를 깨우는 것에 대해 말씀하십니다. 저자 요한의 전형적인 방식대로, 예수님께서 영적인 차원에서 움직이고 계시는 동안, 제자들은 문자적인 차원에 갇혀 있습니다. 다음의 대화를 들어 보세요.

> 이 말씀을 하신 뒤에, 그들에게 말씀하셨다.
> "우리 친구 나사로는 잠들었다. 내가 가서, 그를 깨우겠다."
> 제자들이 말하였다.
> "주님, 그가 잠들었으면, 낫게 될 것입니다."
> 예수께서는 나사로가 죽었다는 뜻으로 말씀하셨는데,
> 제자들은 그가 잠이 들어 쉰다고 말씀하시는 것으로 생각하였다.
> 이 때에 예수께서 그들에게 밝혀 말씀하셨다.
> "나사로는 죽었다"(11:11-14 새번역)

예수님께서는 또다시 무자비하면서도 이상하게 들리는 말씀을 하십니다. 예수님이 일부러 미적거리셨다는 점에서 무자비하고, 제자들이 믿게 하시려고(11:15) 사랑하는 마르다와 마리아와 나사로가 고통을 겪도록 내버려 두신 것처럼 보인다는 점에서 이상합니다.

여러분이라면 이것을 어떻게 받아들이겠어요?

도마는 종교 당국의 중심지인 유대가 예수님에게 위험한 장소라는 것을 잘 알고 있었습니다. 저는 도마를 좋아해서, 신약의 이요르(Eeoyre, 『곰돌이 푸』에 나오는, 생각 많고 우울한 당나귀 - 역주)라고 부릅니다. 도마는 낙천적이진 않지만, 항상 충성스러운 행동을 선택합니다. 도마가 다른 제자들에게 가자고 외칠 때, 힘이 넘치는 베드로의 목소리가 아니라 이요르의 목소리로 "우리도 가서 주와 함께 죽자"(11:16 저자 번역) 하는 것이지요. 그래서인지 저는 도마가 좋습니다!

예수님과 제자들이 베다니에 도착하자, 마르다가 이들을 만나러 (아마도 슬픔에 겨워 제정신이 아닌 채로) 달려 나오지만, 마리아는 그대로 집에 있습니다. 이때 마르다가 예수님에게 하는 말을 자세히 들어보세요(우리였어도 비슷한 말을 했을 것이라고 장담합니다). "주님, **만일 주님이 여기에 계시기만 했어도** 내 오라버니가 죽지 아니하였을 것입니다"(11:21). 만일 여기에 계시기만 했어도, 만일 여기에 계시기만 했어도. 여러분은 일주일에, 한 달에, 일 년에, 얼마나 많은 시간을 들여서 "만일 … 하기만 했어도"라는 말을 하나요? 우리는 과거를 향해 목을 길게 빼고, 일어날 수도 있었던 일을 두고 공상에 잠기거나 꿈을 꿉니다. 마치 우리가 과거를 바꿀 수 있다는 듯이 말이죠. 그러나 우리는 과거를 바꾸지 못합니다. 마르다 역시 과거를 바꾸지 못합니다. 마르다의 오빠는 죽었습니다. 정말로 죽었어요. 무덤에서 썩어가면서 지독한 냄새가 하늘을 찌를 듯합니다. 만일 여기에 계시기만 했어도.

그런데 11:21에서 마르다가 있을 수도 있었던 일에서, 머지않아 있을 장래의 좋은 일로 얼마나 빨리 옮겨 가는지 보세요. "'그러나 이제라도, 나는 주님께서 하나님께 구하시는 것은 무엇이나 하나님 께서 다 이루어 주실 줄 압니다.' 예수께서 마르다에게 말씀하셨다. '네 오라버니가 다시 살아날 것이다.' 마르다가 예수께 말하였다. '마지막 날 부활 때에 그가 다시 살아나리라는 것은 내가 압니 다'"(11:22-24 새번역).

이 지점에서 마르다는 해결되지 않은 과거를 바라보다가 고개 를 홱 돌려서 이상적인 미래를 곁눈질합니다. 그렇지만 예수님은 마르다가 예수님 쪽으로 얼굴을 돌려서 지금 여기, 그분 앞에서 누 릴 수 있는 완전하고 풍성한 현재에 시선을 맞추기를 원하십니다. "나는 부활이요 생명이니 나를 믿는 자는 죽어도 살겠고 무릇 살아 서 나를 믿는 자는 영원히 죽지 아니하리니 이것을 네가 믿느 냐?"(11:25-26).

칭찬할 만하게도, 마르다는 장차 오실 메시아에 대한 전승을 근 거로 건전한 교리를 정확하게 말했습니다. 하지만 그 교리가 마르 다에게는 다소 모호해서, 그녀가 겪고 있는 아주 현실적이고 직접 적인 슬픔과 염려를 제대로 처리하지 못합니다. 그러나 예수님은 믿음을 가진 모든 사람들이 지금 이미 부활과 생명을 누릴 수 있음 을 (그분의 살아 계심과 인격에 의거하여) 마르다에게 확신시키고자 하십니 다. 그리고 우리를 확신시키고자 하시고요. "생명"은 요한복음 안에 서 핵심적인 개념입니다. 그 생명은 바로 풍성한 생명, 육화된 생명,

영원한 생명, 귀한 생명이지요. 요한복음의 처음부터 끝까지 "생명"이나 "살아 있는"이라는 단어가 여러 형태로 50회가 넘게 나타납니다. 요한복음 1:4의 "그 안에 **생명**이 있었으니 이 **생명**은 사람들의 빛이라"(1:4)는 말씀을 떠올려 보세요. 20:31의 "오직 이것을 기록함은 너희로 예수께서 하나님의 아들 그리스도(메시아)이심을 믿게 하려 함이요, 또 너희로 믿고 그 이름을 힘입어 **생명**을 얻게 하려 함이니라"(20:31)는 말씀도요. 그리고 당연히 이 복음서에서 손꼽히게 중요한 10:10도 있습니다. "내가 온 것은 양으로 **생명**을 얻게 하고 더 풍성히 얻게 하려는 것이라"(10:10). 예수님께서 가져오시는 생명을 우리 모두가 지금, 여기에서 누릴 수 있습니다. 우리가 그 생명으로 살아가고 있지 않다면, 그 이유를 자문해 봐야 합니다.

예수님께서 믿음을 가진 자들이 육신의 죽음을 겪지 않을 것이라고 약속하지 않으셨다는 점에도 주목하세요. 예수님께서 죽음을 상대화하시니, 이제 더는 죽음이 궁극적인 끝이 아닙니다. 영원한 생명은 풍성함과 기쁨, 평화와 사랑이 두드러지게 나타나는 특정한 생명의 **성질**인데요, 그 영원한 생명은 지금 누릴 수 있으며 또 영원히 이어질 것입니다. 그 과정에서 죽음이 방해할 수 없는 까닭은, 예수님께서 십자가에 달리심으로 죽음의 힘을 몰아내셨고, 또 그렇게 하심으로써 12:32에서 선포하신 "내가 땅에서 들리면 모든 사람을 내게로 이끌겠노라"(12:3)는 약속을 성취하셨기 때문입니다. 몇 사람만이 아니라, **모든** 사람이라고 말씀하셨습니다. 거기에는 물론 여러분과 저도 포함되고요. 한편, 죽은 것이나 다름없는 사람들이 우리

주위에서 항상 서성이고 있는데요, 그들은 당장에라도 누릴 수 있는 풍성한 생명을 붙잡지 못합니다. "살아 있으면, **생명**이 있다", 이것이 바로 요한이 하는 말입니다.

마침내 마르다가 이해합니다. "주여, 그러하외다, 주는 그리스도 (메시아)시요 세상에 오시는 하나님의 아들이신 줄 내가 믿나이다"(11:27) 하고 말할 정도로 잘 이해합니다. 그렇게 마르다는 제자의 모범이 됩니다. 마르다는 예수님을 가리켜 요한복음의 저자가 중요하게 여기는 칭호인 "주, 메시아, 하나님의 아들"로 부릅니다(20:31에 나오는 주제를 떠올려 보세요). 처음부터 예수님은 자신이 하나님의 아들이심을 입증하고자 하셨다는 것을 떠올려 보세요. 또 요한복음 11:4도 떠올려 보세요. "이 병은 죽을 병이 아니라 하나님의 영광을 위함이요, **하나님의 아들**이 이로 말미암아 영광을 받게 하려 함이라"(11:14). 마르다는 예수님이 누구이신지, 그리고 그것이 지금 여기 자신의 삶에 어떠한 영향을 미치며, 어떻게 풍성하고 영원한 생명을 가져오는지를 이해합니다. 심지어 예수님을 가리켜 "세상에 오시는 분"으로 부름으로써 자신의 신앙 고백을 마무리하기까지 합니다. 이 칭호는 오직 요한복음에서만 찾아볼 수 있는데요, 그만큼 아주 중요한 칭호입니다. 요한은 이 복음서를 시작하는 장에서 이미 "참 빛 곧 세상에 와서 각 사람에게 비추는 빛이 있었나니"(1:9)라며 그 칭호를 들려준 바 있습니다. 이는 예수님의 정체와 관련해서 아주 핵심적인 내용입니다. 예수님은 **언제나** 오셔서, 매일 매순간 우리를 찾아 내십니다. 매일 매순간이 부활과 생명에 대한 약속과 함께 무르

익습니다. 요점은 세상에서 벗어나는 것이 아니라 세상을 모든 피조물이 번성하는—즉, 하나님께서 세심하게 편성하신 피조물이 번성하는—세상으로 변화시키는 것입니다. 하나님께서는 언제나 세상에서, 육화된 생명들 안에서 일하고 계십니다.

11장의 나머지 부분에서는 나사로가 정말로 살아나는 것을 보여줍니다. 그로써 생명과 죽음을 다스리시는 예수님의 권위를 실증합니다. 예수님은 바로 앞 장에서 "나는 선한 목자이다"(10:11)라고 선언하시며 이 점을 분명하게 주장하셨습니다. 그리고 그 담화 중간에 예수님은 "아버지께서 나를 사랑하신다. 그것은 내가 **목숨을 다시 얻으려고** 내 목숨을 기꺼이 버리기 때문이다. 아무도 내게서 내 목숨을 빼앗아 가지 못한다. 나는 스스로 원해서 내 목숨을 버린다. 나는 목숨을 버릴 권세도 있고, 다시 얻을 권세도 있다"(10:17-18)고 선포하셨습니다.

마리아에게는 무언가 중요한 것이 있다

요한복음 11장이 대부분 마르다의 이야기이기는 하지만, 마리아가 아예 빠져 있지는 않습니다. 마리아는 1절에서 제일 먼저 이름이 나오고, 2절에서는 다음 장에 나오는 일을 미리 말하는데요, 다음 장에서는 마리아가 아주 잠깐이지만 주목을 받습니다. 아직 일어나지 않은 이야기를 이렇게 미리 짚어서 말하는 것이 요한복음 저자가 흔히 쓰는 문학 기법입니다. 이러한 기법을 선술법(先述法, prolepsis)이라고 부릅니다(예를 들어, 3:24; 6:71). 저자는 독자에게 이미 내러티브에서 일어난 사건으로 돌아가서 보라고 할 때도 있는데, 이것은 후술법(後述法, analepsis)이라고 부릅니다(18:14; 19:39 참고). 우리는 복음서 전체를 소설 읽듯이 순차적으로 읽을 예정이라는 것을 기억하세요. 내러티브 이곳저곳을 뽑아내서 조각조각으로 읽지 않을 겁니다. 요한복음은 내러티브 전체를 보아야 하고, 각 부분은 전체 맥락 안에서만 의미가 통합니다.

마르다와 마리아 모두 예수님에게 기별을 보냅니다. 11:5에서는 마리아의 이름을 밝히지 않습니다. 이후 11:19에서 마리아가 나오는데요, 거기에서 우리는 그 지역 사회의 몇몇 사람들이 깊은 슬픔에 잠긴 두 사람을 위로하러 온 것을 보게 됩니다. 그리고 마리아가 집에 그대로 있는 동안 마르다는 자리에서 일어나서 예수님과 개인적으로 만나게 됩니다.

그 후에 마르다가 마리아를 불러 "예수님께서 너를 특별히 부르셔"(11:28)라고 말합니다. 물론 예수님은 오늘도 동일하게 그와 같이 부르고 계십니다. 그러니 "나는 지금 그 부르심을 듣고 있는가?" 하고 우리 자신에게 물어봐야 합니다.

이제 마리아가 예수님에게 가는데요, 제 생각에는 마리아의 몸짓이 말과 서로 어긋났던 것 같습니다. 마리아는 분명 존경과 경의를 보이며 예수님의 발 앞에 엎드렸습니다. (NRSV는 11:32에 "무릎을 꿇었다"고 하지만 이것은 사실 정확한 번역이 아닙니다. "무릎을 꿇었다"고 하면 동방 박사가 했듯이 경배하며 무릎을 꿇은[*proskyneō*] 인상을 주기 때문이지요. 이 경우에는 문자 그대로 "그분의 발 앞에 쓰러졌다, 또는 힘없이 주저 앉았다"[*piptō*]여서, "무릎을 꿇었다"고 할 정도로 품위 있고 조심스러운 행동이 아닙니다. 오히려 어떤 기세와 절망을 의미합니다.) 그런데 동시에 마리아는 예수님에게 불만을 표출합니다. 마르다와 똑같이 "주님, 주님이 여기에 계셨더라면, 내 오라버니가 죽지 않았을 것입니다"(11:32)라고 말이지요. 이 말 이후로 마리아가 예수님에게 기름 부을 때까지, 우리는 마리아에게서 아무런 말도 듣지 못합니다.

예수님, 나사로, 우리

11:33에서 마리아가 우는 것(*klaiō*)과 같이 그곳에 온 사람들도 우는 것을 보시자, 예수님 속에서 강한 반응이 일어나게 됩니다. 저자 요한은 서로 다른 두 동사(*embrimaomai, tarassō*)를 사용하는데요. NRSV 는 "영이 매우 불편해지시고(disturbed) 진정으로 마음이 움직이셨다"고 번역합니다. CEB의 경우 "매우 불편해지시고 괴로우셨다"고 번역하고요. "불편해진"으로 옮겨진 동사가 11:38에 다시 나옵니다. 학자들은 예수님이 정확히 어떤 감정이셨는지를 놓고서 활발하게 논쟁을 해 왔습니다. 많은 사람들은 NRSV가 "영이 불편해지시다"로 번역한 첫 어구의 경우, 예수님 편에서 느끼신 분노를 반영한다고 생각합니다. 예를 들어서 프란시스 몰로니(Francis Moloney)는 이렇

게 말합니다. "예수님은 마리아가 우는 것과, 마리아와 함께 있는 '유대인들'이 우는 것을 보셨을 때 ··· 이상하게 마음이 움직이셨다. 예수님의 마음이 움직여서 그 영혼에 분노가 일어나고 괴롭게 된 것은 동정심 때문도 아니고, 동정심이 부족해서도 아니다. ··· 예수님은 공적 사역이 끝나갈 무렵에, 낙담하셨고 화가 나서 실망하셨는데(*enebrimēsato*), 이는 깊은 내면에서 전율하는 감정(*etaraxen*)으로 나타난다."[2] 예수님은 슬프셨던 걸까요, 우울하셨던 걸까요, 불편하셨던 걸까요, 화가 나셨던 걸까요, 괴로우셨던 걸까요, 아니면 이 모든 것을 다 합친 감정이셨던걸까요?

11:35은 예수님께서 감정을 드러내신 것으로 유명한 구절입니다(또한 KJV에서 가장 짧은 절이라서, 성경 구절을 암송하려는 사람이라면 누구나 좋아하는 절이라는 것은 말할 것도 없고요!). "그분이 눈물을 흘리셨다"(11:35). 마리아와 "유대인들"이 울 때는 일반적인 동사인 **클라이오**(*klaiō*)가 쓰였습니다. 하지만 예수님이 우실 때 사용된 동사는 **다크뤼오**(*dakryō*)입니다. 신약에서 **다크뤼오**는 오직 이곳에만 나옵니다. 구약과 외경에는 곳곳에 나오고요(마카비2서 4:37; 마카비3서 4:4; 6:23; 마카비4서 15:20; 욥 3:24; 집회서 12:16; 31:13; 미 2:6; 겔 27:35). 여러분은 이러한 점이 의미심장하다고 생각하나요?

11:36은 예수님의 감정이 그분의 사랑(*phileō*)에서 비롯되었다는 가장 중요한 요점을 언급합니다. 많은 사람들이 우리를 향하신 하

---

2   Francis J. Moloney, *The Gospel of John, Sacra Pagina 4* (Collegeville, MN: The Liturgical Press, 1998), 330.

나님의 사랑과 같다고 언급하는 아가페(*agape*, 동사는 *agapaō*)와, 사람들이 서로를 향해 나누는 "하위의" 사랑과 같은 필레오(*phileō*) 사이의 차이점을 찾아내고자 하지만, 사실 요한은 그와 같은 개념을 모두 없애고 있습니다. 우리 가운데는 하나님/인간의 이분법, 즉 이원론을 주장하는 사람들이 많지만, 요한복음에서 예수님은 그러한 이원론을 용인하지 않으십니다. 그것이 성육신의 요점 중 하나이기도 합니다. 성육신은 우리가 머릿속으로 하나님과 예수님을 인간 때문에 오염되지 않은 "저기 높은" 천상의 영역에 계신 분으로 그리면서, 마치 "여기 아래"가 우리의 집인 듯이—즉, "여기 아래"는 마치 세속적이고 하나님을 욕되게 하는 세상이며, 하나님을 모시기에 적합하지 않다는 듯이—생각하는 것을 멈추게 해줍니다. 그런데 요한복음 14장과 21장을 살펴보면, 사실 성육신은 그 이상임을 알 수 있습니다. 일단 아가파오와 필레오 동사 모두 사람에 대해서도 쓰이고, 하나님과 예수님에 대해서도 쓰인다는 것이 중요합니다.

11:38을 보면, 예수님께서 무덤을 향해 가십니다. "무덤"(그리스어로는 므네메이온[*mnēmeion*])이라는 단어가 요한복음 안에 14회 나옵니다. 틀림없이 저자 요한은 우리가 5:28을 떠올리기를 기대했을 것입니다. 그곳에서 예수님은 "이 말에 놀라지 말아라. 무덤(tombs, NRSV는 graves) 속에 있는 사람들이 다 그의 음성을 들을 때가 온다"(5:28 새번역)고 말씀하셨습니다. 우리가 그 다음으로 무덤이라는 단어를 보는 구절에서 예수님은 나사로에게 큰 소리로 "나오라"(11:43) 외치십니다. 그 다음으로는 바로 예수님의 무덤을 가리킬 때 나옵니다(20:1).

20:1에서는 11:39처럼 또 다른 돌(lithos)이 등장해서 옮겨집니다.

다시 마르다에게 주의를 돌려 봅시다. 마르다는 죽은 나사로가 어떤 상태인지 강조하며 악취를 언급합니다. 11장에서 이 일이 일어난 직후에 나사로의 누이, 마리아(이 마리아는 누가복음 7장에 나오는 죄인도 아니고, 막달라 마리아도 아니고, 매춘부도 아님을 기억하세요)가 예수님의 죽음을 예시하려는 목적으로 그분의 발에 기름을 부어 악취를 덮어 버리는 것은 결코 우연이 아닙니다. 12:3은 "온 집 안에 향유 냄새가 가득 찼다"(12:3 새번역)고 말합니다. 여러분은 관계의 죽음이나 꿈의 죽음, 능력의 죽음, 사랑하는 사람의 죽음과 같이 갖가지 형태로 다가오는 죽음의 악취를 맡을 수 있나요? 소망과 속량과 새 생명의 향기는요? 아니, 적어도 그 향기가 어떠할지 마음속에 그릴 수 있나요?

이제 예수님께서 무덤 옆에 서서 기도하십니다. 예수님은 하나님의 영광과 신실하심, 생명을 소생시키시는 능력을 분명하게 믿으시지만, 구경꾼들은 그렇지 않습니다. 그래서 그들을 위해 기도하시고(11:41-42, 여기에서의 예수님의 기도가 12:27-30에 있는 기도와 얼마나 비슷한지 눈여겨보세요), 5장과 10장에서 하신 예언에 충실하게 자기 양들을 이름으로 부르시자, 죽었던 사람이 축축한 죽음의 자리에서 나옵니다. 11:44은 우리에게 "죽었던 사람이 나왔다"고 말합니다. 그렇지만 그는 여전히 묶여 있습니다. 그러자 예수님께서 어떻게 하시는지 보세요. 개인적으로 엄명을 내려 그 감긴 것을 제거하시는 것이 아니라, **공동체**를 향해 죽음의 악취에 축축하게 사로잡혔던 그 사람을 풀어 주라고 말씀하십니다.

제가 늘 하던 대로 요한복음 세미나에서 가르치고 있을 때, 이 강력한 요점이 저에게 현실이 된 적이 있었습니다. 성소수자(LGBTQ) 공동체 회원이었던 학생 하나(지금은 라이넷 로스[Lynette Ross] 목사)가 창의적인 프로젝트의 일환으로, 나사로의 이야기를 바탕으로 "나오라"(Come Out)는 예전(liturgy)을 만들었습니다. 예수님의 명령에 대한 응답으로 그 수업의 나머지 학생들이 묶인 것을 푸는 일에 참여하는 것이었죠. 그 과정을 시작하신 것은 예수님이지만, 무덤에 갇혀 격리되어 있던 사람을 풀어 주는 일에 참여하여 완수하라는 명령을 받은 것은 **공동체**라는 사실은, 요한복음에 대해 연구하고 글을 쓰는 것이 업으로 삼는 저조차 전혀 생각해 본 적이 없는 사실이었습니다. 예수님께서 생명을 다루신다면, 공동체 또한 그러해야 합니다. 11:24에서 마르다를 무기력하게 만든 그저 먼 미래에서가 아니라, 지금 여기에서 말이죠. 로스 목사의 작업은 성소수자와 함께하는 회중에게 의미가 있습니다만, 저는 그보다 훨씬 더 일반적으로도 적용될 수 있다고 생각합니다. 여러분도 그렇게 생각하지 않으십니까?

나사로

마르다가 11장에서 가장 비중이 높은 인물이기는 하지만, 나사로 역시 침묵을 통해, 그리고 구체적인 특성의 생략을 통해 문학적으로 힘을 발휘합니다. 나사로가 요한복음 속 한 등장인물로서 어떤 사람인지 분명하게 규정되지가 않기 때문에, 독자로서는 이야기의 빈칸을 채우고, 상상에 불을 붙이며, 중요한 질문을 던질 여지가 충분합니다.

예를 들어, 나사로는 왜 죽었을까요? 11:1에서 미완료 동사를 썼다는 것은 나사로에게 만성적인 질병이나 장애가 있었다는 의미일 수 있습니다. 그런데 구경꾼들이 장애를 지닌 사람들과 그들을 사랑하는 이들의 마음을 아프게 하는 질문을 던집니다. "눈 먼 사람의 눈을 뜨게 하신 분이, 이 사람을 죽지 않게 하실 수 없었단 말이오?"(11:37 새번역). 요한복음의 독자들은 4장에 나오는 치유 이야기를 토대로, 간단하게 "하실 수 있었다"고 대답할 수 있음을 알고 있습니다. 하지만 지금은 그 이야기와 다른 이야기입니다.

앞서 제가 공동체의 중요성을 언급했지만, 저는 더 거슬러 올라가서 이 장면 전에는 공동체가 어떻게 행동했을지 궁금합니다. 공동체는 누군가를 무력하게 만들기도 하고 반대로 그로부터 벗어나게도 합니다. 요한복음 11장을 보면, 공동체 전체가 모여 며칠 동안 부산스럽게 애태우며 애도하는 장면이 나오는데요. 그런데 그 공동체는 그러한 나사로의 극적인 순간뿐 아니라 그의 남은 일생 동안에도 그를 지지해 줄 의향이 있었을까요? 기적적인 회복(healing)은 예수님께서 하나님처럼 생명을 다루는 영광스러운 일을 행하신다는 기독론적 주장을 함축하고 있습니다. 그에 반해 신체의 치유(cure) 그 자체는 사실 덧없습니다. 나사로는 어느 시점에 다시 죽게 될 테니까요.

　요한복음 11장은 예수님에 관한 이야기지만, 또한 우리가 어떠한 공동체를 만드느냐에 관한 이야기이기도 합니다. 우리의 공동체는 누군가를 무력하게 만들고 있습니까, 아니면 그로부터 벗어나게 만들고 있습니까? 신체 기능상의 장애(impairment)를 치유하시는 것은 예수님이지만, 능력장애(disability) 곧 묶인 것을 푸는 것은 공동체입니다. 나사로가 죽자 현란한 연극조의 말과 (허위의?) 관심이 일어났지만, 그러한 수준의 관심이 나사로가 죽기 전에도 있었는지, 그리고 나사로가 다시 그들 사이에 들어가게 된 후에도 계속 이어질지 의문입니다. 어쩌면 바로 그 점 때문에 예수님께서 마음이 상하셨던 것은 아닐까요?

　여기서 저는 종교 당국의 반응이 궁금합니다. 물론 요한복음 5장과 9장에서처럼 나사로가 회복했다고 해서 종교 당국이 축하하거나 하나님에게 영광을 돌리는 일은 일어나지는 않았습니다. 오히려 요한은 "대제사장들이 나사로까지 죽이려고 모의하니 나사로 때문에 많은 유대인이 가서 예수를 믿음이러라"(12:10-11)고 말합니다. 실제로 일부 사회, 정치, 경제, 종교 제도는 사람들의 장애나 죽음을 통해 이익을 얻습니다. 한편, 나사로가 다시 살아난 것은 예수님의 죽음과 부활을 예시하는 역할을 합니다. 단 한 번만 죽음을 맞으시는 예수님과는 달리 나사로는 결국 다시 죽음을 맞을테지만, 그것이 이제 궁극적으로 충격을 주진 않습니다. 요한이 우리에게 단언하듯이, 궁극적이고 영원한 부활, 예수님을 통해 누릴 수 있는 생명,

그 부활과 생명이 지금 여기에서 시작된다는 사실을 보게 된다면, 무덤은 더 이상 실제적인 위협이 될 수 없습니다. 세 장이 지난 후에 예수님께서 "나는 그 길, 즉 진리와 생명이다"(저자 번역)라고 선언하심으로써 그러한 사실을 되풀이하실 거예요. 예수님은 그런 분이십니다!

약속과 위험

장애의 관점에서 보면 11장의 이야기에는 해방이 담겨 있습니다. 그 이야기는 독자들에게 "만일 … 하기만 했다면"이라는 말을 그만두라고, 현재의 풍성한 생명을 받아들이라고, 그리고 고통과 죽음 앞에서도 그리스도께서 가져오시는 평화를 누리라고 말합니다. 또한 사회를 향해서는 장애와 해방은 공동의 과업이지, 각 사람이 해결 방법을 모색해야 하는 개인의 문제가 아님을 깨달으라고 도전합니다. 많은 사람들이 본디오 빌라도 같이 이 문제에서 손을 털고 싶어합니다. 하지만 본디오 빌라도는 좋은 역할 모델이 아닙니다.

그런데 또 어떤 면에서는 11장의 이야기가 우리를 충분히 만족시키지 못합니다. 첫째, 나사로는 복음서 어디에서도 말을 하지 않습니다. 그저 논의와 적용의 대상으로만 나타납니다. 이는 내러티브 보조장치(prosthesis)의 또 다른 사례입니다. 그 안에서 나사로는 자력으로 등장하는 인물이라기보다는 복음서의 기독론을 전달하는 장치와 같습니다. 둘째, (악과 고통과 죽음에 비추어 하나님의 사랑과 정의를 옹호하는) 신정론 문제가 여전히 많은 이들의 마음 속에 일어나기 마련입니다. "눈먼 사람의 눈을 뜨게 하신 분이, 이 사람을 죽지 않게 하실 수 없었단 말이오?"(11:37 새번역). 또한 어째서 어떤 사람들은 낫고 어떤 사람들은 낫지 않을까요? 셋째, 예수님이 나사로의 죽음을 일부러 허용하신 것은 하나님께서 사람들의 이목을 끄는 일을 하실 수 있도록 하기 위함이었을까요? 더 많은 지지자들을 모으기 위해서요 (11:4, 15, 40-42은 이러한 개념을 나타내는 것처럼 보이기도 합니다). 이러한 의문이 계속해서 남아있습니다.

결론

누군가 모든 측면에서 나사로 이야기와 씨름해야 한다면, 그 사람이 바로 저입니다. 제가 7-8살 무렵에 부모님은 방학 동안 잠시 (저로부터 잠시 해방되기 위해서, 아니면 제가 영적으로 더욱 성장할 수 있도록) 저를 성경학교에 보내셨습니다. 그곳에서 한 번은 모두가 빙 둘러 앉아서 누군가의 도착을 두근거리며 기다렸던 적이 있습니다. 그 기다림을 더는 견딜 수 없을 때, 문이 열리고 바퀴 달린 들것이 들어왔습니다. 그리고 그 위에는 아주 아주 덩치가 큰 사람이 (당시 저는 7살이었기 때문에 커 보였어요) 미라처럼 싸 매인 채 누워 있었습니다. 제가 겁에 질려 쳐다보고 있는 사이에, 그 거인 같은 사람이 벌떡 일어나더니 (그러니까 훨씬 더 커 보였어요), 미라처럼 저희 쪽으로 걸어오기 시작했어요(저는 스쿠비 두[Scooby Doo, 미국 미스터리 코믹 애니메이션 - 역주]를 많이 봤기 때문에 미라가 어떻게 걷는지는 알고 있었습니다). 너무 무서웠습니다!

그 장면이 제가 성경학교를 생각하면 떠오르는 이미지입니다. 그때 몇몇 어른들이 거기서 배운 내용이 얼마나 "좋은 소식"(good news)인지 설명해주었습니다. 그래서 제가 기독교인이 되어서 그 좋은 소식에 대해 더 알아야 한다고요. 하지만 정작 그때 배운 이야기는 전혀 생각이 안 나고, 그저 눈으로 본 것만 기억이 납니다. 그리고 제가 그날 늦은 시간에 버스 정류장에서 내렸을 때, 그분들은 저에게 하늘에 날리는 연을 하나 주었는데요. 그 연 덕분에 트라우마가 상쇄되었는지는 모르겠지만, 아무튼 연이 더 "좋은 소식"에 가까워 보였던 기억이 납니다.

결국에 저는 기독교인이 되었습니다. 그 성경학교에서 배운 지도 40년이 지났네요. 어느새 저는 많은 시간을 들여서 복음에 대해 연구하고 글을 쓰고 강연을 하는 사람이 되었습니다. 제가 여전히 어린 시절의 경험을 넘어서려고 애쓰고 있는지, 그때의 경험이 제가 소명을 발견함에 있어 중요한 순간이었는지, 그것도 아니면 그것은 그저 웃긴 이야기에 불과한지는 여러분의 판단에 맡기겠습니다. 물론 3가지 모두일 수도 있겠죠. 한 가지 분명한 것은, 여러분이 성경학교에서 하고 있는 일이 어떤 사람에게는 평생 영향을 미칠 수 있다는 점입니다!

제8장

발 씻기 솜씨;
베다니 마리아와 나사렛 예수

제8장 발 씻기 솜씨: 베다니 마리아와 나사렛 예수

♯ 요한복음 12-13장

섬김으로써 사랑하기: 발 닦아 주기 1부(요한복음 12장)

요한복음 12:1-8을 읽어 보세요. 여러분이 "환대"라는 단어를 들으면 떠오르는 사람을 생각해 보세요(여러분 자신일 수도 있겠죠!). 그 사람인 이유는 무엇입니까? 그 사람을 생각하면 어떤 기분이 드나요?

환대를 뭐라고 정의해야 할까요? 정의를 내리기 힘든 단어 중하나입니다. 하지만 여러분은 환대를 보면 곧바로 환대가 무엇인지알 수 있습니다. 반대로 환대가 없는 곳에서도 그것을 알 수 있죠.진정한 형태의 환대는 상대를 존중하는 가운데 그 사람에게 자신을솔직하게 터놓는 것입니다. 우리가 날마다 만나는 사람이나 함께살아가는 사람 안에서 하나님을 본다는 의미이기도 하지요. 무엇보다도 환대는 잠시 동안이라도 다른 사람과 **상호 관계**에 있다는 의미입니다.

마르다와 마리아는 그리스도인의 환대의 모범입니다. 세상 죄를 없애시는 어린양 예수님께서 갈릴리로부터 오셔서, 유월절에 희생되는 어린양 대신 죽으려고 예루살렘을 향해 가고 있는 중이셨습니다. 그렇다면 저자가 우리에게 지금 유월절 엿새 전이라고 말하는 것은 그저 어쩌다가 하는 말이 아닙니다. 예수님은 나사로의 집을 향해 가십니다. 바로 앞 11장에서 나사로가 다시 살아나는 사건이 있었죠(저자 요한은 우리가 요한복음을 처음부터 끝까지 순서대로 쭉 읽을 것이라고 기대했다는 점을 잊지 마세요). 저자 요한은 예수님께서 베다니에 있는 이 가족과 특히 친밀하셨다고 말합니다. 그리고 이들 남매가 예수님에게 저녁을 대접한다고 말하죠. 마르다는 기본적으로 필요한 음식을 준비합니다.

그때 마리아가 특별한 일을 시작합니다. 상당한 양(355밀리리터 정도)의 값비싼 향유를 갖고 와서는 예수님의 발에 부은 것이지요. 머리가 아니라 발에요. 여러분이 그 입장에서 한 번 상상해 보세요. 왕에게든 다른 사람에게든 머리에 붓는 것은 일종의 관례였던 반면에, 발에 붓는 것은 애정 어린 헌신을 의미하는 행동이었습니다. 더욱이 마리아는 자기 머리카락을 그대로 예수님의 발을 닦는 데 썼죠. 여기에 나오는 마리아가 "죄인"도 아니고, 매춘부도 아니고, 막달라 마리아도 아니라는 것을 기억하세요(즉, 이 마리아를 누가복음 7:36-50에 나오는 여자와 혼동하지 마세요).

여기까지 보면 환대의 어떤 특징이 눈에 띕니까? 첫째, 기본적인 육체적 필요를 챙겨 주는 것이 중요합니다.

둘째, 분명 그 자리에 많은 사람들이 있었습니다. 흔히 환대는 "많을수록 더 즐겁다"라고 말하지요.

셋째, 마리아는 단순히 겉으로 드러난 필요에 반응하지 않고, 12:7의 "그를 그대로 두어라. 그는 그것을 내 장례날에 쓰려고 사서 간직해 두었다"(NRSV직역)라는 예수님 말씀에서도 나타나듯이, 예수님의 필요를 실제로 **예견합니다**. 예수님이 발을 씻겨 주시며 하실 일을 미리 보여 준 것인데요, 실제로 예수님께서 제자들의 발을 씻겨 주실 때 그들의 필요를 예견하십니다. "닦다"(ekmassō)라는 단어가 유일하게 한 번 더 나오는 것은 13:5에서 예수님이 제자들의 발을 닦아 주실 때입니다. 거기에서 예수님은 다른 이들에게도 그대로 행하라고 말씀하십니다. 그런데 마리아는 예수님께서 그렇게 가르쳐 주시기도 전에 실천한 것이었습니다.

저자 요한은 검색어(descriptor)를 되풀이하여 인물에게 꼬리표를 붙이는(tagging) 경향이 있습니다. 이를테면, 니고데모를 가리켜 "밤에" 예수님에게 온 사람으로 되풀이하여 지칭합니다. 나사로는 "예수님이 죽은 자 가운데서 살리신 사람"으로 언급되고요. 그러면 마리아는 어떨까요? 11:2을 보면, 마리아가 아직 기름을 붓기도 전인데 KJV는 마리아에 대해서 "바로 이 마리아가 예수님에게 기름을 부어서 자기 머리카락으로 그분의 발을 닦아 드린 사람인데, 그의 오라버니는 병이 들었다"는 식으로 언급합니다.

넷째, 요한복음은 아주 친밀하면서도 접촉이 많은 복음서입니다. 몸은 중요합니다. 온갖 체취와 함께 실제 몸은 환대와 밀접한 연관이 있습니다.

다섯째, 마리아는 당시 그녀가 가진 것을 드리면서 그것으로 충분한지 걱정하지 않았고 소위 "더 적절한" 시간을 기다리지 않았습니다. 그리고 나드보다도 중요한 것은, 마리아가 자기 자신을 드렸다는 것입니다. 마리아는 자신의 행동 때문에 (유다 같은 사람한테) 거절이나 비난, 심지어 조롱을 받을 위험이 있음에도 불구하고, 기꺼이 자신을 내어놓습니다.

마리아 대(代) 유다

앞에서 우리는 저자 요한이 효과적인 전달을 위해 등장인물들을 경쟁시키기를 좋아한다는 사실을 살펴보았습니다. 저는 그것을 상호 성격묘사라고 불렀고, 니고데모와 사마리아 여자에게서, 제자들과 사마리아 여자에게서, 5장에 나오는 남자와 9장에 나오는 남자에게서 그러한 특징을 보았습니다. 여기서는 유다와 마리아가 대조되고 있습니다. 미리 경고하자면, 요한은 유다에 대해서는 전혀 애정 어린 심정이 아닙니다. 요한복음 안에서 유다가 9회 언급되는데요, 거의 매번 요한은 비꼬는 말을 섞어서 언급합니다. 가장 흔하게는 배신자, 때로는 도둑이라는 꼬리표를 유다에게 붙입니다. (흥미로운 차이가 나타나는 것을 보려면) 요한복음과 공관복음을 비교해봐야 하지만, 여기에서 다룰 내용은 아닙니다. 유다는 요한복음 6:64, 6:70-71에 처음 등장합니다. "그러나 너희 중에 믿지 아니하는 자들이 있느니라 하시니, 이는 예수께서 믿지 아니하는 자들이 누구며 자기를 팔 자가 누구인지 처음부터 아심이러라 … 예수께서 대답하시되 내가 너희 열둘을 택하지 아니하였느냐 그러나 너희 중의 한 사람은 마귀니라 하시니, 이 말씀은 가룟 시몬의 아들 유다를 가리키심이라. 그는 열둘 중의 하나로 예수를 팔 자러라"(6:64, 70-71). 그리고 요한복음 13:2, 13:26, 13:29과 18:2-5에도 나옵니다.

요한복음 12장에서, 마리아가 공손하고도 사심 없이, 그리고 아낌없이 드리는 환대의 행동을 대담하게 실천하고 있는 바로 그 순간 유다가 모든 것을 망치려고 달려듭니다. 서서히 사라지는 진귀한 향기가 도드라지는 그 신비로운 순간을 상상해보세요. 그 향기는 여러분의 마음을 들뜨게 하고, 기분을 좋게 하고, 만족감을 주며, 새로워지는 느낌을 선사합니다. 모든 사람이, 거의 모든 사람이 그 선물을 즐기고 있는 바로 그 순간에, 유다는 그 기쁨을 앗아가 버립니다. 현실주의를 가장한 냉소주의, 이타주의를 가장한 이기주의적 자아를 들이밉니다.

마리아가 제자 됨의 좋은 본보기인 이유와 대조적으로 유다가 나쁜 본보기인 이유는 정확하게 무엇인가요? 제 생각은 이렇습니다. 여러분이 각자의 생각을 보태면 더 좋겠습니다. 일단 마리아가 아주 비싼 대가를 치르며 환대를 베푼 것은 사실이지만, 그 덕분에 다른 사람들이 생명을 얻게 되었습니다. 마리아는 그리스도의 십자가에 걸맞는 행동을 한 것입니다. 이렇듯 마리아는 생명을 주는 사람을 상징하고, 유다는 생명을 강탈하는 사람을 상징합니다. 마리아는 환대하는 행동을 하느라 귀한 것을 희생시키지만, 그 비용을 따지지 않았습니다. 반면에 유다는 아무것도 희생하지 않으면서 온갖 걱정을 다 합니다. 그런데요, 이 본문 때문에 우리는 쉽지 않은 질문을 우리 자신에게 하게 됩니다. 간혹 "이건 현실성이 없어"라든지 "이건 청지기 일을 제대로 감당하는 것이 아니야" 라는 카드를 뽑아 들 때, 우리는 정말로 청지기 일을 제대로 감당하지 못하는 것을 염려하는 건가요, 아니면 우리가 대가를 치를 수도 있는 일에 말려들고 싶지 않아 망설이는 건가요? 본문을 보면 유다는 "제대로 된 청지기 일"이라는 구실 뒤에 숨어서 생명을 강탈하는 성향을 감추고 있습니다. 유다는 사실 가난한 사람들에게 관심이 없었고, 온전한 환대에 예상되는 결과, 즉 환대 때문에 자기가 개인적으로 치러야 할지도 모르는 희생이 마음에 안 들었던 것이죠.

때로는 공동체에서 가장 큰 소리로, 가장 불쾌하게 불평하는 사람들이 가장 헌신을 하지 않는 사람들이지 않습니까? 어쩌면 바로 우리가 그런 사람이 될 수도 있습니다. 유다는 그것을 강하게 경고하는 인물입니다.

마리아와 유다 사이에 대조되는 측면이 또 하나 있는데요, 마리아의 단독 행동은 '지금 여기'에 있는 사람을 즉시 섬기는 것이었지, 모호하고 이론적이며 미래 지향적인 거래가 아니었다는 점입니다

(반면에 유다의 경우 실제로는 실천해 본 적도 없는 이론상의 관심을 들먹였죠). 마리아는 이미 운영되는 "프로그램"이 있을 때까지 기다리지 않았습니다.

마리아는 예수님처럼 동시에 유다와는 달리, 희소성의 신학이 아닌 **풍성함의 신학**을 바탕으로 움직입니다. 인생은 제로섬 게임이 아닙니다. 어쩌면 마리아는 엘리야와 기름 이야기(왕상 17:8-16), 시편 23편, 광야의 만나 이야기(출 16:4-36), 하누카 이야기(마카비 1, 2서)를 통해 차고 넘치는 풍성함을 떠올렸을지도 모릅니다. 우리의 하나님은 제우스와 같은 신이 아닙니다. 아브라함과 사라의 하나님, 이삭과 리브가의 하나님, 야곱과 라헬과 레아의 하나님입니다. 우리를 창조하시고 구원하시고 붙들어 주시는 하나님입니다.

성경적 환대는 지나침과 풍성함을 향해 가는 경향이 있습니다. 향유는 비싸고 순전하고 아주 풍성해서 방 전체를 그 향기로 가득 채웁니다. 재정적 손실을 일으키고, 개인적 희생을 요구합니다. 그래서 지극한 환대라는 행동은 "현실적인" 사람들에게서 자주 비판을 받습니다. 그러나 하나님의 환대는 하나님의 은혜처럼 비현실적입니다. 유다는 탕자의 형이나 선지자 요나와 똑같은 (그리고 어쩌면 우리도) 질병을 앓고 있습니다. 우리는 낭비가 훌륭한 청지기의 일이냐고 지적하며, 지나침과 풍성함에 대해 묻습니다. 천만 원을 들여서 카펫을 깔거나 세례당(baptistry)을 만들 필요가 있나요? 그 돈을 푸드뱅크처럼 더 현실적인 일에 쓸 수 있을 텐데요? "내가 온 것은 … **생명**을 얻게 하고 더 **풍성히** 얻게 하려는 것이라"(10:10).

우리의 가정이나 교회에서 칭찬하며 반기기보다 인색함을 내비치는 사안들을 떠올려 보세요. 한때 제가 속했던 교회에서는 주보를 넉넉하게 인쇄하거나 의자를 충분히 내놓지 않았습니다. 무서운 신호였지요. 또 저희 집에서는 파티에 어느 정도의 음식을 사서 내놓아야 하는지를 놓고 논쟁을 한 적이 있습니다. 환대에는 무엇이 필요한 걸까요?

지나침과 허비의 차이는 무엇일까요? 우리는 종종 환대하고, 공동체를 세우고, 복음을 전한다는 명목으로 방탕하게 되었다는 말을 듣습니다. 혹시 영화 **바베트의 만찬**(*Babette's Feast*)을 본 적이 있나요? 이 요한복음 본문과 기독교의 환대와 복음의 본질을 묵상하고자 한다면, 그 영화를 추천합니다.

마리아의 환대 행위는 아주 신학적입니다. 예수님은 "그녀는 그것을 내 장례날에 쓰려고 사서 간직해 두었다"(12:7)고 말씀하십니다. 기독교가 가진 모든 환대의 뿌리는 예수 그리스도의 삶과 죽음과 부활을 통해 표현된 하나님의 환대에 있습니다. 하나님께서 먼저 우리를 환대하셨기에 우리도 다른 사람들을 환대합니다. 우리는 그저 멋진 사람이 되려는 것이 아닙니다. 우리는 이 세상에 부활하신 그리스도의 임재의 표시로 환대를 베풉니다. 그 그리스도는 하나님의 흩어진 백성, 즉 모든 사람이 하나가 되기를 간절히 바라십니다. 그래서 우리가 삶의 매순간에 실천하는 환대의 행위는 모두 복음에 뿌리를 두고 있습니다. "임의의 친절한 행동과 의미 없는 아름다움을 실천하라" 경구가 아름답게 들릴 수 있지만, 기독교적인 표현은 아닙니다. 우리의 환대는 임의적이지도 않고 의미가 없지도 않습니다. 우리의 환대는 예수 그리스도의 십자가와 부활에 단단하게 그리고 뚜렷한 목적으로 닻을 내리고 있으니까요.

마지막으로, 마리아는 자기 집에서, 자기와 친밀한 관계인 사람에게 환대를 베풀었습니다. 저는 이 부분에서 정말로 감동했습니다. 나는 나와 가까운 사람들에게 얼마나 환대를 베풀 수 있는가? 과연 나는 위에서 언급한 내용들이 모두 담긴, 적어도 일부라도 담긴 환대를 베풀고 있는가? 어느 작가의 말처럼, 여러분은 완전히 낯선 사람들에게는 "시간이 되는 사람"이지만, 정작 친구나 가족들에게는 그렇지 못하다는 사실을 깨달은 적이 있습니까? 여러분의 친구나 배우자가 상냥하면서도 분명하게(아니면 그다지 상냥하지는 않지만 분명하게) 다음과 같이 말한 적은 없나요? "당신의 일정을 좀 조정해 줄 수 있나요? 쓰다 남은 찌꺼기를 얻고 싶지는 않네요."

저는 현실적인 착상을 떠올리게 해 주는 대화와 프로그램을 좋아하고 환대 분위기가 물씬 나는 프로그램을 좋아합니다. 그런데 막상 하나님께서 우리가 가는 길에 배치하신 사람에게 충실하고 친절하게 대하고 있는지 의문이 들 때가 있습니다. 다르게 말하면, 환대를 실천하는 프로그램을 만들려고 고민하기 전에, 그보다 먼저 우리가 환대하는 사람이 될 수 있을까요? 마리아가 보여 준 환대의 특징을 우리와 가까운 사람들에게 먼저 실천해보면 어떨까요? 그리스도께서 그들을 위해 죽으시고 부활하셔서 풍성한 생명을 나누셨으니, 그들 역시 사실은 우리 삶에서 "타인"(the other)입니다.

예루살렘을 향하여

예수님께서 베다니로 돌아오셨다는 소문이 퍼집니다(예수님은 나사로를 살리신 후에 에브라임에 가셨었습니다[11:54]). 예수님에 대한 체포 영장이 발부되었다는 것을 기억하세요(11:57). 너무나 많은 사람들이 떼를 지어 예수님을 따르고 있다는 사실에 종교 당국이 화가 났기 때문입니다(11:48; 12:11). 종교 지도자들은 예수님을 죽이기로 결정했을 뿐 아니라 이제 나사로마저 죽이려 합니다. 다른 사람들이 부활의 새 생명을 얻기 위해서는 먼저 우리가 우리의 시각, 곧 세상과 이웃과 우리 자신을 바라보는 시각을 바꿔야 한다면, 차라리 그들이 계속 죽은 상태로 있는 게 더 낫겠다는 생각이 들 때도 있지 않나요? 어떤 면에서는 현재의 상황이 더 편하다는 생각이 들 때도 있지 않나요? 사실 우리는 진리와 생명보다는 편리와 편의를 더 좋아할 때도 있지 않나요?

이제 예수님께서 예루살렘에 왕으로 들어오십니다. 화가 난 바리새인들의 말에 핵심이 담겨 있습니다. "이제 다 틀렸소. 보시오. 온 세상이 그를 따라갔소"(12:19 새번역). 하지만 10:16을 떠올려 보세요. 거기에서 예수님은 이렇게 말씀하셨습니다. "나에게는 이 우리에 속하지 않은 다른 양들이 있다. 나는 그 양들도 이끌어 와야 한다. 그들도 내 목소리를 들을 것이며, 한 목자 아래에서 한 무리 양 떼가 될 것이다"(10:16 새번역). 그리고 정말로 다른 양들이 나타납니다. 예수님께서는 스스로를 이스라엘의 목자로 확증하신 후에, 이제

헬라인들(그리스인들)을 향해 돌아서십니다. 헬라인들이 자신을 찾는 다는 소식을 듣고 예수님은 "때"가 왔으며, 자신의 사역이 거의 완성되었음을 아셨습니다. 예수님은 자신의 수난을 내다보셨습니다. "내가 진실로 진실로 너희에게 이르노니 한 알의 밀이 땅에 떨어져 죽지 아니하면 한 알 그대로 있고 죽으면 많은 열매를 맺느니라. 자기의 생명을 사랑하는 자는 잃어버릴 것이요, 이 세상에서 자기의 생명을 미워하는 자는 영생하도록 보전하리라"(12:24-25). 요한복음 안에서 예수님은 자신이 장차 할 일을 아시며 그 일에 의문을 제기하지 않으십니다.

반면에 공관복음서를 보면, 예수님은 "그 잔"이 자신을 지나가기를 간구하십니다(누가복음에서는 피처럼 땀을 흘리기까지 하시고요). 하지만 요한복음에서는 그렇게 하지 않으시죠. 요한복음에서 예수님은 이렇게 말씀하십니다. "무슨 말을 하여야 할까? '아버지, 이 시간을 벗어나게 하여 주십시오' 하고 말할까? 아니다. 나는 바로 이 일 때문에 이때에 왔다"(12:27 새번역). 예수님은 그러한 생각을 터무니없다고 여기시고 떨쳐 버리십니다. 그 대신 예수님은 하나님의 이름을 영광스럽게 하기를 기도하십니다. 요한복음에서는 예수님과 하나님 사이에 단절이 조금이라도 감지되지 않기에(요한이 십자가에서 나오는 유기의 외침을 기록하지 않은 이유입니다), 하나님께서 (예수님은 이미 모든 면에서 하나님의 뜻과 완벽하게 하나가 되었기에 예수님이 아니라) 무리를 위해서 예수님에게 즉각 응답하십니다(12:28). 그러고 나서 예수님은 다음과 같이 담대하게 선포하십니다. "내가 땅에서 들려서 올라갈 때에[즉, 십자가에 달리실 때], 나는 모든 사람을 내게로 이끌어 올 것이다"(12:32 새번역).
왜 아니시겠습니까? 요한복음 1장에서 우리가 보았듯이 만물이 그
분으로 말미암아 존재하게 되었고, 그분이 **모든 사람**의 빛이신데요!
또 4:42에서 보았듯이 그분은 유대인과 사마리아인뿐 아니라 온 세
상의 구주이신데요!

요한은 예수님을 지혜로 묘사하면서 이 복음서를 시작한 것과
마찬가지로, 이제 지혜처럼 크게 외치시는 예수님과 함께 이 표적
의 책을 마무리합니다(12:44). 예수님은 마지막으로 복음을 선포하십
니다(12:44-50). 그리고 이 선포를 하신 후에는 내부로, 즉 제자들에게
향하셔서 제자들로 하여금 자신이 육신적으로 떠남을 준비하게 하
십니다. 여러분이 3:17-21을 다시 읽어 보면, 예수님께서 지금 자기
인용을 하고 계시다는 것을 알게 될 거예요. "나는 빛으로 세상에
왔나니 무릇 나를 믿는 자로 어둠에 거하지 않게 하려 함이로라. 사
람이 내 말을 듣고 지키지 아니할지라도 내가 그를 심판하지 아니
하노라. 내가 온 것은 세상을 심판하려 함이 아니요 세상을 구원하
려 함이로라"(12:46-47).

섬김으로써 구원하기: 발 닦아 주기 2부(요한복음 13장)

요한복음 13-17장에서 예수님은 자신이 육신적으로 떠나신 후에
(이해력이 부족한) 제자들이 이 세상에서 자신의 사역을 이어갈 수 있게

준비시켜 주십니다. 따라서 우리는 요한복음에서 이 부분을 고별담화라고 부릅니다. 특별히 13장은 사랑으로 시작해서 사랑으로 끝납니다. 성경에서 손꼽히게 절절한 표현 중 하나가 여기에 나오는데요, "세상에 있는 자기 사람들을 사랑하시되 끝까지 사랑하시니라"(13:1). 그분은 참으로 그런 분이십니다. 예수님은 그때도 사랑하셨고 지금도 사랑하십니다. 자신의 제자 한 명은 배반할 것이고, 또한 명은 부인할 것이라는 사실을 포함하여 제자들에 대해 다 아시면서도 예수님은 그들을 온전히 사랑하십니다. 예수님은 계속해서 사랑은 섬김으로 표현됨을 보여주십니다. 심지어 예수님은 일시적으로 (혹은 영원히) 자신을 대적하는 자들에게도 섬김을 베푸십니다.

발, 닦아 주는 행동, 음식, 그리고 유다가, 13장을 12장과 긴밀하게 연결시킵니다. 또다시 예수님은 유다를 포함하여 그분이 사랑하시는 사람들과 함께 식사 자리에 계십니다(12:1-8 참조). 그리고 식사 도중에 일어서셔서 모든 제자들의 발을 씻겨 주십니다(이 복음서에서 물의 상징적 중요성을 떠올려 보세요). 마리아처럼 예수님은 조심스러우면서도 친밀하게 제자들의 신체적 필요를 보살펴 주시고, 마리아처럼 예수님도 제자들의 발을 닦으십니다(ekmassō). 공동체에서 발 씻기기를 실천하거나 혹은 받아본 적 있나요? 발 씻기기는 아주 친밀한 행동입니다. 게다가 보통은 주인이 아니라 하인이 발 씻기기를 합니다. 여기에서 예수님은 공동체에 아주 색다른 방식으로 본보기가 되시는데요, 곧 자신의 힘을 사랑으로 섬기는 데 쓰고, 친근한 방식으로 관여하며, 신뢰가 형성될 공간을 만들어내는 것이죠. 심지어 예수님은 모임 내에서 적어도 한 사람은 그다지 신뢰할 만하지 않거나, 타인 지향적이지 않을 때조차, 받기만 하고 주지는 않을 때조차, 공동체와 지도자들을 섬기기보다는 우위에 서려고 할 때조차 그러한 본을 보이십니다.

여기서 잠깐 리더십에 관해 말하자면, 요한복음 속 본보기가 얼마나 민주적이고 평등한지 생각해 보세요. 요한복음 안에서는 베드로가 (그리고 다른 누구도라도) 그 나라의 열쇠를 받는다는 말도, 그 위에 교회를 세우겠다는 말도 없습니다(마태복음 16장 참조). 1장에서 살펴보았듯이, 이 복음서에는 또한 가장 중요한 제자, "사랑하시는 그 제자"의 이름이 밝혀지지 않습니다. 요한복음은 우리에게 있는 권력과 리더십 개념에 강하게 이의를 제기하고 있습니다. 나중에 15장에서 살펴보겠지만, 실제로 이 복음서는 우리가 곧 예수님의 "친구들"이라고 선언합니다.

제자들 가운데 유다는 유독 사람들의 호기심을 자극하는데요. 저자 요한은 (요한복음 안에서 "이 세상의 임금[통치자]"라고도 불리는) 사탄이 유다의 행동을 지휘한다고 명시합니다. 어떤 이들은 유다를 비난하면서 "마귀 때문에 내가 그렇게 했다"와 같은 태도 때문에, 혹여나 사람들이 그들의 자유로운 선택에 대해 책임을 지지 않으려고 하지는 않을까 우려합니다. 또 유다를 가엽게 여기면서 유다는 그 자신의 이해 범위를 초월한 우주적 차원의 전투에서 그저 꼭두각시였을 뿐이라고 말하는 이들도 있고, 제작자(즉, 하나님)에게 받은 대본을 따른 배우라고 보는 이들도 있습니다. 여러분은 어떻게 생각하나요? 유다가 공관복음에서는 보다 더 동정하게 되는 인물이라는 주장도 있습니다. 반면에 요한은 유다가 조각을 받고 나간 "때는 밤이었다"(13:30 새번역)는 표현으로 확실하게 표시합니다. 요한복음 3:19-20을 떠올려 보세요. "심판을 받았다고 하는 것은, 빛이 세상에 들어왔지만, 사람들이 자기들의 행위가 악하므로, 빛보다 어둠을 더 좋아하였다는 것을 뜻한다. 악한 일을 저지르는 사람은, 누구나 빛을 미워하며, 빛으로 나아오지 않는다. 그것은 자기 행위가 드러날까 보아 두려워하기 때문이다"(3:19-20 새번역).

그리고 다시 예수님은 자신이 곧 제자들에게서 떠나실 것을 넌지시 말씀하시는데요, 현재로서는 제자들이 잘 알아듣지 못합니다. 예수님만 그 특별한 과업을 완수하실 수 있습니다. 예수님은 홀로 그 일을 하실 것입니다(요한복음에서는 예수님께서 자기 십자가를 지시는 반면에, 공관복음에서는 시몬이라는 구레네 사람이 예수님을 돕습니다). 그 말씀을 하신 후 예수님은 명령을 하나 내리십니다. "서로 사랑하라. 내가 너희를 사랑한 것같이 너희도 서로 사랑하라. 너희가 서로 사랑하면 이로써 모든 사람이 너희가 내 제자인 줄 알리라"(13:34-35). 예수님은 제자들에게 사랑이 실제로 어떠한 모습인지 보여 주시고서 그리스도인을 확인하는 유일한 기준이 있다고 분명하게 말씀하시는데요, 그것은 정결함도 성경 지식도 거룩함도 아니라, 바로 사랑입니다(참고. 15:9-17). 요한은 사랑을 뜻하는 여러 단어들을 자주 사용합니다. 요한복음은 사랑에 푹 빠져 있습니다. 우리도 그러나요?

공관복음에서는, 예수님께서 제자들과 함께 유월절 식사를 하시고, 기독교인들이 일반적으로 주의 만찬/교제/성찬(Lord's Supper/ Communion/Eucharist)을 받기 전에 듣는 성찬제정 말씀(Words of Institution)을 전하신 다음, 베드로의 배반을 예언하십니다(막 14장; 마 26장; 눅 22장). 이것을 보통 "최후의 만찬"이라고들 부르죠. 요한복음 13장에서도 이 식사가 예수님께서 부활 전에 제자들과 마지막으로 함께하신 식사이기는 하지만, 공관복음과는 달리 성찬제정 말씀도 없고, 유월절 식사도 아닙니다. 사실 공관복음에서 제자들이 예수님과 마지막으로 만찬을 하고 있을 때, 요한복음에서는 예수님께서 이미 죽으셨습니다. 요한복음에서는 유월절 어린양을 잡는 시간에 예수님이 죽임을 당하시지요. 이러한 상징성이 보이나요? 많은 사람들이 요한복음 6:22-29이 공관복음의 성찬제정 말씀과 비슷하다고 보는데, 실제로 요한은 그만큼 상징과 은유를 좋아합니다. 어느 한쪽을 "바로잡기" 위해서가 아니라 각기 다른 저자가 이 이야기를 어떻게 말하는지 분명하게 정리하기 위해서, 요한복음과 공관복음 사이의 유사점과 차이점에 주목해 보는 것도 좋습니다. 복음서가 4개인 데는 다 이유가 있으니까요.[1]

중요한 차이점 하나는 예수님과 함께하는 이 식사 자리에 "사랑하시는 그 제자"가 있다는 것입니다. 이 제자는 예수님의 "품"(kolpos)에, 아주 친밀한 자세로 기대어 앉아 있습니다. 사실 이 모습은 요한복음 1:18에서 예수님과 하나님 사이에서 보이는, 따뜻하게 안는 것

---

1   "Four Gospels: Problem or Gift?" in Clark-Soles, *Engaging the Word* (Louisville, KY: Westminster John Knox Press, 2010), 35-54 참고.

과 같은 모습이죠(*kolpos*). 이 특별한 단어는 요한복음에서 이 두 곳에만 등장하는데, 이것은 전혀 우연이 아닙니다. KJV와 NASB는 "예수님의 가슴/품에, 기대어/기대어 앉아"(13:23)로 바르게 번역한 반면에, NRSV는 부정확하면서도 이해하기 어렵게, 사랑하시는 그 제자를 예수님 옆 자리로 옮겼습니다. 우리는 이름이 밝혀지지 않은 "사랑하시는 그 제자"와 일체감을 느낍니다. 우리가 예수님의 품에 기대고 있다고 상상해보면 어떤가요? 우리를 향한 하나님의 다정함이 어느 정도인지 정말로 이해하고 있나요? 혹여나 그것을 받아들이기가 다소 어렵고 불편하지는 않은지 궁금하네요. 그리고 만일 여러분이 어렵고 불편함을 느낀다면 그 이유가 궁금합니다. 반대로 만일 어렵거나 불편하지 않다면, 가깝고 친밀한 감정을 더 자주 느끼며 살아가는 방법은 없을까요?

베드로의 경우, 예수님께서 떠나신다는 불길한 말씀으로 인한 불안함 때문에 정신이 사나워져 그분이 전하신 사랑의 계명을 듣지 못했습니다. 베드로는 아직 십자가를 이해하지 못합니다. 자신의 마음을 포함해서 사람 마음의 지형을 이해하지 못합니다. 위험하다고 느껴지면 약속을 저버릴 수 있는 마음이 자신 안에 있음을 알지 못합니다. 물론 지금 베드로가 (주를 위하여 목숨을 바치겠다고) 말한 것은 진심입니다. 결국에는 정말로 복음을 위해 죽기까지 예수님을 따르게 되고요. 최종 결말은 언제나 구원입니다. 그러나 그 전에 (너무나도 잘 알려진) 부끄러운 실패와의 씨름이 남아있습니다. 사실 어떠한 구원 이야기든 그러한 실패가 아주 중요한 요소 아닌가요? 저라면 고통스러운 도덕적 실패를 저지른 자신에 대해 한 번도 경악해 본 적 없는 사람을 믿을 만한 영적 멘토로 여기고 찾아갈 것 같지는 않네요.

저는 예수님께서 의도를 가지고 처음부터 끝까지 자신의 소명을 따르신 것과, 베드로가 그의 소명을 서서히 알아차리고 그 소명을 완수할 수 있도록 이끄시는 것을 보면서, 제 자신의 소명에 대해 생각하게 되었습니다. 여러분의 소명은 무엇인가요? 우리 중에는 처음부터 자기가 무엇을 위해 태어났는지 알기에 그다지 흔들리지 않는 사람들이 있습니다. 반면에 자신의 소명을 이따금씩 겨우 깨달아가는 사람들도 있고요. 베드로가 지금은 예수님을 따르고 싶어한다는 것에 주목하세요. 그것도 그 나름으로 존경스러운 자세입니다. 그렇지만 때로는 우리의 열정이 인내로 바뀌어야 합니다. 지금이라는 선물을 **지금**이라는 횡포와 구별해야 합니다. 요한복음은 여기에서 솜씨 좋게 둘 모두를 보여줍니다. 한편에서 보면, 지금 하나님의 임재와 영원한 생명이 충만하니, 예수님께서 약속하신 그 날, 곧 사랑과 기쁨과 평화가 넘치는 달콤한 "미래"를 붙잡으려고 기다릴 필요가 없습니다. 그러나 때로 우리는 표지판이 바른 방향을 가리키고 있는 것으로 만족하고, 훗날 더 충만한 진리가 펼쳐질 것을 믿어야 합니다. 여러분도 알다시피, 제자들은 나머지 이야기가 다 전개되고 나서야, 즉 예수님께서 십자가에 달리시고 부활하시고 성령을 주시고 나서야 비로소 필요한 지식을 얻었습니다. 이러한 면에서 여러분은 예수님보다는 베드로 쪽에 더 가까울지도 모릅니다. 만일 여러분이 지금 (베드로처럼) 씨름하고 있거나 혹은 그저 기다리고 있다면, 이 복음서는 그와 같은 거룩한 일이 공동체 안에서 가장 잘 이루어진다고 이야기해 줍니다.

요한복음 13장은 베드로가 자신과 관련하여 아직 이해할 수 없는 난해한 진리를 듣는 것으로 끝이 납니다. 그리고 14장은 곧바로 위로를 전합니다.

기도 † 하나님, 하나님께서 저희를 사랑하신 것처럼 저희가 서로를 사랑할 수 있도록 가르쳐 주세요. 실체가 없고 머리 속에서 이루어지는 추상적인 사랑이 아니라, 몸을 구부려서 더러운 발을 손으로 문지르고 우리의 머리카락으로 닦기까지 하는 사랑, 그러한 사랑으로 저희가 서로를 사랑하게 해주세요. 아멘.

제9장

집만 한 곳이 없다

제9장 집만 한 곳이 없다

#요한복음 14장

고별담화는 (유언장에 있으므로) 유언 문학 장르에 속합니다. 족장들이 숨을 거두는 자리에서 후손들에게 재산과 지혜를 유산으로 남기던 일을 생각해 보세요(이를테면, 창세기 27장의 이삭, 창세기 48장의 야곱). 예수님은 나눠줄 유형의 재화가 없으시지만 그 대신 평화(14:27) 그리고 자신이 지상에 머무시는 동안 친히 하신 일보다 훨씬 더 큰 일을 할 수 있는 능력(14:12)을 제자들에게 주십니다.

요한복음 14:1에 이런 말씀이 있습니다. "너희 모두의 마음이 근심하게 하지 말라"(요 14:1 저자 번역). 예수님은 2인칭 복수형(너희 모두)을 사용하셔서 제자 한 명(베드로, 13:36-38)과 나누시던 사적인 대화에서 무리 전체에게 하시는 말씀으로 옮겨 가십니다. 그런데 그들이 딱 하나의 마음을 공유하고 있다는 사실에 주목하세요. "너희(복수형) 마음(단수형)이 근심하게 하지 말라"하셨습니다(NRSV는 여기에서 "마음" 대신 "마음들"이라고 오역). 요한은 좋든 싫든 우리 모두 이 점에서는 하나가 되었다고 주장합니다. 그리고 14:27에도 "너희 마음이 근심하게 하지 말라" 같은 문장이 나와서 단락을 둘러싸는 모양이 됩니다.

그들이 공유하는 마음이 왜 하필 근심일까요? 예수님께서 십자가에 들리실 것을 거듭해서 말씀하셨는데도(3:14; 8:28; 12:32), 제자들은 예수님이 세상에 계시지 않은 채로 살아가는 것을 상상조차 하지 못합니다. 예수님께서 떠나시는 것이 자신들의 삶을 위해서나 어떤 면에서 유익이 될 수 있는지 깨닫지 못합니다. 그래서 예수님은 늘 하시는 대로 "나를 믿으라"고 말씀하십니다. 믿거나 신뢰한다는 표현(pisteuō)이 요한복음에는 98회 나오는데요, 언제나 동사의 형태로 나오지, 명사 형태로는 단 한 번도 나오지 않습니다. 이렇듯 믿는 것은 곧 역동적인 과정입니다.

제자들은 한 마음을 공유할 뿐 아니라, 또한 한 집(oikia), 즉 하나님의 집도 공유합니다. 집과 가정이라는 표현이 이 복음서에서 자주 그리고 중요하게 등장합니다. 요한은 가정이나 가족 같이 근본적으로 친밀함을 나타내는 표현을 자주 언급합니다. 실제로, 부모(2:3), 배우자(4:16), 신부와 신랑과 신랑 친구(3:29), 형제자매(11:1), 친구(15:15), 자녀(8:35), 선생님(13:13)처럼 기본적인 모든 관계가 언급됩니다. 그리고 한 집이 언급됩니다.

이 집 한 채에는 "거할 곳"이 많습니다. 이것이 전혀 놀랍지 않은 까닭은 우리가 처음부터 들었듯이, 예수님께서 온 세상(그리스어로는 코스모스)의 구주이시며(4:42), 또한 세상을 (도와서) 창조하셨기(1:3) 때문입니다. 그리고 "내가 땅에서 들리면 모든 사람을 내게로 이끌겠노라"(12:32)고 말씀하셨듯이 예수님의 십자가형은 모두를 포괄하기 때문입니다. 일부가 아닌 "모든"(*pas*)이니 "거할 곳"(*monai*)이 많이 필요합니다. 모나이(*monai*)는 "거하다"라는 뜻의 동사 메노(*menō*)에서 나온 명사로서, 요한이 좋아하는 단어 중 하나입니다(총 37회 사용, 그중 가장 유명한 곳은 15장의 포도나무와 가지 담화). 요한복음의 처음부터 끝까지, 요한은 독자들에게 예수님과 함께 거하라고, 그리하여 지금 시작되는 생명, 영원한 생명, 진정한 생명을 얻으라고 말합니다(20:31). 요한복음 14:23에는 이렇게 기록되어 있습니다. "나를 사랑하는 사람들은 내 말을 지킬 것이요, 내 아버지께서 그들을 사랑하실 것이니, 우리가 그들에게 와서 그들과 함께 거할 곳(*monē*)을 만들리라"(14:23 저자 번역).

예수님께서 십자가를 향해 가심으로써, 우리 모두가 하나님의 가정에서 하나가 될 그 "장소"(*topos*)를 마련하십니다. 그리고 십자가에서 교회, 즉 하나님의 집을 시작하시죠. "그 다음에 제자에게는 '자, 이분이 네 어머니시다' 하고 말씀하셨다. 그때부터 그 제자는 그를 자기 집으로 모셨다"(19:27 새번역). 결국 가정은 (단수형인) 마음이 있는 곳입니다. 교회는 실제 장소(*topos*)이지 유토피아(u-topia, 그리스어로 우[*ou*, "아니다"] + 토포스[*topos*, "장소"])가 아닙니다. 아우구스티누스는 다음과 같이 말했습니다. "주님 안에서 안식을 얻기 전까지 우리 마음에는 안식이 없습니다."[1] 그리고 바로 교회가 그런 곳이어야 합니다.

---

1   *Soliloquies* I.i.3 in *Augustine: Earlier Writings*, ed. J. H. S. Burleigh (London: SCM, 1953), 23.

예수님은 요한복음 안에서 자주 오고 가는 분이십니다. 우리는 처음부터 예수님을 "세상에 오시는 분"으로 알게 됩니다(1:9). 그분이 떠나심은 영원한 돌아오심이라는 목적을 달성하기 위함입니다. 그리고 그렇게 하심으로써 우리가 보혜사(요한이 성령을 지칭하는 이름 중 하나)로 인하여 예수님과 (따라서 하나님과도) 직접적이고 충만하고 영원한 하나 됨을 누리게 됩니다.

여기서 요한복음의 이요르, 도마가 재등장합니다. 11:16에 처음 나온 도마는 (비관주의를 향해 방향을 틀어 버리는) 현실적인 인물 역을 맡아서 그럴듯한 질문을 하는 사람입니다. 예수님께서 거할 곳과 수수께끼 같은 여행 계획에 대해 말씀하시자마자, 도마가 조금은 지친 목소리—하지만 아직 절망적이지는 않은 목소리—로 솔직하게 이야기합니다. "저희가 사실 알지 **못하는**데요, 솔직히 **어떻게 하면** 알 수 있는지도 모릅니다"(14:5 저자 번역). 예수님의 제자들은 얼마나 자주 완전한 혹은 부분적인 무지를 드러내 왔었나요? 그래서 얼마나 자주 주요한 결정을 내리거나 실행하는 일에서 제외되었던가요? 제자들은 예수님과 그들 사이에 특별한 관계—때론 혼란스럽고 힘들 때도 있지만 그럼에도 친밀한 관계—가 있을 때조차도, 7가지 습관, 9단계, 십계명과 같은 답을 찾고 있습니다. 예수님은 "너희는 나를 알고 있으니 알 만큼 다 안다"(14:7 저자 번역)라고 말씀하시며, 도마의 말을 받아들이지 않으십니다. (너희의 시선을 내게 맞추어라, 그리하면 그 길이 항상 참되며 또한 생명을 줄 것이다.) "내가 그 길, 즉 그 진리이고 그 생명이다"(14:6 저자 번역). 여기에서 "진리"와 생명"은 예수님의 서로 다른 두

가지 특징을 추가로 소개하는 것이 아니라 "그 길"의 의미를 더 상세히 설명하는 역할—그리스어 문법에서 보충 설명의(epexegetical) 카이(kai)라고 알려진 역할—을 합니다.

요한복음 14:6으로 기독교 배타주의에 관해 누군가 의문을 제기할지도 모르겠네요. 하지만 해석자들은 급하게 우리의 정황으로 이동하기 전에, 먼저 본래의 문맥(context)을 충분히 살펴야 합니다. 첫째, 요한은 거듭해서 그리스도의 사역 범위가 보편적이라고 주장합니다(1:9; 4:42; 12:32). 그런데 또 10:16에서는 알쏭달쏭하게도 예수님께서 자신에게는 "이 우리에 속하지 않은 다른 양들이 있다"고 선언하십니다. 어떤 사람들에게는 요한복음이 복음서들 중에서 가장 보편적입니다. 반면에 또 어떤 사람들에게는 요한복음이 가장 분파주의적(sectarian)입니다. 후자의 사람들은 본래 1세기 요한 공동체가 긴장이 넘치는 분파적 상황 속에서 구축되었으며, 그로 인해 요한은 이원적, 배타적, 상호 대립적인 범주를 생각하게 되었다고 주장합니다.

둘째, 14:6에는 그리스도인이 되는 편이 좋을 것이라고, 그렇지 않으면 하나님 나라에서 영원히 제외되는 고통을 겪게 될 것이라고 불신자들을 설득하는 데 활용할 내용이 있다고 생각하는 사람들이 있지만, 그들이 유념해야 할 사안이 있습니다. 바로 고별담화는 이미 그리스도인이 된 사람들에게 무능함에 대한 변명은 내려놓으라고, 변명하는 대신 예수님이 친히 하신 일보다 우리가 더 큰 일을 할 준비가 되어 있다는 사실을 믿고 받아들이라고 하신 말씀이라는 것입니다. 예수님은 모든 사람을 하나님께로 이끄시는데, 그 일을 무한히 다양한 방법으로 행하십니다. 우리의 지식과 경험을 바탕으로 해서 이름을 붙일 수 있는 방법이 있는가 하면, 피조물이자 유한한 존재인 우리에게 신비로 남아 있는 방법도 있습니다.

도마가 지식의 부족을 한탄하는 지점에서, 빌립은 통찰의 부족을 드러내 보입니다. 공관복음과 달리 요한복음은 빌립을 주요 인물로 간주하는데요, 빌립은 그 이름이 마태복음과 마가복음 안에서 3회, 누가복음 안에서 2회 나오지만, 요한복음 안에서는 무려 12회나 나옵니다. 빌립은 예수님의 사역 초기에 등장하여, 같은 벳새다 출신 안드레와 베드로 형제에 이어서 예수님을 따른 사람입니다. 또 제자들 중에서는 처음으로 다른 사람(나다나엘)을 예수님에게 데려가서, 예수님을 가리켜 "모세가 율법에 기록하였고 여러 선지자가 기록한 그이를 우리가 만났다"(1:45)라고 선포합니다. 그리고 이 만남은 예수님께서 자신이 야곱의 사다리를 대신하신다고 알리시는 것으로 끝이 납니다(1:51). 요한복음 6장에서 예수님은 무리를 먹이는 것에 대해 빌립을 "시험(test)"하시는데, 빌립은 예수님께서 어마어마한 역사를 행하시는 방법을 이해하지 못하지만, 그럼에도 그 역사는 일어납니다. 또 빌립은 요한복음의 중요한 전환점에서 한몫하게 되는데요, 바로 그리스 사람들이 찾아와서 제일 먼저 빌립과 상의하는 장면입니다. 빌립이 (그리고 안드레가) 예수님에게 그처럼 새롭게 전개된 상황을 알려 드리자, 예수님은 "인자가 영광을 얻을 때가 왔도다"(12:23)라고 선언하십니다. 아마도 빌립은 그 현장에 남아서 예수님께서 하나님과 대화를 나누시는 것(12:27-28)을 목격한 듯 하고요.

도마가 제자 무리의 대표로서 질문하고 예수님도 도마를 대표로 여기시며 (2인칭 복수 동사 사용하여) 대답하셨던 반면에(14:5-7), 빌립이 비슷한 질문을 던졌을 때는 예수님께서 그에게 개인적으로 대답하십니다. "내가 너희 모두(복수형)와 지금껏 함께 있었는데, 빌립아, 너는(단수형) 아직도 나를 모르느냐? ⋯ 네가(단수형) 어떻게 '우리에게 아버지를 보여 주십시오'라고 말할 수 있느냐?"(14:9 저자 번역). 빌립은 제자들이 "만족할"(arkeō, 14:8) 수 있도록 예수님을 재촉한 것이었습니다. 이 단어(arkeō)가 무리에게 먹을 양식을 주는 것을 두고 예수님께서 빌립과 대화를 나누실 때도 나온다는 것이 중요합니다. 그 장면에서 빌립은 가용 자원이 하나님의 일을 완수하기에 충분하지 않다고, 즉 만족스럽지(arkeō, 6:7) 않다고 항변했습니다. 빌립은 희소성의 신학으로 일하면서 한쪽 눈을 감은 채로 선한 목자이신 분의 얼굴을 바라봅니다. 그러나 그분은 우리의 잔을 넘치게 하려고(시 23:5), 또 우리가 생명을 얻고 더 풍성하게 얻게 하려고 오신 분입니다 (10:10). 빌립은 "만족"하는 수준을 요구하지만, 예수님은 빌립에게 측량할 수 없는 선물을 주고 싶어하십니다.

빌립은 (그리고 우리는) 예수님과 하나님이 하나이시라는 것을 어떻게 알까요? "내가 너희에게 이르는 말은 스스로 하는 것이 아니라 아버지께서 내 안에 계셔서(menō) 그의 일을 하시는 것이라"(14:10)라고 말씀하셨으니, 예수님께서 하시는 말씀과 일에 주의를 기울이면 알 수 있습니다. 이처럼 요한에게는 말과 일이 별개가 아닌데요, 우리 또한 말은 곧 일임을 잘 압니다 예수님의 말씀은 권위가 있을 뿐만 아니라 또한 효력이 있습니다. (사람들에게서) 성경 이상의 권위는 얻지 못했을지라도(5:39-47), 적어도 성경만큼의 권위가 있는 것은 분명합니다(2:22). 성경과 같이, 예수님의 말씀이 성취됩니다. 또한 성경과 같이 예수님의 말씀을 지키고 수종하고 믿어야 합니다. 그리고 예수님의 말씀은 효력이 있습니다. 요한복음 4:50-51을 보면 예수님은 멀리 떨어져서도 말씀만으로 병을 낫게 하십니다. "예수께서 [왕의 신하에게] 말씀하셨다. '돌아가거라. 네 아들이 살 것이다.' 그는 예수께서 자기에게 하신 말씀을 믿고 떠나갔다. 그가 내려가는 도중에, 종들이 마중나와 그 아이가 살았다고 보고하였다"(4:50-51 새번역). 또 5:8-9은 다음과 같이 말합니다. "예수께서 그에게 말씀하셨다. '일어나서 네 자리를 걷어 가지고 걸어가거라.' 그 사람은 곧 나아서, 자리를 걷어 가지고 걸어갔다"(5:8-9 새번역).

이 복음서에는 일(ergon, "일"이라는 뜻으로 ergonomic[인체공학의]이라는 단어의 어원)과 관련된 표현이 자주 등장하고, 행함과 관련된 동사(poieō, po-em[시]라는 단어의 어원)와 표적(signs) 발생 역시 자주 나타납니다. 너무나도 중요한 일을 하나님 아버지가 하시고 예수님도 하시는데, 서로 구별이 잘 되지 않습니다. "아버지께서는 아들을 사랑하셔서, 하시는 일을 모두 아들에게 보여 주시기 때문이다. 또한 이보다 [훨씬] 더 큰 일들을 아들에게 보여 주셔서, 너희를 놀라게 하실 것이다"(5:20 새번역). 14:12이 5:20과 정확히 똑같은 표현을 사용하는 것을 눈여겨보세요. 즉, 예수님께서 다름 아닌 하나님의 일을 하신다는 사실이 인상적입니다. 그런데 누구든지 예수님을 믿는 사람도 예수님과 하나님께서 하시는 바로 그 일을 하리라는 예수님의 주장은 그보다 훨씬 더 인상적입니다.

믿는 자는 이것들보다 훨씬 더 큰(*kai meizona touton*)일을 하게 될 것입니다. 정말로 놀랍지 않나요? 그리스도인들은 예수님께서 하신 일 그 이상을 할 수 있고, 실제로 많은 이들이 지난 2천 년 동안 평범한 일부터 기적적인 일에 이르기까지 많은 일들을 해냈습니다. 우리가 그러한 일을 할 것인지 여부는 우리에게 달려 있습니다. 여기서 중요한 것은 우리가 그 일을 할 수 있다는 사실은, 하나님께서 예수님을 보내어 하게 하신 일을 예수님이 다 이루셨다는 사실에서 기인합니다(19:30). 따라서 우리가 무엇이든 예수님의 이름으로 구하면 예수님께서 그 일을 하실 것입니다. 이 경우엔, 한 마디로 예수님은 제자들이 꿈을 작게 꿀 여지를 사전에 차단하셨습니다.

14:15-17에서 예수님은 자신이 좋아하는 주제(사랑)를 다시 말씀하시고, 성령을 약속하신 후에, 자신과 하나님과 성령과 신자의 하나 됨을 강조하십니다. 동사 "사랑하다"(*agapaō, phileō*)가 요한복음에서는 57회 쓰이는 데 반해, 마태복음에서는 13회, 마가복음에서는 6회, 누가복음에서는 15회 정도가 쓰입니다. 또한 명사 "사랑"(*agapē*)을 요한복음의 경우 7회 사용하지만, 마태복음과 누가복음은 1회, 그리고 마가복음은 아예 사용하지 않습니다. 친구(*philos*)가 요한복음에는 6회 나오지만, 마태복음에는 1회, 누가는 16회, 마가는 아예 사용하지 않습니다. 예수님께서 필로스라는 단어를 요한복음에서는

예수님께서 진정한 제자들과 관련하여 쓰시는 것과 달리, 누가복음에서는 주로 은유를 말씀하실 때 사용하십니다. 요한복음에서 예수님의 수제자 이름이 그저 "(예수님께서) 사랑하시는 그 제자"로만 나온다는 것도 기억하세요. 요한복음에 사랑과 관련된 표현이 압도적으로 많다는 것을 감안하면, 누군가는 저자가 한 가지 주제에만 지나치게 집착한다고 비난할지도 모릅니다. 그런데 그렇게 하면 왜 안 되나요? "하나님이 세상을 이처럼 사랑하사 독생자를 주셨으니 이는 그를 믿는 자마다 멸망하지 않고 영생을 얻게 하려 하심이라"(3:16).

14:15에서 예수님은 제자들에게 "너희가 나를 사랑한다면 내 계명을 지킬 것이다"라고 분명하게 말씀하십니다. 누군가는 "무슨 계명이요?"라고 질문할지도 모르겠네요. 마태복음과 달리 요한복음에서는 예수님께서 "십 리를 동행하라", "다른 쪽 뺨도 돌려 대라", "가이사의 것은 가이사에게 바치라"는 명령을 하지 않으십니다. 요한복음에서 예수님이 내리시는 명령은 단 하나, "새 계명을 너희에게 주노니 서로 사랑하라. 내가 너희를 사랑한 것같이 너희도 서로 사랑하라. 너희가 서로 사랑하면 이로써 모든 사람이 너희가 내 제자인 줄 알리라"(13:34-35)뿐입니다. 게다가 이 명령을 지금 우리가 보고 있는 14장 바로 다음에서도 되풀이하셔서, "내 계명은 곧 내가 너희를 사랑한 것같이 너희도 서로 사랑하라 하는 이것이니라. 사람이 친구를 위하여 자기 목숨을 버리면 이보다 더 큰 사랑이 없나니"(15:12-13)라고 말씀하십니다. "우리가 사랑에 실패하면 다른 모든

일에 실패한 것이다"라는 윌리엄 슬로언 코핀(William Sloane Coffin)의 말이 여기에 딱 들어 맞습니다.

하나님께서 사랑하시는 방식(*agapaō*, *agapē*)이 사람이 사랑하는 방식(*phileō*, *philos*)보다 특별히 더 탁월하다고 여기며 이 둘을 구별 지으려는 흔하지만, 그릇된 충동에 넘어가지 마세요. 요한복음은 사실상 그와 완전히 반대로 이야기합니다. 이 복음서는 하나님에게 쓰는 표현을 동시에 사람들에게도 사용합니다. 하나님께서 예수님을 사랑하시고(5:20), 하나님께서 제자들을 사랑하시고(16:27), 예수님께서 제자들을 사랑하시고(20:2), 제자들이 예수님을 사랑하고(16:27)와 같은 본문들에서 필레오와 아가파오가 모두 사용됩니다. 이것을 통해 요한은 신학적으로 중요한 주장을 한 셈인데요, 바로 신의 사랑과 인간의 사랑을 구분하는 선이 존재하지 않는다는 것입니다. 성육신을 철저하게 주장하는 복음서에서 이것이 놀라운 일일까요?

성령

솔직히 말하자면, 요한복음은 성령에 관해 다른 신약 본문들에 비해 좀 색다르게 생각합니다. 복음서들은 하나같이 성령이 비둘기처럼 예수님에게 내려오는 것을 언급합니다. 또한 누가가 누가복음의 시작부터 사도행전의 끝부분까지 성령을 사람들의 삶 가운데 아주 활발하게 역사하는 분으로 묘사하는 반면에, 요한은 예수님께서 떠나시고 나서야 성령이 신자들을 위해 활동하실 것이라고 주장합니다. "이는 그를 믿는 자들이 받을 성령을 가리켜 말씀하신 것이라 [예수께서 아직 영광을 받지 않으셨으므로 성령이 아직 그들에게 계시지 아니하시더라]"(7:39).

왜 이럴까요? 예수님께서 성령을 그 보혜사가 아니라 "또 다른 (allon) 보혜사"(14:16)라고 부르신다는 데 실마리가 있습니다. 예수님께서 첫 보혜사시고, 예수님과 성령이 똑같은 계시적 역할을 하시므로, 예수님께서 제자들 가운데 계신 동안에는 성령이 활동하실 필요가 없는 것입니다. 다시 말해, 예수님께서 떠나신다는 것이 제자들에게는 나쁜 소식으로 보이지만, 알고 보면 그들은 물론 우리에게도 가장 좋은 소식임이 드러납니다. 예수님께서 지상에 계신 동안에는 한 지역에서 예수님 한 분만 사역하실 수 있습니다. 그렇지만 예수님께서 떠나시자 제자들은 곧 성령을 받고 견습생을 졸업하여 하나님의 사랑을 온전히 나타내는 그리스도인들이 됩니다. 역사적 예수님은 만나지 못했더라도, 이후 제자가 된 모든 이들에게도 동일한 일이 적용되기에, 현대 그리스도인들이 당시 그리스도인들에 비해 전혀 불리하지 않습니다. 첫 그리스도인들이 배우고 경험한 모든 일을 우리도 같은 정도로, 똑같이 풍성하게 배우고 경험할 수 있으니까요.

(흔히 "보혜사"로 번역되는) **파라클레토스**(*paraklētos*)라는 단어는 번역하기 어렵기로 유명한데요, 그리스어에서 의미가 다양한 데다가, 저자 요한이 그 다양한 의미를 모두 담아 내고 있기 때문입니다. 영역본

을 보면, 이 단어를 "위로자", "옹호자", "조언자", "조력자"로 다양하게 번역하지만, 어쩌면 음역한 형태인 파라클레테(*Paraclete*) 그대로 두어서 그 생소함에 듣는 이들의 관심이 끌리도록 하는 것이 가장 나을지도 모릅니다. 이 단어는 성경 저자들 사이에서도 생소하니까요. 이 단어는 신약성경에서 고별담화(14:16, 26; 15:26; 16:7)에 4회, 요한일서 2:1에 1회, 다해서 딱 5회 나옵니다. 이 그리스어 단어를 번역어 하나로 의미를 좁히면 저자 입장에서는 수사적 효과를 잃고, 청자 입장에서는 성령의 다양한 직무를 생각해 볼 기회를 잃습니다. 성령은 특별히 가르치시고 생각나게 하시는 일(14:26), 함께하시고(14:16), 예수님을 증언하시는 일을 합니다. 예수님처럼 성령도 진리를 다루시지요. 말씀이신 예수님께서 약속하신 대로 제자들에게 성령을 불어 넣으셔서(*emphysaō*) 제자들로 하여금 하나님, 예수님과 하나가 되게 하십니다.

요한은 함께하심, 사랑, "안에" 있으심(14:17, 20), 그리고 고별담화 뒷부분에 나오는 "하나 됨"(17:21-23)이라는 표현을 통해, 예수님과 하나님과 성령 사이의 친밀한 관계에 신자들도 포함된다고 주장합니다.

제가 여러 차례 언급했듯이 예수님은 오고 가는 것에 대해 자주 언급하시는데요, 이를테면 14:18이 있습니다. 예수님은 다양한 방식으로 오시는데요, 예를 들어 때로는 성령을 통해서, 때로는 그분이 주시는 평안을 통해서 오십니다. 여기서 잠시 14:18을 주의 깊게 살펴 봅시다. 14:18에서 예수님은 "내가 너희를 고아와 같이 버려 두지 아니하고 너희에게로 오리라"(14:18)고 약속하십니다. 저는 2가지 이유에서 이 말씀을 더 깊이 묵상하게 되었습니다. 첫째, 예수님은 약속을 모두 지키는 분이시므로, 우리는 결코 혼자가 아닙니다. 제가 어떤 일이 논란의 여지가 없다고 말하는 경우가 거의 없는데요, 하지만 이 약속은 논란의 여지가 없습니다. 근본적인 진리이지요.

둘째, 저는 "고아"라는 표현에서 개인적인 차원에서부터 세계적인 차원에 이르기까지 아주 다양한 측면들이 떠올랐습니다. 개인적인 차원에서 저는 생물학적 아버지를 한 번도 만난 적이 없으니 반 ⑷ 양자입니다. 저는 그분의 생존 여부도 전혀 모릅니다. 그렇지만 제 진짜 아버지는 잘 압니다. 그분은 제가 4살일 때부터 아버지로서 저를 키워 주셨고, 언제나 그분을 포함되어야 **가정**(home)이라는 곳이 저에게 의미가 있었습니다. 저희 가족은 직업 해군 가족이었기에 저는 평생 아주 많은 집에서 살아봤습니다. 그래서 그런지 저한테 집이나 가족이라는 개념은 문자 그대로의 의미가 아닙니다. 저는 생물학으로 규정하는 가족이나 건물로 정의 내리는 집에는 별다른 감흥이 일지 않습니다.

세계적인 차원에서 보면, 오늘날 유례 없이 많은 사람들이 몇 가지 고통스러운 이유들로 집이라 부르던 곳에서 쫓겨나 피난민이나 이주자가 되고 있습니다. 많은 사람들이 문자 그대로 고아와 노숙자가 되고 있고요. 이에 비추어 보면, 14:18 속 예수님의 약속이 어떻게 보이기 시작하나요? 우리는 이 세계 현실 어디에 어울리나요?

신자는 예수님께서 서술하시는 관계에 참여하는 사람이지 구경

꾼이 아닙니다. 14:23은 이 단락의 절정입니다. "예수께서 그에게 대답하셨다. '누구든지 나를 사랑하는 사람은 내 말을 지킬 것이다. 그리하면 내 아버지께서 그 사람을 사랑하실 것이요, 내 아버지와 나는 그 사람에게로 가서 그 사람과 함께 살 것이다'"(14:23 새번역). 하나님과 예수님과 성령이 우리 중에(*en*, 이 그리스어 단어는 "안에"와 "사이에" 둘 모두를 의미) 거하시고(14:7), 우리와 함께 가정을 꾸리신다면(1:14을 떠올리세요), 어떻게 우리와 하나님 사이에 조금이라도 거리가 있다고 생각할 수 있겠습니까? 그리고 이것이 결국은 우리의 종말론—마지막에 대한, 즉 지금이든 나중이든 만물이 나아가는 목표에 대한 우리의 관점—에까지 영향을 미칩니다. 우리는 중요한 모든 것—하나님과 그리스도와의 궁극적인 친밀함—을 지금 누릴 수 있습니다. 그이상 바랄 것이 뭐가 있겠어요? 하나님께서 지금 우리에게 말씀해 주시지 않는 것은 없습니다. 그렇기에 풍성한 생명, 육화된 생명, 영원한 생명, 귀중한 생명이 지금 여기 살아 있는 사람들을 위해 지금부터 영원에 이르기까지 존재합니다.

사랑이 미래 시점에 역사적으로 성취될 (지연된) 무언가가 아니라, 현재에 대한 요한의 강조와 연결된다는 것은 중요합니다. 예수님은 "사랑하라"는 단 하나의 명령을 내리셨습니다. 따라서 심판과 영원한 생명도 지금 시작되지요. 요한의 입장에서는, 우리의 하루가 끝날 무렵, 혹은 하루의 매순간에 우리 자신에게 물어야 하는 질문은 바로 이것입니다. "오늘 나는 사랑을 했는가, 사랑하지 못했는가?" 이에 대해 생각할 때 심판도 일어납니다. 우리가 사랑하지 않은 그 지점에 심판이 있습니다. 하지만 요한이 보기에 심판은 진단에 불과하지 응분의 벌을 받는 것은 아닙니다. 예수님은 등장인물들에게 계속해서 질문하심으로, 그들이 그들의 삶과 동기를 더 분명하게 이해하도록 도우십니다. 이를테면, 요한복음 5:6에서는 병든 사람에게 "네가 낫고자 하느냐?"라고 물으셨고, 11:26에서는 마르다에게 "이것을 네가 믿느냐?"라고 물으셨지요. 그 대답을 모르셔서 질문하신 것이 아니라(2:24-25은 예수님께서 모든 것을 이미 아신다고 확실하게 밝힙니다), 하나님께서 우리를 창조하신 목적인 진리와 빛, 영광과 사랑, 그리고 풍성한 생명을 우리로 하여금 깊이 깨닫도록 하려는 것입니다. 다시 말해서, 더 분명한 비전을 가지고 앞으로 나아가게 하시려고 우리에게 질문하시는 것입니다. 이것이 지금도 그리고 앞으로도 마찬가지입니다.

예수님은 14장을 시작하실 때와 비슷한 단어를 사용하셔서 평안을 빌고 이야기를 마무리하십니다. 제자들을 위로하시고, 앞으로 암울한 시절이 닥칠 것을 말씀하십니다. 그리고 이제 하실 말씀을 거의 다 하셨다고 언급하시면서 "일어나라, 떠나자"(14:31)고 말씀하십니다. 하지만 그러고 나서 세 장을 더 할애하여 말씀하십니다! 이 수수께끼 같은 지점은 이 복음서의 중층적 구성 역사와 관련이 있는데요, 여기에서는 굳이 그것 때문에 시간을 지체할 필요가 없을 것 같습니다. 대신 다음 15장에서 예수님께서 무슨 말씀을 하시는지 살펴봅시다. 마가복음의 예수님과 달리, 요한복음의 예수님은 말씀이 많은 분이시거든요.

제10장

생기 넘치고 생명을 주는 우정

제10장 생기 넘치고 생명을 주는 우정

♯ 요한복음 15장

인생의 경이 중에서 특히, 우리가 서로

함께 살아 있고, 오래도록 우리의 것이 아닌,

이 진짜 같지 않은 세상의 빛 속에

여기 우리가 걷는다.

우리가 받은 시간을 아낌없이 쓰기를.

우리가 즐거움을 누리는 만큼

책임도 철저하게 행하기를.

우리가 사랑하는 모든 이들의 모국인

이 하나의 땅에

우리가 찬양하는 힘으로 태어났으니,

분명히 보기를,

모든 존재를 섬기는 비전을 추구하기를,

우리 눈으로 다 볼 수 없는 신비를 존중하기를,

우리 손에 선행이라는 선물을 들고서

온전히 그 선물을 가지고 나아갈 수 있기를.

존 다니엘(John Daniel), 「친구들 사이에서 드리는 기도」[1]

최근 제가 깊고 진정한 우정의 힘을 떠올리며 감탄했던 계기가 있었습니다. 저는 아들 케일럽(Caleb, 갈렙의 영어식 이름)이 5개월일 때 달라스로 이사했는데요, 하나님의 섭리로 크래머 가족 바로 옆집에서 도착하게 되었습니다. 그 집에도 5개월인 아들이 있었고요. 그 아이의 이름이 뭐였을까요? 조슈아(Joshua, 여호수아의 영어식 이름)였습니다. 농담이 아니에요. (여기에서 제가 무슨 말을 하는지 이해가 안 된다면, 민수기 13-14장과 여호수아서를 찾아보세요.) 15년이 지난 지금도 두 아이는 제일 친한 친구입니다(또 조슈아의 엄마인 킴[Kim]은 여전히 케일럽에게 또 다른 엄마와 같고요). 두 아이가 9살일 때 우리가 1.2km 떨어진 새 집으로 이사했었는데도 말이죠(케일럽은 아주 반대했었습니다. 은행에서 자기 예금을 모두 인출해서 그 집 매수자한테 집을 다시 사오라고 애걸할 정도로요). 또 두 아이가 서로 다른 고등학교를 선택했는데도 말이죠. 아이들이 15살일 때, 제가 인터넷 게임 박람회에 데리고 가느라 오스틴까지 장거리 여행을 한 적도 있습니다. 우리 셋만 갔었는데, 정말 많이 웃었던 기억이 납니다(저는 남자 형제가 없거든요). 이후 저는 인터넷 게임에 대해서, 15살짜리 남자

---

1   John Daniel, "A Prayer among Friends," in *Of Earth: New and Selected Poems* (Sandpoint, ID: Lost Horse Press, 2012). 허락하에 전재. http://writersalmanac. publicradio.org/index.php?date=2012/10/19 참고.

가 되는 것에 대해서, 그리고 비슷하면서도 다른 두 사람 사이에 이루어지는 견고하고 무조건적이며 신실한 우정에 대해서 많은 것을 깨닫게 되었습니다.

우정은 일종의 언약입니다. 여기서 언약은 관계적 단어이고, 공동의 단어입니다. 하나님은 하나님 백성들 전체와 언약을 맺으십니다. 우리가 하나님과의 언약을 굳건하게 만들고 싶다면, 우리들 서로 간의 관계부터 굳건하게 해야 합니다. 이것을 피할 수는 없습니다. 오늘날 우리 중에는 하나님과 우리의 관계를 아주 개인적인 측면에서 생각하는 사람들이 많습니다. 나, 예수님, 내 성경만 있는 것이죠. 자신의 운명을 공동체가 좌우한다고는 상정하지 않는 것입니다. 그러나 구약에서든 신약에서든 성경의 인물들 중에 하나님과의 관계를, 공동체(와 하나님의 관계)와는 별개인 것으로 여긴 사람은 아무도 없습니다.

좋든 싫든 우리는 모두 연결되어 있습니다. 우리가 하는 일 혹은 하지 않는 일이 실제로 공동체에 영향을 미칩니다. 흔히 이야기하듯, "함께 있으면 살고 혼자서 있으면 죽습니다." 우리는 함께 심판을 받든지, 아니면 함께 구원을 받습니다. 그래서 예수님도 "포도나무와 가지"라는 유기적인 표현을 자주 사용하신 것입니다. 그래서 우정과 사랑에 대해서도 자주 말씀하신 것이고요. 우리의 공동체의 특징이 우정과 사랑이 아니라면 차라리 문을 닫는 게 더 낫습니다. 우리의 공동체의 주요 목표와 표지가 우정과 사랑이 아니라면, 유익하거나 가치 있는 공동체가 될 수 있는지는 몰라도, **기독교** 공동체는 아닙니다. 이제 제 말보다는, 예수님께서 제자들에게 전하신 고별담화의 또 다른 부분인 요한복음 15장을 들어봅시다.

요한복음 15장은 이 복음서의 마지막 "나는 … 이다"(I am) 진술로 시작합니다. "나는 참포도나무요 내 아버지는 농부라"(15:1). 앞에서 우리는 열매를 맺는 상관 관계와 상호성, 그리고 협력을 살펴보았는데요, 여기에서는 그러한 개념이 예수님과 하나님 사이에 이루어집니다. 물론 동산(과수원) 전체는 하나님의 소유입니다. 그리고 요한복음 1:3을 떠올려 보세요. "만물이 그로 말미암아 지은 바 되었으니 지은 것이 하나도 그가 없이는 된 것이 없느니라"(1:3). 20장은 부활하신 예수님께서 동산을 거니시는데 거기에서 막달라 마리아는 예수님을 그냥 동산지기가 아니라 그(the) 동산지기로 착각합니다. 또한 요한은 이스라엘이 하나님의 포도원으로 묘사되는 구약의 이미지를 한껏 사용합니다(사 5:1-7). 구약은 이스라엘이 하나님 말씀에 신실하게 부응함으로 열매를 맺는 일에 많은 관심을 기울입니다(시 1:3). 요한복음 15:5에서 예수님은 그러한 이미지를 확대하셔서 제자들의 역할—그리고 우리의 역할—을 언급하십니다. 우리는 그 중요한 말씀에 귀를 기울이고 받아들여야 합니다. "나는 포도나무요 너희는 가지라 그가 내 안에, 내가 그 안에 거하면 사람이 열매를 많이 맺나니 나를 떠나서는 너희가 아무것도 할 수 없음이라"(요 15:5).

그렇습니다. 예수님은 포도나무시고 우리는 가지입니다. 우리가 그분 안에 거하고 그분이 우리 안에 거하십니다. 여기에서 "거하다"로 번역된 **메노**(menō)는 요한이 즐겨 쓰는 단어입니다. 요한복음 전체 스물한 장 중 열여섯 장에 이 단어가 있고, 총 40회가 넘게 나옵니다. 이 동사의 명사형도 14:2에 나옵니다. "내 아버지 집에 거할 곳(monai)이 많도다"(14:2). 어떤 의미에서는 이 단어 때문에 1:14과 "거하다"는 표현뿐 아니라, 도처에 깔려 있는 집과 관련된 표현에도 눈길이 다시 끌립니다. 아무튼 이 단어는 상당히 관계적인 단어이고 "거하다", 또는 "남아 있다", "머무르다"로 번역할 수 있지요. "종은 언제까지나 집에 머물러 있지 못하지만 아들은 언제까지나 머물러 있다"(8:35 새번역). 신자는 예수님 안에 거하고, 예수님은 신자 안에 거하십니다. "내 살을 먹고 내 피를 마시는 자는 내 안에 거하고 나도 그의 안에 거하나니"(6:56). 그만큼 거하는 것이 중요하지요.

예수님은 우리가 열매를 맺도록 도와주십니다. 그런데 우리가 열매를 맺는다는 것은 정확히 무슨 의미일까요? 그것은 곧 우리가 **사랑해야** 한다는 뜻입니다. 네, 바로 **사랑**입니다.

> 아버지께서 나를 **사랑하신** 것같이 나도 너희를 **사랑하였으니** 나의 사랑 안에 거하라. 내가 아버지의 계명을 지켜 그의 **사랑** 안에 거하는 것같이 너희도 내 계명을 지키면 내 **사랑** 안에 거하리라. … 내 계명은 곧 내가 너희를 **사랑한** 것같이 너희도 서로 **사랑하라** 하는 이것이니라. 사람이 친구를 위하여 자기 목숨을 버리면 이보다 더 큰 **사랑**이 없나니 너희는 내가 명하는 대로 행하면 곧 나의 친구라. … 내가 이것을 너희에게 명함은 너희로 서로 **사랑하게** 하려 함이라. (15:9-10, 12-14, 17)

마지막 "나는 …이다" 진술은 온통 사랑에 마음을 쏟고 있습니다. 우리는 그저 예수님의 종이 아니라, 그분의 친구입니다. "친구"를 뜻하는 그리스어 단어 **필로스**는 사랑을 뜻하는 동사 중 하나인 **필레오**(*phileō*)에서 유래했습니다. 요한복음에서 흔히 "사랑"에 쓰이는 또 다른 단어는 **아가페**(*agapē*)에서 유래했고요. 요한복음에서 "나는 … 이다" 진술이 보여 주듯이, 그리스도 안에 계신 하나님은 **생명**뿐 아니라 **사랑**에도 열중하십니다. 생명과 사랑은 떼려야 뗄 수 없는 관계이니까요. 예수님은 자신이 아직 하지 않은 일을 우리에게 하라고 요구하지 않으신다는 것을 기억하세요(친구를 위하여 자기 목숨을 버리는 것을 언급하시면서).

우리는 가지입니다. 포도 농부이신 하나님께서 기르시는 참포도나무 예수님에게 연결되어 있다면, 사랑이라는 열매를 맺기 마련입니다. 하지만 만일 연결되어 있지 않다면 열매를 맺지 못하겠지요. 또 세상은 세상에 속한 자를 사랑하고, 세상에 속하지 않은 자는 미워합니다(15:19). 우리는 어느 쪽에 포함될까요, 선택은 우리의 몫입니다. 그 스펙트럼 사이에서 여러분은 지금 어디쯤에 있나요?

친밀한 교제

이 주제는 예수님께서 제자들을 사랑하시는 것 그리고 제자들이 서로 사랑하는 것과 관련이 있습니다. 다시 말해, 어떻게 기독교 공동체가 되고 어떻게 기독교 공동체로서 행동하느냐에 관한 문제입니다. 여러분의 교회는 친밀한 교제를 하고 있나요? 이것을 어떻게 하면 더 잘할 수 있을까요? 우리의 역할은 무엇일까요?

장벽

여러분의 경험에 비추어 봤을 때, 공동체 안에서 친밀한 교제를 가로막는 장벽은 무엇입니까? 제가 맞닥뜨렸던 장벽들은 다음과 같았습니다. 물론 여기에 몇 가지를 더 추가할 수도 있겠지요.

경쟁. 예수님을 따르는 사람들이 서로 협력해야 하는 때에도 도리어 경쟁할 때가 있습니다. 요한복음 안에는 제자들이 누가 최고인지를 놓고 다투는 이야기(마 18:1-5; 막 9:33-37; 눅 9:46-48)나, 누가 예수님의 우편과 좌편에 앉을지를 놓고 경쟁하는 이야기(마 20:20-28; 막 10:35-45)가 들어 있진 않지만, 또 다른 경쟁 이야기를 전하고 있습니다. 예를 들어, 요한복음 20장을 보면, 베드로와 "사랑하시는 그 제자"가 무덤에 2위로 도착하는 사람이 되려고 서로 경쟁합니다(20:1-4, 막달라 마리아가 1위로 도착). 또한 21장을 보면, 베드로가 "사랑하시는 그 제자"와 경쟁하면서 그 제자가 자기보다 더 나은 대우를 받을까 봐 염려하자 예수님께서는 그저 "네게 무슨 상관이냐 너는 나를 따르라"(21:20)고 대답하시죠.

교만. 교만은 한 마디로 자신에게 다른 사람은 전혀 필요가 없다고 확신하는 것입니다.

신뢰 문제. 신뢰는 쉽지 않은 일입니다. 여러분이 인생을 꽤 살았다면, 다른 누군가의 신뢰를 저버리거나 혹은 어긋난 신뢰 때문에 상처를 받은 적이 있을지도 모릅니다. 이 대목에서 혹시 유다가 떠오르지 않습니까? 브레네 브라운(Brené Brown)은 과감히 취약하게 되는 것의 중요성을 책으로 써서 우리 모두를 확실히 도와주었습니다. 실제로 브레네는 연구에서 그녀가 "전심을 다하는 삶"이라고 부르는 삶을 살아감에 있어서 연약함이 매우 중요함을 보여 줍니다. 브레네의 책 『마음가면』(*Daring Greatly*: 더 퀘스트, 2012 역간)은 이 점에서 유용한 책이지요(브레네가 연약함에 대해 이야기한 테드[TED] 강연도 있습니다). 우리 중 일부가 연약함을 드러내는 것을 어려워하는 까닭은 신뢰를 둘러싼 가장 깊은 상처를 바로 교회 때문에 받았기 때문입니다. 사실 교회는 우리가 연약함을 가장 내보일 수 있는 곳이어야 하는데 말입니다. 그렇지만 과거가 어떠했든지 간에, 회복은 일어날 수 있습니다. 따라서 우리는 기독교 공동체 안에 신뢰와 연약함이 들어설 자리를 꾸준히 만들어 가야 합니다.

수치 또는 죄책감. 우리 중에는 부끄러운 실패를 겪고 예전 꿈이나 소명으로부터 숨거나 달아나고 싶어하는 사람들도 있습니다. 베드로가 다른 제자들과 함께 배에 탔을 때 어떤 기분이었을지 상상해 보세요. 베드로가 자기자신을 되찾고, 목적 의식을 되찾기 위해서는 예수님과의 더 많은 시간이 필요했습니다.

두려움. 수많은 사람들이 다양한 두려움을 느낍니다. 갖가지 두려움이 우리를 갈라놓고 "타인"에 대해 끔찍한 거짓말을 하게 만듭니다. 솔직히 타인에게 손을 내미는 것이, 특히 여러 장벽들을 뛰어넘어 손을 내미는 것이 힘든 이유를 찾는 일은 너무나도 쉽지 않습니까? 예수님께서 사마리아 여자와 친구가 되셨을 때, 예수님의 제자들이 보인 반응이 기억나나요?

희소성의 신학 대 풍성함의 신학. 때로 우리는 다른 누군가가 더 많이 가지면 내가 가질 것이 적어진다고 생각합니다. 혹은 사랑과 우정과 같은 선물은 귀한 것이므로 받을 자격이 없는 사람(13장에 식사 자리에 있던 유다와 같은 사람)에게는 돌아가지 않도록 신중하게 나눠 줘야 한다고 생각합니다. 그렇지 않으면 그 선물이 올바로 쓰이지 못하거나 충분한 감사가 이루어지지 못할 것이라는 추론에서죠. 그렇지만 사랑과 우정은 충분합니다. 차고도 넘칩니다. 어떻게 하면 우리가 그 점을 더 확실히 인식할 수 있을까요?

해결 방안

지금까지 친밀한 교제를 추구할 때 장벽이 되는 것들을 나열했습니다. 그렇다면 그 장벽을 넘어 앞으로 나아갈 수 있는 방법은 무엇일까요?

의식. 교회는 의식(ritual, 의례)의 힘을 압니다. 의도적으로 모이는 기독교 공동체 안에서 함께 살아가기를 추구하는 사람들에게는 언약 의식이 어떻게 보일까요? "배반에서 회복"으로 넘어가기 위한 의식은 또 어떻게 보일까요? 최근에 저는 교회에서 "공동체의 건강"이라는 설문지를 받아 작성한 적이 있습니다. 대체로 흔히 예상할 수 있는 질문들이 가득 있었지요. 그런데 질문들 중에서 "성도들이 서로 용서합니까?"라는 질문에 저는 깜짝 놀랐습니다. 이게 진짜 질문이죠! 정말이지 저는 어떻게 답을 해야 할지, 무엇을 근거로 판단을 내려야 할지 당혹스러웠습니다. 그리고 그 질문이 여전히 제 머릿속에 맴돕니다. 교회라면 (또 중요한 관계라면) 모두 고통스러운 갈등을 겪기 마련입니다. 그러한 갈등에 정직하게 이름을 붙이고 관계를 바로잡도록 해 주는 예전들(rituals)이 우리에게 있습니까? 저는 다른 성도들과 한 팀을 이루어 앉아 있었습니다. 우리 교회가 미래의 이야기로 나아가는 일을 맡은 팀이었지요. 우리는 평소 주일학교에서 쓰는 방에서 모였습니다. 벽에는 "고통이 말하게 하는 것이 모든 진리의 필요 조건이다"라고 적힌 포스터가 붙어 있었죠. 저는 팀의 많은 사람들이 그 포스터를 눈여겨보았다는 사실에 사뭇 놀랐습니다. 그리고 혹시 팀의 리더가 우리 모임의 일환으로 그곳에 포스터를 붙여 놓은 게 아닌지 궁금했습니다. 하지만 알고 보니 그 방에서 모이는 (그리고 그 포스터를 붙인) 한 모임에서 욥기를 공부하고 있었습니다.

저는 다양한 언약 관계를 시작하는 의식, 배반에서 회복이라는 의식 외에도 다양한 의식을 생각해보곤 합니다. 언약 관계가 끝났음을 인정하는 의식은 어떨까요? 이를테면 이혼이나 혹은 자신이 속한 예배 공동체로부터 떠나 다른 예배 공동체에 합류하는 경우처럼요. 여러분은 이외에 더 생각나는 경우가 있나요?

잘 짜인 관계. 이 친밀한 교제라는 측면에서 우리가 훈련받을 수 있는 관계로는 어떤 관계가 있을까요?

> 멘토/멘티. 여기에서 제가 염두에 두고 있는 것은 인생이나 특정 직업, 특정 분야의 영적 은사에 있어서 경험이 더 풍부한 사람과, 그와 같은 분야에서 더 발전하고자 하는 사람 사이에 잘 짜여진 (그러나 느슨한) 관계입니다.
>
> **책임 협력자**(약속이나 다짐을 지키도록 도와주는 사람). 이 말이 아주 엄격하고 강압적으로 들릴 사람들도 있을 거예요. 반면에 자기 삶이 예수님의 삶과 더 가까워지게 하고자 할 때, 다른 누군가와 만나 소식을 주고받으면서 시간을 보내는 관계와 규칙을 즐거워하는 사람들도 있습니다.
>
> 코치.
>
> 깊은 영적 교우 관계.

소그룹. 포도나무와 가지는 사랑이라는 열매를 맺으면서 공동체를 이루고 있습니다. "새 계명을 너희에게 주노니 서로 사랑하라. 내가 너희를 사랑한 것같이 너희도 서로 사랑하라. 너희가 서로 사랑하면 이로써 모든 사람이 너희가 내 제자인 줄 알리라"(13:34-35). 구체적인 방법으로 서로 사랑하기를 연습하는 것이 아주 중요한데요,

이 일은 소그룹에서 가장 잘 이루어집니다. 자신의 공동체에 있는 특정한 사람(들)을 매주 사랑하는 것이, 인류 전체를 사랑하기보다 어쩌면 더 어려울 수도 있습니다.

> "내가 이제 더는 너희를 종이라고 부르지 않을 것이다. 종들은 자기네 주인이 무엇을 생각하고 계획하는지 이해하지 못하기 때문이지. 아니, 나는 너희를 친구라고 이름 지었다. 내가 아버지께 들은 것을 너희에게 전부 알려 주었으니까. 너희가 나를 선택한 것이 아님을 기억하거라. 내가 너희를 선택하였고, 너희를 세상에 두어 썩지 않을 열매를 맺게 하였다. 열매를 맺는 사람으로서 너희가 나와 관련해서 아버지께 무엇이든 구하면 너희에게 주실 것이다. 허나 '서로 사랑하라'는 근본 명령은 기억하거라"(15:15-17 메시지성경).

여러분은 현재 친밀한 교제를 누리고 있나요? 그러한 교제를 나눠 주고 있나요?

제11장

모든 것을 잃으면, 모든 것을 얻는다

제11장 모든 것을 잃으면, 모든 것을 얻는다

#요한복음 16장

고별담화 중에서도 모든 것을 잃었지만 모든 것을 얻는 이번 장의 달콤쌉싸름함을 생각할 때마다, 저는 몇 가지 이미지와 경험이 떠오릅니다. 여러분은 자녀를 세상 속으로 떠나보낸 경험이 있나요? 집을 떠나서 자신의 운명을 스스로 개척하는 것이, 비록 그 과정 중에 온갖 위험이 뒤따른다 할지라도 결국엔 그 아이에게 가장 좋은 일이라는 사실에 여러분도 동의할 것입니다. 하지만 또 한편으로는, 그냥 꼭 달라붙어서 아이들이 어릴 때부터 좋아하던 영화들을 함께 다시 보며 아이들을 꼭 안고 잠들고 싶기도 합니다.

딸아이가 대학 진학을 위해 떠나기 일주일 전에, 저는 아이와 함께 브라더 베어(*Brother Bear*)를 보고 있었어요. 그 영화에는 인생에 담긴 기쁨과 고통에 대한 지혜가 가득합니다. 코다(Koda)와 키나이(Kenai)가 만나는 장면을 보고, 어린 곰 코다가 "내가 가는 길에"(On My Way)를 부르는 것을 들을 즈음에, 저는 그 노래가 완벽하게 "집을 떠나는" 노래라는 생각이 들었습니다. 동시에 요한복음 16장의 정서와 내용을 파악하는 데 있어 유용한 방법도 떠올랐고요. 저는 여러분에게 잠시 읽던 것을 내려 놓고서 인터넷에서 그 노래의 가사를 찾아보고, 또 노래를 들어보라고 권하고 싶습니다. 지금 바로 그 노래를 들어 보세요! 이런 가사로 시작합니다.

> 모두에게 말해 주세요, 나는 떠나간다고
> 새 친구들과 새로운 곳을 보러.

이 노래가 집을 떠나는 것과 얼마나 잘 들어맞는지 제 딸에게 말하자, 그 아이는 이렇게 말하더군요. "저는 한 번도 그런 식으로 생각해보지 못했어요." 그래서 제가 말했죠. "요사이 나는 **오로지** 그 생각뿐인걸." 각자의 관점에 따라 각자가 보는 것이 달라지는 법이지요. 한 사람은 새롭고 멋진 가능성을 기대하고 있는 지점에서, 다른 사람은 슬픔이나 상실감을 느낄 수도 있는 것입니다.

요한복음에서 예수님은 언제나 오고 또 가십니다. 늘 이동 중이시지요. 하나님께로부터 내려오시고 하나님께로 올라가시며, 땅과 인간 영혼의 여러 영역을 두루 넘나드십니다. 요한복음 16장에서 예수님은 돌아갈 "집" 자체를 다시 정의 내리시는데요, 그 가운데서 예수님은 슬퍼하지 않으시고, 오히려 그 반대이십니다. 예수님은 제자들의 슬픔을 인식하시지만, 그러면서도 제자들이 (시야를 흐리는 눈물 때문에) 보지 못하는 것을 보고 계십니다. 바로 기쁜 일이 그들 앞에 놓여 있었던 것입니다. 앞서 언급한 노래는 코다가 떠나는 것을 아무도 막을 수 없다고 말하는데요, 이는 예수님에 대해서도 마찬가지입니다.

마치 진통 중인 어머니처럼, 자녀를 기숙사에 떠나 보내는 어머니처럼, 제자들은 고통을 겪고 있습니다. 그렇지만 그 고통은 이야기의 일부분에 불과합니다. 제자들은 성령을 선물로 받게 될 테니까요. 실제로 예수님은 제자들이 성령을 받는 것은 자신이 떠나가는 데 **달려 있다**고 말씀하십니다(요 16:7).

그리고 제자들은 예수님을 다시 몇 번이고 만나게 될 것입니다. "조금 있으면 너희가 나를 보지 못하겠고 또 조금 있으면 나를 보리라"(16:16). 우리는 **브라더 베어**에서 코다가 모험을 마친 후에 고향으로 돌아와서 다음과 같이 말하는 것을 듣게 됩니다.

서로 다시 만나는 것보다 더 좋은 게 없기 때문이야.

저는 제자들이 옛날 영화를 함께 다시 보거나 예수님을 껴안고서 잠들고 싶어 했을는지는 모르겠지만, 그들이 예수님의 물리적 존재에 매달렸다는 것은 압니다(20장에서 마리아도 마찬가지입니다).

슬픔은 단절과 혼란을 일으킬 수 있습니다. 요한복음 16장 서두에서 예수님은 제자들 앞에 놓인 길, 죽음으로까지도 이어질 수 있는 험난한 길을 예언하셨습니다. 그런데도 제자들이 아무런 말도 하지 않자 예수님은 소리를 높여 이렇게 말씀하셨습니다. "그러나

나는 지금 나를 보내신 분에게로 간다. 그런데 너희 가운데서 아무도 나더러 어디로 가느냐고 묻는 사람이 없고"(16:5 새번역). 요한복음 안에서 예수님께서 어디로 가시느냐와 같은 사안은 계속해서 반복적으로 언급되었기 때문에 이 말씀은 좀 당혹스럽습니다. 물론 "유대인들"과 바리새인들은 언제나 그 사안을 혼란스러워했습니다(7:11, 32; 8:14). 한편, 13장에서 베드로는 그 사안을 해결해 보려고 합니다.

> "어린 자녀들아, 아직 잠시 동안은 내가 너희와 함께 있겠다. 그러나 너희가 나를 찾을 것이다. 내가 일찍이 유대 사람들에게 '내가 가는 곳에 너희는 올 수 없다' 하고 말한 것과 같이, 지금 나는 너희에게도 말하여 둔다. ⋯"
> 시몬 베드로가 예수께 물었다. "주님, 어디로 가십니까?" 예수께서 대답하셨다. "내가 가는 곳에 네가 지금은 따라올 수 없으나, 나중에는 따라올 수 있을 것이다"(13:33, 36 새번역).

그 다음 장에서는 도마가 해결을 시도합니다.

> "내 아버지의 집에는 있을 곳이 많다. 그렇지 않다면, 내가 너희가 있을 곳을 마련하러 간다고 너희에게 말했겠느냐? 나는 너희가 있을 곳을 마련하러 간다. 내가 가서 너희가 있을 곳을 마련하면, 다시 와서 너희를 나에게로 데려다가, 내가 있는 곳에 너희도 함께 있게 하겠다. 너희는 내가 어디로 가는지 그 길을 알고 있다." 도마가 예수께

말하였다. "주님, 우리는 주님께서 어디로 가시는지도 모르는데, 어떻게 그 길을 알겠습니까?" 예수께서 그에게 말씀하셨다. "나는 길이요, 진리요, 생명이다. 나를 거치지 않고서는, 아무도 아버지께로 갈 사람이 없다"(14:2-6 새번역).

하지만 요한복음 16장에서는 제자들이 더 이상 물어보지 않습니다. 여러분은 그 이유가 무엇이라고 생각하세요? "도리어 내가 한 말 때문에 너희 마음에는 슬픔이 가득 찼다"(16:6 새번역). 제 생각에는 제자들이 말문이 막혀서 아무런 말도 못했던 것 같아요. 과연 제자들은 어떤 기분이었을까요? 무엇을 생각하고 있었을까요? 자신들이 겪고 있는 고통 이면에 숨겨진 기쁨을 상상이나 할 수 있었을까요?

예수님은 계속해서 말씀을 이어가십니다. 다시 한번 제자들에게 조금 있으면 자신이 떠나겠지만, 조금 있으면 다시 만나리라고 말씀하십니다(16:17). 이번에는 제자들이 반응을 보입니다. 하지만 침묵에서는 깨어났어도 망연자실한 상태에서는 벗어나지 못했습니다. 저는 그 다음에 전개된 대화를 무척이나 좋아합니다. 현 시점에서 제자들은 예수님과의 대화를 그저 "마칩니다." 그리고 서로를 바라봅니다(눈동자를 굴리면서 "이분이 도대체 무슨 말을 하는 거지?"라고 생각하며, 얼굴을 찌푸리고, 어깨를 추켜 세우고, 팔을 앞으로 뻗어 팔꿈치를 구부리고, 손바닥을 위로 한 채로 말이죠). 마침내 제자들이 솔직한 심정을 토로합니다. "무슨 말씀을 하시는지 도무지 모르겠어"(16:18 저자 번역). 그러자 다시 예수님께서 개입하셔서 근본적인 질문을 던지는 제자들의 공통된 무지와 실패를 지적하십니다. 과거에 제자들이 질문했을 때도 그들은 아리송한 말씀을 들었지요.

자, 여기서 기억하세요. 독자인 여러분은 저자의 청중이고, 저자는 여러분에게 무언가를 가르쳐 주려고 제자들을 문학 작품의 등장인물처럼 활용하고 있습니다. 제자들은 이 문학 작품의 등장인물이기 때문에 접근하지 못하는 온갖 정보를, 독자인 여러분은 가지고 있습니다. 또한 여러분은 이 이야기가 어떻게 전개될지도 알고 있지만, 제자들은 전혀 모릅니다. 여러분은 예수님께서 부활하셔서 여러 차례 그 모습을 보이시고, 또 하나님에게 올라가시고, 성령을 보내시고, 오랫동안 교회를 인도하시리라는 것을 알고 있습니다. 제자들은 아무것도 모르고 있지만요. 여러 사건이 알맞은 순서에 따라 전개되고 나서야 제자들은 비로소 알게 될 것입니다. 그러므로 복음서에서 말하는 모든 일은 독자/청자인 여러분의 유익을 위해 있는 것입니다.

예수님께서 제자들의 평범한 삶 속에서 도출한 은유를 사용하시자 제자들은 마침내 이해하기 시작합니다. 자신들이 해산 중인 산모라고 상상해 본 것이죠. 제자들은 고통이 기쁨으로 변한다는 개념을 이해하기 시작합니다. 누군들 고통에서 가능한 한 빨리 벗어나서 기쁨을 맛보고 싶지 않겠어요? 제자들은 자극을 받아 이쪽 끝에 있는 슬픔에서 반대쪽 끝에 있는 기쁨(그리고 응답받은 기도)으로 고개를 빠르게 돌립니다. 그들은 다시 본 궤도에 올라타, 낙관적인 말씀과 약속 전부를 누리며 그들의 신앙을 고백합니다(16:29-30). 요한복음 13장 끝부분에서도 동일한 패턴이 베드로에게 나타났던 것을 기억하세요. 13장 끝에서 일어났던 일이 여기에서 다시 일어나는 것입니다. 예수님은 제자도(discipleship)가 실제 세상에서 어떻게 작용할지 제자들에게 현실 직시를 시켜주십니다. 베드로뿐 아니라 제자들은 모조리 흔들릴 것입니다. "그때가 다가오고 있으니, 정말로 다가왔다. 그때 너희 모두는 각자 자기 집으로 흩어질 것이고, 일제히 나를 홀로 두고 떠날 것이다"(16:32 저자 번역). 손쉬운 해결책은 없습니다. 세상에서 우리 모두를 건드리는 악과 증오와 죽음을 빙 둘러 우회해서는 견고한 기쁨에 다다를 수 없습니다. 십자가를 통과하지 않으면 부활에 다다를 수 없는 것처럼요.

우리는 그러한 현실을 압니다. 고대에서 지금까지 내려오는 영웅적(epic) 이야기들을 생각해 보세요. 우리를 형성하는 데 가장 깊은 영향을 미쳤고 지금까지도 우리와 함께하는 이야기들 말입니다. 그 이야기들도 현실을 압니다. "인생은 동화가 아니야"라고 말하고 싶어지네요. 그런데 사실 일부 동화들을 보면 어둠을 정면에서 마주합니다. 일부 동화들조차 달콤하고 손쉬운 결말을 쉽게 제시하지 않습니다. 숲속으로(*Into the Woods*)라는 연극(지금은 영화로도 제작)을 본 적 있으세요? 저는 그 연극이 아주 기막히다고 생각합니다. (저는 버나뎃 피터스[Bernadette Peters]가 나오는 극을 좋아합니다.) 나단 러셀(Nathan Russell)이라는 제 친구가 그 극에 대해 페이스북(Facebook)에 썼듯이, "세상 속으로, 즉 숲속으로 나가서 우리가 누구이며 어떤 사람인지를 발견하는 것과 관련된 중요한 무언가가 있습니다. 거기에는 두려움과 경이가 동시에 공존하지요." 하물며 십자가에, 제자로 살아가는 삶에 "두려움과 경이가 동시에 공존"하지 않는다면 또 뭐가 있겠어요?

토비아스 울프(Tobias Wolff)가 그의 단편소설집 서문에서 정곡을 찌르는 말을 한 적이 있습니다(제 생각에 그 말은 성경에도 해당됩니다).

공교롭게도 이 책에 있는 소설들 대부분은 이혼, 병, 알코올 중독, 성적 착취, 파경 같은 쉽지 않은 소재를 다룹니다. 사실, 우리도 그렇지요. 어느 소설이든 주제가 중요하므로 저는 소설이 "우울하다"는 불평을 한 번도 이해하지 못했습니다. 저를 우울하게 하는 것은 이러한 일들이 일어나고 있다는 것을 모르는 것처럼 보이거나, 그러한 일들을 선명한 쾌활함 속에 감추는 소설들인데요, 문제란 문제는 모두 웃기기 위한 기회로 쓰는 "재기 발랄한" 소설, 현실을 초월하여 우리를 심하게 비난하는 "낙관적" 소설 따위가 그렇습니다. 제발, 우리는 이제 어른입니다. 다른 어른들이 담소를 나눌 때 부엌에 머무르는 아이가 아닙니다. … 앞서 언급한 이 책의 소설들에 대해 저는 낙담하기는커녕 그 솔직함과 기교에 마음이 들뜨는 반응을 보입니다. 그 기교 덕분에 솔직함을 드러내는 내용이 구체적으로 표현되어, 우리가 두려워하던 것과 대면할 수 있게 되었으니까요. 그로써 우리가 혼자가 아님을 알게 되죠.[1]

---

1   Tobias Wolff, *The Vintage Book of American Short Stories* (New York: Vintage Contemporaries, 1994), xv.

혼자가 아닙니다. 예수님은 제자들에게 드러내어 말씀하시기를, 그들이 너나없이 예수님을 홀로 버려 둘 것이라 하십니다. 하지만 예수님의 이야기는 거기서 끝나지 않습니다. 제자들의 이야기도요. 아니, 우리 이야기도 그렇습니다. "그러나 내가 혼자 있는 것이 아니라 아버지께서 나와 함께 계시느니라. 이것을 너희에게 이르는 것은 너희로 내 안에서 평안을 누리게 하려 함이라. 세상에서는 너희가 환난을 당하나 담대하라, 내가 세상을 이기었노라!"(16:32-33).

저는 요한복음 16장이 애통과 기쁨은 서로 반대말이 아니라 함께 짝을 이룬다고 주장하기를 좋아합니다. 진리와 소망도 마찬가지지요. 소망 가운데 슬퍼하는 사람들은 이 사실을 마음 깊은 곳에서 알고 있습니다. 애통하는 것이 "기독교인답지 않은" 것이 아니며, 애통 때문에 우리가 기뻐하지 못하는 것이 아닙니다. 애통은 기쁨으로 돌아가는 여정의 일부분이니까요. 상실과 죽음이라는 혹독한 진실 때문에 소망을 품지 못하는 것도 아닙니다. 우리에게는 (고통스러운) 진실을 말하여서 소망을 향한 길을 내는 능력이 있습니다. 우리가 담대하게 소망을 펼칠 수 있는 까닭은, 예수님께서 제자들에게 가르치셨듯이, "하나님 아버지와 함께"라는 마지막 말씀이 궁극적으로 헤어짐이 아닌 영원한 연결을 가리키기 때문입니다. 우리가 상상조차 하기 힘든 일이지만요.

어쩌면 여러분은 오늘날에는 과학자들이 오히려 신비주의자들에 가깝다고 주장할지도 모르겠습니다. 과거의 그리스도인들은 현실에는 눈에 보이는 것보다 더 많은 것이 있다는 개념을 편히 받아들였습니다. 성도의 교제가 존재한다거나, 환상과 꿈과 체험이 실제라고 받아들였죠. 제가 요한복음을 가르치지 않을 때는 보통 "악, 고통, 죽음, 내세"를 가르치곤 합니다. 이 주제들로 세미나를 지도할 때, 쉬는 시간이나 세미나 마지막 날에 사람들이 저에게 와서 자신들이 겪은 특별한 체험, 특정한 시간에 어떤 생각이 들었는데 나중에 알고 보니 바로 그 시간에 다른 누군가에게 일어난 일과 일치했다는 체험을 나눌 때면 저는 즐거운 기분이 듭니다. 그들은 저에게 목소리를 낮추어 자신들이 미친 거냐고 물어봅니다. 하지만 그들은 아이들을 야구 연습장에 태워다 주고, 베스트셀러를 읽고, 세상이 더 평화롭기를 바라는 평범함 사람들입니다. 저는 그런 의미 있는 일들을 제게 이야기해 준 것이 고마워, 그들을 향해 미소 지으면서 그런 체험이 창세기에서 요한계시록에 이르기까지, 1세기에서 21세기에 이르기까지 나타난다고 분명하게 말해줍니다. 흔한 체험은 아니지만, 그렇다고 유일무이한 체험도 아니라고요.

여러분은 그러한 체험을 한 적이 있나요? 아니면 시간과 공간을 넘어서는 체험 없이 그저 슬픔에 잠겨서 실망만 겪었나요? 여러분은 마침내 "기뻐서 놀라게" 될 것을 기대하고 있나요?

기도 † 예수님, 제 자신과 다른 사람들과 세상 상황과 관련한 난제를 정직하게 마주보게 해 주세요. 저희에게 용기를 주셔서 그 숲/세상 속으로 어떻게 해서든지 나아가게 해 주세요. 저희가 결코 혼자가 아니라는 깨달음을 바탕으로 평화를 느끼게 해 주세요. 영원히. 아멘.

제12장

"그들도 하나가 되게 하여 주십시오"
예수님 방식의 일치

제12장 "그들도 하나가 되게 하여 주십시오"

예수님 방식의 일치

♯ 요한복음 17장

이제 드디어 고별담화의 진짜 끝부분에 이르렀습니다. 예수님은 무엇에 집중하시나요? 하나 됨입니다. 예수님에게는 하나 됨이 왜 중요했을까요? 예수님은 무슨 의미로 하나 됨을 말씀하셨나요? 그분의 꿈을 지금 이곳에서 실현시키고자 할 때 우리가 떠올려야 할 약속과 위험 요소는 무엇인가요?

어떤 면에서 보면 오늘날 하나 됨에 대한 관심이 급증하고 있는 것 같습니다. 통일장(unified field)을 연구 주제로 삼은 리처드 로어 (Richard Rohr)로부터 "모든 것의 이론"(theory of everything)을 연구하는 과학자들에 이르기까지, 우리의 상상은 하나 됨을 향해 더 깊이 사고하고 성숙하는 쪽으로 불이 붙습니다(이를 테면 『위쪽으로 떨어지다』 [*Falling Upward*: 국민북스, 2018 역간] 참고).

최근에 저는 달라이 라마 14세를 만나서 그의 말을 들을 기회가 있었는데요, 다른 수천 명의 사람들과 함께 달라이 라마에게 80번째 생일을 축하하는 노래도 불러 주었습니다. 달라이 라마는 동정심과 협력에 대해, 그리고 일치된 비전의 힘에 대해 이야기했습니다. 저는 영감을 받아서 그 다음 며칠 동안 그 경험을 나누었습니다. 불교도인 달라이 라마가 그리스도인인 저에게 무언가를 가르칠 수 있다고는 상상도 하지 못하는 사람들의 부정적인 반응을 보고 저는 깜짝 놀랐습니다. 그들은 전형적인 2가지 행동을 취하는데요. 첫째, 그들은 "이것은 저것과 다르다"며 성급히 차이점으로 넘어갑니다. 둘째, 그들은 "이것이 저것보다 낫다"며 위계화를 시도합니다. 하지만 그와 같이 행동할수록 우리는 동정심과 협력과 일치된 비전의 힘에서 멀어지기만 합니다.

고별담화는 예수님의 고별 기도로 마무리되는데, 예수님은 제자들이 있는 곳에서, 그들을 위해 하나님께 기도하십니다. 이때 하나 됨(unity), 영화(glorification), 지식(knowledge)이라는 3가지 주제를 주목할 만한데요, 모두 요한복음에서 낯익은 주제입니다.

"하나"(One)는 신약성경에서 345회 사용됩니다. 요한복음에는 32회 나오는데요, 문자 그대로 처음부터 끝까지 계속해서 나타납니다(1:3, 40; 3:27; 6:8, 22, 70-71; 7:21, 50; 8:9, 41; 9:25; 10:16, 30; 11:49-50, 52; 12:2, 4; 13:21, 23; 17:11, 21-23; 18:14, 22, 26, 39; 19:34; 20:1, 7, 12, 19, 24; 21:25.).

고별 기도는 세 부분으로 나눕니다. 예수님께서 요한복음 17:1-8에서는 자신의 영화(glorification)를 위해 기도하십니다. 여기에서는 예수님과 하나님의 하나 됨이 강조되지요. 17:9-19에서는 제자들을 위해 기도하시는데요, 다음과 같은 논리로 기도하십니다. 예수님이 하나님과 하나가 되어 행동/일하셨고, 첫 제자들은 그로부터 유익을 누리게 되었습니다. 이제 그 제자들은 예수님과 하나가 되어 행동/일해야 합니다. 장래의 제자들이 그로부터 유익을 누리도록요. 실제로 17:20-26에서 예수님은 이 장래의 제자들(즉, 우리)을 염두에 두고 있으십니다. 그러니 이제는 온 세상에게 유익을 끼치도록 우리가 제자들과 하나가 되어 행동/일할 차례입니다. 언제나 세상의 생명이 우리의 시야 안에 있어야 합니다. 이 복음서의 처음부터 끝까지, 예수님은 모든 차원에서, 즉 자아(베드로), 공동체(고별담화), 세상, 우주의 차원에서 통합/하나 됨을 위해 일하셨습니다.

하나 됨으로 부르심: 서로를 위해 서로의 목숨을 걸기

예수님이 기도하실 때, 그 기도는 마법도 아니요 단순한 소원도 아닙니다. 도리어 예수님은 자신이 기도하고 있는 일을 행하실 것입니다. 예수님의 뜻은 하나님의 뜻과 일치하므로 그 기도는 성취됩니다. 그러니 우리는 그것이 진리인 것처럼 행동하기만 하면 됩니다.

우리가 왜 그래야 할까요? 첫째, 우리는 우리가 마땅히 살아가야 하는 삶을 살아낼 때, 개인적으로나 공동체적으로 번성하기 때문인데요, 그 삶은 곧 계획에 따르는 삶, 그 계획이 구체화되는 삶, 공동체로 살아가는 영적인 삶입니다. 우리는 그러한 삶을 "성육신"

이나 "교회론" 같은 어려운 말로 나타내기도 합니다. 그 말은 사실 우리가 하나님의 창조 질서의 지극히 중요한 일부분이며, 우리가 할 일은 뒤엉킨 그 질서와 거리를 두는 것이 아니라 그 속으로 온 힘을 다해 뛰어드는 것입니다. 여러분이 그렇게 한다면, 우리는 대야와 수건을 챙겨서(아니면 물티슈가 가까이 있다면 아마도 그걸로), 여러분의 발을 씻겨 줄 것입니다. 둘째, 예수님께서 하신 일보다 더 큰 일을 해야 하는 책임을 이행함으로써 우리는 하나님을 기쁘시게 할 수 있습니다. 단순히 "더 큰 생각을 하는 것"이 아니라, "더 큰 일을 하는 것"임을 유념하세요. 프롤로그와 요한복음 3:16을 보세요. 하나님께서 세상을 창조하셨고, 세상을 구속하시고, 세상을 보존하십니다. 그렇다면 우리도 같은 일을 해야 하지 않을까요?

무엇이 장벽인가요? 이 대화를 후다닥 끝내도록 합시다. 하나됨을 막는 이유가 엄청나게 많다는 것을 압니다. 경쟁 때문에, 풍성함의 신학이 아닌 희소성의 신학(마리아와 유다를 떠올려 보세요) 때문에, 지나치게 분주해서, 똑같은 것을 원하지 않아서, 다른 사람 일에 관여하고 싶지 않아서, 갈등이 싫어서 등의 이유들이 넘칩니다. 결론이요? 하나가 되려면 우리가 무언가를 희생해야 한다는 것입니다. "우리가 있어서 내가 있다"는 우분투(Ubuntu) 말을 떠올려 보세요. 우리가 하나될 수 없는 이유가 100가지 있다면, 성경에는 우리가 어떻게 하면 하나될 수 있는지를 보여 주는 100가지 사례가 있습니다.

하나 됨

고별담화는 제자들을 내부로 끌어당깁니다. 우리는 고별담화에서 발 씻기기, 서로에게 기대어 앉기, 함께 식사하기, 슬픔을 나누기를 목격합니다. 하나 됨이 작용하려면 우리는 삶을 공유해야 하고, 삶의 가장 기본적인 부분, 심지어 지저분하며 무서운 부분까지도 함께해야 합니다. 그런 면에서 우리는 약점을 드러내는 사람, 정직한 사람이 되어야 합니다. 이 말은 곧 우리가 화를 낼 수도, 무안한 일을 저지를 수도 있다는 의미입니다. 우리는 용서하고 용서받는 법을 배워야 합니다. 예수님의 제자들로서 세상을 변화시키려면, 우선 하나가 되어야 합니다. 하나 됨이 그렇게 어렵지 않은 사람들도 있습니다. 그러한 사람들은 변화를 반기고, 자신들과 달리 변화에 동의하지 않는 사람들을 이해하지 못하죠. 반면에 두렵거나 슬픈 감정을 느끼며 변화에 적응하는 데 시간이 필요한 사람들도 있습니다. 도마처럼 체념하는 사람도 있고요! 요한복음 14:31에서 예수님은 "일어나라, 여기를 떠나자"고 말씀하시는데요, 자리를 옮길 준비가 된 사람들은 아마도 벌떡 일어났을 겁니다. 그런데 예수님은 세 장에 걸쳐 더 이야기를 하시면서 제자들에게 세세한 내용을 말씀하시고, 시간을 더 보내시고, 기도까지 해 주십니다. 그리고 바로 그 기도에서 우리는 하나 됨이 하나님에게서 온 선물이며, 우리가 하나가 될 수 있음을 배웁니다. 우리가 예수님을 의지한다면 가능합니다. 예수님께서 우리에게 하나 됨을 바라시니까요.

그런데 제자들의 하나 됨은 제자들에게만 유익한 것이 아니었습니다. 예수님께서 제자들을 한 무리로 만드시고 하나가 되는 법, 삶을 함께하는 법을 가르치셨지만, 그들이(또는 우리가) 그들의 작은 성소에 계속해서 머물러 있는 것은 결코 예수님의 뜻이 아니었습니다. 예수님은 자신의 방식처럼 그들도 세상에 가서 세상과 함께하도록 준비시키셨죠. 예수님은 그 당시에 알려진 모든 경계를 넘어가십니다. 때로는 사람들이 자신에게 오기를 기다리시지 않고 적극적으로 만남을 모색하시는데요(예를 들어, 4장의 사마리아 여자, 5장의 베데스다에 있던 남자, 9장의 눈 먼 채로 태어난 남자), 오늘날에는 선교적 교회(missional church)들이 이러한 영역에서 창의적으로 사역을 하고 있습니다. 예수님은 그냥 길을 가시면서 관계를 맺으실 때도 있지만, 그 만남에 성과가 있도록 사전에 준비 작업을 하시기도 했습니다.

어떤 이원론이 아직도 우리를 방해하고 있나요? 여러분이 목격한 이원론의 이름을 댈 수 있나요? 몇 가지 이름을 대 보자면, 거룩한/세속적인, 몸/영혼, 흑/백, 기독교적/비기독교적, 장애인/비장애인, 종교/정치, 기도/행동, 자비/정의, 믿음/행위 등이 있습니다. 아마도 가장 뼈아픈 이원론은 우리/그들이지요. 우리가 양자택일식 접근에 의문을 제기하고 양쪽 모두를 받아들이려면, 그리하여 거짓되고 심지어 파괴적이기까지 한 이원론을 버리려면 무엇이 필요할까요? 그 이원론 때문에 우리는 계속해서 유다와 똑같이, 마리아와는 다르게 행동하게 됩니다. 우리는 선교적 교회가 되라고 부르심을 받았는데요, 우리 앞에 놓인 가장 까다롭고 상처입기 쉬운 일, 가장 의미있게 사람을 살리는 일에 참여하지 않으면 결코 선교적 교회가 될 수 없습니다. 우리가 그저 그런 사교모임에 그친다면, 그럴 듯해 보이는 독서 동아리 정도에 그친다면, 흥미로운 생각들을 논의하는 단체에 불과하다면, 빛나는 유산을 보존하려는 역사학회에 불과하다면, 그리스도 앞에서 스스로를 교회라고 부르기를 멈춥시다. 그리스도인의 교회라고 자칭하기를 멈춥시다.

전도서 4:12은 "세 겹 줄은 쉽게 끊어지지 않는다"고 말합니다. 그렇다면 신자들은 하나님과 성령과 그리스도와, 그리고 서로와 하나 되어 있으니, 그 네 겹 줄이 얼마나 더 튼튼할까요. 따라서 우리는 예수님보다 더 큰 일을 할 준비가 되어 있습니다. 우리가 하나님의 세상에서 하나님의 사랑을 예수님처럼 효과적으로 증명하고 나타내지 못할 이유가 전혀 없습니다. 이것은 정말로 힘이 되는 말씀이면서 동시에 도전적인 말씀인데요, 하나님께서 이미 우리에게 준비해 주신 것을 기다리고 있는 척 해서는 안 됩니다. 초조하게 양손을 비비면서 "… 만 있다면 일할텐데"라고 말해서는 안 됩니다. 물론 우리가 가는 길은 예수님의 기도가 필요할 만큼 험난하겠지만, 그럼에도 우리는 안심할 수 있습니다. 우리에게는 하나님의 사랑을 증언하는 데 필요한 모든 것이 다 있기 때문입니다. 그리고 그 하나님의 사랑은 모든 피조물들에게 풍성한 생명, 육화된 생명, 영원한 생명, 귀중한 생명을 가져다 줍니다.

지식

요한은 영원한 생명을 어떻게 정의 내리나요? 영원한 생명은 하나님과 그리스도와의 관계 가운데 있는 것입니다. 그것은 또한 요한이 하나님과 그리스도를 "아는 것"이라고 부르는 것이고, 지금 완전하게 누릴 수 있는 것입니다. 예수님께서 사마리아 여자에 대해서 다 아셨던 것을 떠올려 보세요. 예수님은 당연히 다 아셨지요. 이미 요한복음 2:25은 예수님께서 모든 사람의 속에 있는 것을 다 아신다고 말합니다. 그러니 그분에게 무언가를 더 말씀드릴 필요가 없습니다. 이는 시편 139편에 나오는 것처럼 가장 깊은 앎(knowing)입니다. 이러니 저러니 해도 결국, 진정으로 알고자 하고 알려지고자 하는 것보다, 진정으로 이해하고 이해받고자 하는 것보다, 진정으로 사랑하고 사랑하고자 하는 것보다, 더 깊은 열망이 또 뭐가 있겠습니까? 요한복음에 따르면 바로 그 열망이 곧 삶의 의미입니다.

이 복음서는 "앎" 표현(ginōskō, oida)과 "사랑" 표현(agapaō, phileō)을 상세히 기술합니다. 앎과 사랑은 함께 갑니다. 이것이 우리의 직관에는 반대됩니다. 우리는 오히려 반대로 생각하죠. 우리는 누군가 진짜 나에 대해 알수록 나를 덜 사랑하게 될 것이라고 지레짐작하기 때문에, 자신에 대한 진정한 앎을 숨기려고 애를 씁니다. 우리는 앎이 많아질수록 사랑은 낮아지므로, 사랑을 계속 높게 유지하고 싶다면 그저 자신이 "사랑스러운" 척 행세하는 데 공을 들이는 편이 더 낫다고 생각합니다.

요한복음은 그와 같은 조치에 이의를 제기합니다. 과연 모르는 것을 깊이 사랑할 수 있을까요? 진정한 앎은 사랑하는 사람과 참된 관계를 맺고 꾸준히 교제하는 데 달려 있습니다. 요한복음에 나오는 제자도의 4가지 사례가 4장의 사마리아 여자, 9장의 눈 먼 사람, 12장의 마리아, 그리고 19장의 도마라는 사실이 놀랍지 않습니까? 그들의 공통점이 무엇인가요? 그들은 각자 예수님과 지속적인 관계와 만남에 참여했습니다. 사마리아 여자와 눈 먼 채로 태어난 남자 모두 예수님과 긴 대화, 점차 더 깊어지는 대화를 나누었습니다. 그리고 그 대화를 통해 예수님을 더욱 잘 알게 되고, 예수님께서 자신들의 생명의 근원이시며 자신들을 그 누구보다 사랑하신다는 것을 이해하게 됩니다. 그 결과 그들은 예수님을 경배하고 다른 사람들에게 예수님을 증언하게 되었지요.

마리아는 예수님께서 사랑하신 사람으로 기술되고(11:5), 요한은 마리아와 오빠 나사로, 언니 마르다가 예수님과 자주 시간을 보냈다는 사실을 분명하게 밝힙니다. 도마는 비록 확고부동한 영웅까지는 아닐지 몰라도, 적어도 요한복음 안에서는 분명 영웅입니다. 그는 어려운 일이 닥쳐오리라는 것을 감지했으면서도 예수님 곁에 있고(11:16), 이해하지 못하는 것이 있으면 질문하고(14:5), 허황된 공상에 빠지지도 쉽게 속아 넘어가지도 않으면서도, 생소한 영광과 대면했을 때는 기꺼이 믿음을 나타냅니다(20장). 이 모든 사항들을 근거로 보면, 도마는 예수님을 온전히 아는 단계에 이르렀다고 할 수 있는데요, 실제로 그는 예수님을 "나의 주님이시요, 나의 하나님이시니이다"(20:28)라고 선언할 수 있을 정도로 예수님을 온전히 알았습니다.

영화(Glorification)

예수님과 하나님 사이의 관계에 있어서 영화는 기본적인 부분입니다. 요한복음 7:39을 보면 예수님께서 "아직 영광을 받지 않으셨으므로(glorified)" 신자들이 아직 성령을 받지 못했음을 알 수 있습니다. 요한복음 안에서 성령을 받는 것은 전적으로 예수님의 죽으심과 부활하심에 달려 있습니다. 요한복음에서 죽음과 부활은 비하가 아니며, 오히려 대관식과 승귀와 영화의 측면에서 서술됩니다. 7:39에서는 아직 존재하지 않았던 영광이, 예수님께서 "아버지여, 때가 왔습니다"(17:1)라고 말씀하실 때 마침내 현실이 됩니다. 12장을 보면, 예수님께서 공적 사역을 끝내시고 가장 친한 벗들에게 주의를 기울이시면서 서서히 그 영광이 고조됩니다. 마리아가 예수님의 장례를 위해 예수님 발에 기름을 부음으로써, 또 예수님께서 "인자가 영광을 얻을 때가 되었다"(12:23)라고 말씀하심으로써 영화의 과정이 시작됩니다. 요한복음의 흥미로운 특징 중 하나는 수난과 부활과 승천을 각각 연속적으로 일어난 별개의 사건으로 보기보다는 모두 같은 시기에 있는 사건으로 여긴다는 점입니다. 흔히 요한복음 1-12장을 표적의 책(Book of Signs)이라고 부르고, 13-21장을 영광의 책(Book of Glory)이라고 부르는데요, 이는 24회 나오는 "영광"(doxa)과 "영광스럽게 하다"(doxazō)라는 표현이 대부분이 13-21장에 나오기 때문입니다. 신약성경에서 "영광스럽게 하다" 동사가 나오는 경우의 1/3 이상이 요한복음 안에 있습니다.

대부분 요한복음 후반부에 나오기는 하지만, 육신으로 계신 예수님을 보는 것이 하나님의 영광을 본다는 의미임을 독자는 처음부터 알게 됩니다. "말씀이 육신이 되어 우리 가운데 거하시매 우리가 그의 영광을 보니 아버지의 독생자의 영광이요 은혜와 진리가 충만하더라"(1:14). 이후 이 복음서는 그 영광의 증거를 서술하고, 더 놀랍게는 우리가 각자 그 영광에 참여한다는 사실을 서술합니다. 요한복음에서 하나님의 영광은 불꽃놀이를 텔레비전으로 보는 것보다는 오히려 불꽃놀이의 자리에 있는 것과 비슷합니다. 그 빛이 눈에 보이고, 폭죽 소리가 귀에 들리고, 불꽃놀이 전체의 장엄함과 경이와 초월성에 사로잡혀서 숨이 멎을 정도가 되죠. 또 주위를 둘러보니 다른 사람들도 그러한 경이를 찾아서 왔다는 것을 알게 됩니다. 그렇게 건너건너 듣는 데 만족하지 않고 여행을 감행한 그들과 잠시 하나가 됩니다.

하나님의 영광에 대한 요한복음의 개념은 구약성경의 영향을 받았는데요, 구약성경은 "여호와의 영광"에 대해 자주 이야기합니다. 그래서 요한복음 저자의 상상력에 출애굽기가 한자리를 잡고 있지요. 이를테면 "모세가 회막에 들어갈 수 없었으니 이는 구름이 회막 위에 덮이고 여호와의 영광이 성막에 충만함이었으며"(출 40:35)

라는 구절을 생각해 보세요. "여호와의 영광"은 하나님의 임재를 뜻합니다. 그리스어역(LXX) 출애굽기에서 "성막"에 해당하는 단어(skēnē)는 요한복음 1:14에 나오는 단어와 동일한데요, 요한복음 1:14은 말씀이 육신이 되어서 우리 가운데 "성막을 치셨다"고 말합니다. 예수님은 하나님 임재의 현장이 되십니다. 그런 다음 예수님은 우리를 온전히 그 임재로 끌어들이십니다. 또한 요한복음 저자는 여러 단어들을 사용하여 "친밀함"을 향해 갑니다. 성육신, 영광, 사랑, 아버지, 어머니, 아들, 하나, 앎에 대한 한 마디 한 마디가 하나님께서 모든 피조물의 하나 됨이라는 단일한 목적으로 세상을 창조하셨고 예수님이 거드셨다고 선언합니다. 예수님은 하나 됨을 본으로 보이시고 완성하십니다. 하나님께서 예수님을 보내어 하게 하신 일이 있는데, 예수님은 그 일을 완수하셔서 하나님을 영광스럽게 하십니다.

동일한 방식을 통해 예수님으로부터 신자들에게로 배턴이 넘어갔고, 이제 신자들은 예수님보다 더 큰 일을 하게 될 것입니다. 이제 신자들이 하나님께서 창조하시고 끝까지 사랑하실 세상(3:16)에, 하나님의 임재를 드러낸다면, 그것이 곧 하나님을 영광스럽게 하는 것이지요. 설령 세상이 반대를, 심지어 증오까지 내비치더라도 말이죠. 예수님이 세상을 이기셨으니 그 일은 이미 완료되었습니다. 요한복음의 시제가 간혹 우리를 헷갈리게 하는데요, 요한은 자주 일어나고 있거나 아직 일어나지도 않은 일을, 이미 일어난 일로 말하기 때문입니다. 그렇지만 하나님의 관점에서 보면 그러한 일들은 너무나 확실하기 때문에 마치 이미 완료된 일처럼 말해도 되는 것입니다. 그러한 까닭에 신자들은 상황이 어떻게 보이든지 간에 자신 있게 소망을 품고 나아갑니다.

요한복음의 저자는 세상을 단념하지 않았습니다. 예수님은 요한복음 17장의 뒷부분에서 세상을 위해 기도하십니다. 예수님께서 세상을 포기하셨다면 자신과 같은 능력을 제자들에게 주시지 않았을 것입니다. 세상이 하나님을 향하여 하나되게 하는 일을 제자들이 감당할 수 있도록 준비시키지 않으셨을 것입니다. 신자들은 정말로 예수님에게 속해 있고 그분에게 바쳐졌지만, 모든 것은 결국 하나님에게 속해 있습니다. 결국 그리스도의 사역을 통해 하나님에게로 이끌릴 것입니다(12:32).

기도 † 일어나라 여기를 떠나자(14:31). 하나님, 저희가 한마음으로 나아갈 때 저희에게 복을 주소서. 하나되는 변화를 일으키는 자들이 되게 하소서. 아멘.

제13장

이스라엘 왕의 대관식: 수난

제13장 이스라엘 왕의 대관식: 수난

♯요한복음 18-19장

요한복음의 저자가 여러분이 요한복음을 처음부터 끝까지 순서대로 읽을 것을 기대했다는 증거가 있다면, 그 증거는 곧 체포, 재판, 십자가형, 부활입니다. 앞서 일어난 모든 일이 이제 완전히 열매를 맺게 되었고, 신경 써서 읽은 독자라면 그 관련성이 떠오를 거예요. 제가 좀 더 도와드리겠습니다.

제1막: 배반과 체포

제1장: 동산에서 체포

저는 이 이야기를 영화로 보고 있다고 상상해보는 것을 추천합니다. 이 이야기는 동산에서 시작됩니다(사실 성경의 중요한 이야기는 자주 동산을 배경으로 합니다). 유다는 예수님을 찾을 수 있는 곳을 어떻게 알았을까요? 예수님이 그곳에서 제자들과 자주 만나셨기 때문입니다. 평소에 모여서 예비하고 하나님 나라에 대해 배우는 데 쓰이던 공간에 이 세상의 나라들이, 악이 정면으로 침입했습니다.

이 지점에서 저는 산살바도르 대주교 오스카 로메로(Oscar Romero)를 떠올리지 않을 수가 없습니다. 로메로 대주교는 가난과 온갖 종류의 사회적 불의, 그리고 당시 집권자들의 권력 남용에 맞서 싸우면서 사역을 이어나갔습니다. 1980년에 세상 나라에 동조하는 암살범들의 총에 맞아 죽었을 때도 그는 예배자들과 모여서 미사를 집전하고 있었습니다. 또 떼제 공동체의 설립자인 로제 수사(Brother Roger)도 생각나네요. 로제 수사는 2005년에 저녁 기도회를 인도하는 중에 칼에 찔려 죽었습니다. 2015년에 찰스톤(Charleston)의 이매뉴얼 아프리칸 감리교회(Emanuel African Methodist Episcopal Church)에서 기도회 중에 총기 난사 사건이 발생했습니다.

세속 정치 지도자들과 종교 지도자들(이들은 당연히 정치 지도자이기도 했습니다)이 예수님을 죽이려고 공모하여(실제로 요한만 로마 군인들을 언급합니다), 동산에 계신 예수님은 사방에서 공격을 받으셨습니다. 역설적이게도 그들은 어둠을 틈타 오면서(3:19-21, 13:30이 생각나요?), 세상의 빛이신 분을 식별하기 위해 2가지 종류의 조명을 가지고 옵니다. 물론 무기도 갖고 오지요(18:3). 무기는 언제나 폭력을 선택하기 위한 준비물이니까요.

하지만 예수님은 뒷걸음질치지 않으셨습니다. 오히려 권능으로 권력자들과 대면하셨습니다. 예수님은 그들에게 "너희가 누구를 찾느냐?"(18:4) 질문하시고 그들이 대답하게 하셨는데요, 이는 우리 모두에게 대답을 바라시는 질문이기도 합니다. 그들이 대답하자 예수님은 "내가 있다"(에고 에이미[egō eimi], 앞에서 저자가 말했듯이 이는 구약에서 하나님의 자기 지칭입니다 - 역주)라고 말씀하심으로써 또 한 번 신현, 즉 하나님을 나타내십니다. 무딘 독자가 자칫 이것이 신현임을 깨닫지 못하는 경우에 대비해서, 요한복음의 저자는 대적자들이 말 그대로 땅에 쓰러뜨리는 위엄에 압도당하는 광경을 보여 줍니다(18:6). 그리고 예수님께서 재차 질문하시고, 대적자들이 재차 대답하고, 또 예수님께서 재차 반응하십니다. 이러한 이중 대화를 이용하여 예수님은 자신이 사람인 **동시에** 신이고, 나사렛 예수인 **동시에** 하나님이심을 보여 주십니다. 그리스어에서 **에고 에이미**라는 문구는 "내가 있다"(I am) 혹은 "내가 그다"(I am he)로 번역 가능합니다. 처음 대화에서 저자는 앞의 의미("내가 있다")를 이용합니다. 두 번째 대화에서는 두 의미를 모두 고려하게 만듭니다.

요한복음 17:12에서 약속하셨듯이, 예수님은 자신을 따르는 자들을 보호하십니다. 베드로는 그 의미를 잘못 이해해서 이 세상 나라의 전략에 현혹되어 편의주의적 폭력에 호소하지요. 예수님은 곧바로 단호하게 칼과 잔, 관계 당국의 뜻과 하나님의 뜻을 대조하시며 우리에게 후자를 선택하라고 명하십니다.

제2장: 대제사장 앞에 서신 예수님, 제1부

당국자들이 예수님을 가야바의 장인인 안나스(주후 6-15년에 대제사장이었던 인물)에게 끌고 가면서 이제 카메라가 장면을 전환해서 보여 줍니다. 요한복음의 저자는 여러분이 이것을 읽기 전에 앞선 내용들을 모두 읽었으리라 예상합니다. 그래서 11:50에 나오는 가야바의 역설적인 말을 떠올릴 것을 기대합니다("한 사람이 백성을 위하여 죽어서 온 민족이 망하지 않게 되는 것이 너희에게 유익한 줄을 생각하지 아니하는도다"[요 11:50]). 예수님의 순종의 수혜자인 우리가 이미 알듯이 예수님께서 백성을 위해 죽으시는 것이 더 **유익했습니다**. 그렇지만 가야바가 그런 의미로 말한 것은 아니었지요. 가야바는 진리이신 분에게 이의를 제기하면서 진리를 말했으니, 그것이 곧 역설입니다.

제3장: 베드로의 첫 번째 부인

이제 카메라가 예수님과 안나스로부터 벗어나 베드로와 다른 제자 하나가 예수님을 따라가는(신학적 가중치가 담긴 단어) 모습을 주시합니다. 거의 따라갔다고 말하겠습니다. 실제로 다른 제자만 예수님을 따라갔고, 베드로는 당분간 밖에 있습니다. 다른 제자가 대제사장과 아는 사이라서 곧바로 대제사장의 집 뜰에 들어갈 수 있었다는 것은 주목해 볼 만합니다. 이 제자는 누구일까요? 왜 이름을 밝히지 않았을까요? 이 제자와 대제사장은 무슨 관계였을까요?

베드로는 예수님의 제자인지를 묻는 질문 앞에서 "나다"라고 신앙을 고백할 기회가 생겼지만, 결국 "나는 아니다"라고 대답합니다. 앞서 예수님께서 말씀하신 두 단어 에고 에이미가 베드로가 말한 두 단어, 우크 에이미(*ouk eimi*)와 대조됩니다.

단어 하나 때문에 참으로 큰 차이가 벌어집니다!

여기서 "숯불"(18:18)의 이미지를 머릿속에 간직해 두세요. 베드로는 그 숯불 옆에서, 예수님을 등지고 몸을 덥히고 있었습니다. 이 이미지가 이야기 뒷부분에서 중요해집니다.

제4장: 대제사장 앞에 서신 예수님, 제2부

이제 카메라는 안나스 앞에 있는 예수님을 다시 비춥니다. 당시에 실제 대제사장은 가야바였는데(18:24 참고, 가야바는 주후 18-36/7년에 대제사장이었음), 18:19에서 안나스를 대제사장으로 언급해서 독자들을 헷갈리게 합니다. 안나스가 아직 어느 정도 권력을 잡고 있던 것을 나타내지만, 기본적으로 대제사장이라는 칭호가 그저 경칭으로 쓰이고 있었음을 알 수 있습니다. 전(前)대통령인 경우에도 계속해서 대통령이라는 칭호를 사용하는 것과 비슷한 방식이지요.

동산에서처럼 권력자들은 예수님을 자신들의 수중에 넣고자 합니다. 하지만 예수님께서는 어떠한 일이 있더라도 그들의 체제에 굴복하기를 거부하시며 자신 있게 진리를 말씀하십니다. 그렇게 심문을 받던 사람이 심문을 하는 사람이 됩니다. 그리고 또 다시 예수님께서 폭행을 당하십니다. 여기서 요한복음 1:11과 지혜의 운명을 떠올리게 됩니다. 지혜는 진리를 말하지만 인간은 어리석음을, 더 심하게는 악을 더 받아들이는 경향이 있습니다.

적당히 답할 말이 없었으므로 안나스는 예수님을 가야바에게 보냅니다.

제5장: 베드로의 두 번째, 세 번째 부인

카메라가 다시 베드로를 향해 이동하고 사실상 동일한 장면이 그대로 반복되는데요, 베드로가 몸을 덥히고 있다가 질문을 받고, 운명적인 "나는 아니다"를 내뱉습니다. 그리고 마지막으로 말고의 친척이 베드로에게 묻습니다. 이번에는 베드로의 음성이 직접 들리지 않고, 베드로가 자신이 예수님과 함께 있었다는 것을 부인했다고 저자가 들려줄 뿐입니다. 그리고 나서 수탉이 웁니다. 이제 화면이 점점 어두워집니다.

제2막: 심판자를 심판하다: 예수님의 재판

좋은 왕의 자질은 무엇일까요? 우리나라에는 왕이 없으니 이 질문이 아마 흥미롭지 않을 것입니다(그렇지만 왕좌의 게임[Game of Thrones]과 원스 어폰 어 타임[Once upon a Time] 같은 텔레비전 프로그램에 매료된 사람들로 판단해보건대, 흥미를 느낄수도 있겠네요). 왕은 제쳐두고서라도, 우리는 "좋은 지도자의 자질은 무엇인가?"라는 생각을 자주 합니다. 선거철이 아니더라도 말이죠.

요한복음의 재판 장면은 공관복음의 재판 장면과 사뭇 다릅니다. 그래서 잠시 공관복음의 기사를 한쪽에 제쳐 놓고서, 아무 방해도 받지 않는 채로 요한복음 자체의 내러티브의 흐름과 형세에 몰두하는 것도 좋은 방법입니다. 저자 요한은 빌라도 앞에서 벌어진 예수님의 재판을 일부러 극적인 여덟 장면으로 나누는데요, 빌라도가 나가서 "유대인들"을 만나는 것과 다시 들어와서 예수님과 대화를 나누는 것으로 장면이 끊어집니다. 각 장면과 전체 재판의 초점은 왕권에 있습니다.

예수님의 왕권이라는 쟁점은 이미 요한복음 6장에서 제기되었습니다. 예수님이 약 5천 명을 배불리 먹이신 후에, 사람들은 예수님을 붙잡아서 억지로 왕이 되게 하려고 했습니다. 하지만 예수님은 그 자리를 슬쩍 빠져나가셨죠. 왕으로서의 예수님의 권위는 세상이 아니라 하나님에게서 비롯되고, 그분의 나라는 사랑의 통치와 관계가 있지, 개인 권력을 강화하고자 하는 정치적 방편과는 관계가 없습니다. 배만 부르게 해 주고 희생이 따르지 않는 한, 우리가 권력과 강제력을 동의어로 여기는 이기적인 통치자들의 노예가 되기 쉽다는 것을 예수님은 아셨습니다. 또 이 이야기의 후반부에서 하나님의 백성들이 가장 파괴적인 역설이 담긴, "우리에게는 가이사 외에는 왕이 없다"(19:15, KJV)고 외치리라는 것도 이미 알고 계셨습니다. 그들에게는 정말 가이사만이 왕이었습니다!

자, 카메라 준비되었나요?

제1장: 고소당하신 예수님(18:28-32)

이제 예수님은 가야바에게서 총독 관저(프라이토리온)로 끌려가시는데요, 바로 빌라도가 가이사의 제국의 업무를 처리하는 곳입니다. 그곳이 이교도인 로마인의 공간이라는 사실이 로마식 단어를 두 차례 사용함으로 강조됩니다. 유대인 당국자들은 기껏 그곳에 예수님을 끌고 와서는 이교도 로마인들로부터는 떨어지려고 애를 씁니다. 그 물리적 공간 때문에 자칫 자신들이 부정해질까 염려하여 그곳에 들어가지 않으려고 조심합니다. 그렇게 행동하여 "우리는 하나님을 왕으로 섬기지, 가이사를 왕으로 섬기지 않는다"고 말하고자 한 것이죠. 그렇지만 정말 그들이 하나님을 왕으로 섬기나요? 재판 내러티브는 온통 역설 투성이입니다.

유대인들이 안으로 들어가지 못하기 때문에, 빌라도가 그들에게로 **나옵니다**. 예수님은 안에 계시죠. 예수님은 악행죄로 고소당하셨습니다. 뒤이어 왕권을 둘러싸고 벌어지는 대화를 고려해볼 때, 유대인들이 넌지시 반역죄나 선동죄를 말하고 있다고 추정해 볼 수 있습니다.

제2장: 예수님 왕권의 성격(18:33-38상)

빌라도는 예수님을 고소하는 자들에게 고발 내용을 물어보고 돌아와서, 관저 안으로 **들어가** 예수님에게 왕권에 대해 질문합니다. 역사적인 기록을 보면 빌라도는 잔인한 사람이었다고 합니다. 팔레스타인 같은 오지로 발령받는 것이 빌라도의 야심 찬 정치 경력의 계획에는 들어 있지 않았습니다. 그러한 빌라도가 "유대인들"을 해산시키고자 하지만, 그들은 끈질기게 우깁니다. 결국 빌라도는 "네가 유대인의 왕이냐?"라고 물으며 예수님이 로마 제국에 정치적으로 위협적인 인물인지를 조사하기에 이릅니다. 예수님은 빌라도에게 대답하는 대신에 이 재판에서 형사이자 판사가 되십니다. 빌라도는 자신에게 통제권이 있는 척했지만 사실 그 정도의 통제권이 없었는데(세상 통치자들에게는 결코 통제권이 없습니다), 예수님은 그러한 사실을 아셨습니다(19:10-11에서 두 사람이 주고받는 말 참고).

도리어 예수님께서 질문을 던지시자 빌라도는 딱 잘라서 "내가 유대인이냐?"라고 대답합니다. 물론 빌라도는 유대인이 아니라 로마인이었고, 예수님의 백성인 유대인들을 압제하고 있는 제국의 한 부분을 대표했습니다. 그렇지만 요한복음이 때로 "유대인들"이라는 용어를 예수님의 반대편을 대표하는 집합적 대상(등장인물)에 사용한다는 점에서 역설이 발생합니다. 요한복음 1:11에서는 "그가 자기 땅에 오셨으나, 그의 백성은 그를 맞아들이지 않았다"(1:11)고 선언합니다. 1:11의 백성은 예수님을 빌라도에게 넘겨줌으로써 거절 의사를 드러냈고, 빌라도는 예수님을 대적하면서 진리 그 자체에는 전혀 관심이 없었으므로, 1:11의 백성과 빌라도는 사실상 구분이 안 됩니다.

어떤 면에서 보면 18:36에서 예수님은 "네가 왕이냐?"라는 빌라도의 질문에 대답을 하신 것으로 볼 수 있습니다. 허나 예수님은 왕이심을 우쭐대며 말하지 않으십니다. 자기 자신에 대해서가 아니라 자신의 공동체에 대해 말씀하시면서 그 공동체를 일컬어 나라(kingdom, 현대의 일부 해석자들은 "kindom"이라는 단어를 택해서 계급과 군주제를 나타내는 표현에서 벗어나고자 합니다)라고 부르십니다. 예수님께서 스스로와 빌라도를 대조하신 내용을 정리해보면 다음과 같습니다.

- 빌라도는 이기적인 목적을 위해 힘과 권력을 사용하지, 공동체 건설에는 관심이 없습니다. 사랑과 진리로 인도되는 공동체에는 정말로 아무런 관심도 없습니다. 빌라도는 힘을 축적하여 십자가에 든 다른 무엇에든 사람들을 매달아 죽이기까지 하며 사람들 위에 군림합니다. 반면에, 예수님은 다른 사람들에게 힘을 실어 주시고, 그 권위를 자신이 이끄는 사람들의 발을 씻기는 데 사용하십니다. 자기 생명을 마지막까지 하나도 남김 없이 그들에게 쏟으시고, 그들에게 생명을 가져다 주는 데 바치십니다.
- 빌라도의 통치는 "평화"(팍스 로마나)의 한복판에서도 공포를 불러일으킵니다. 예수님의 통치는 공포의 한복판에서도 평화를 불러일으킵니다(14:27; 16:33; 20:19-26).
- 빌라도를 따르는 자들은 빌라도를 닮아 폭력을 사용해서 정복하고 인종과 민족과 국가로 사람들을 나눕니다. 예수님을 따르는 이들은 칼을 내던지고 사람들을 초대하여 하나 되기 위해 힘씁니다. 예수님께서 "내가 땅에서 들려서 올라갈 때에, 나는 모든 사람을 내게로 이끌어 올 것이다"(12:32 새번역)라고 말씀하신 것처럼 말이죠.
- 빌라도의 권위는 가이사의 뜻에서 나오니 언제나 미약합니다. 예수님의 권위는 하나님의 뜻에서 나오니 영원합니다.

예수님은 이 모든 신랄한 대화 소재들을 빌라도 앞에 놓으시지만, 빌라도는 그저 "그러면 네가 유대인의 왕이냐?"라고 물으며 예수님이 자신의 권위에 위협이 될 수 있는지에만 관심을 갖습니다. 예수님은 또다시 그 문제의 핵심으로 깊이 밀고 들어가시는데요, 이 오래 된 옛 재판 속에서 진리 자체가 재판을 받고 있습니다. 예수님은 최고의 증인이십니다. 빌라도는 과연 진리의 편을 들까요, 아니면 냉소주의에 빠지게 될까요? 과연 우리는 어떠한가요?

제3장: 유대인들이 왕이신 예수님보다 바라바를 택하다(18:38하-40)

빌라도가 "유대인들"에게로 나갑니다. 빌라도는 예수님의 석방을 제안하면서 예수님을 "유대인들의 왕"이라고 불러서 유대인들을 조롱하고 약을 올립니다. 역설적으로 유대인들은 정치범인 바라바를 구해 주기로 결의합니다. 강도를 택하고 왕을 거부합니다(10:1 참고).

제4장: 예수님이 왕으로서 왕관을 쓰시다(19:1-3)

빌라도가 들어와서 예수님을 채찍으로 때립니다. 역설적이게도 로마 군인들이 예수님에게 "유대인의 왕"이라며 왕관을 씌웁니다. 패배의 순간으로 보이는 그 순간에 사실은 진짜 왕의 대관식이 일어납니다. 늘 그렇듯이 권력을 잡고 있는 이들은 죄수들에게 수모를 주려고 언어 폭력과 신체 폭력을 함께 사용합니다.

제5장: 예수님을 왕으로 처음 소개하다(19:4-7)

빌라도가 자신은 예수님에 대해 아무런 문제도 찾지 못하겠다고 재차 말하려고 **나갑니다**. 그렇다고 해서 예수님을 이유 없이 고문하기를 중단하지는 않는데요, 그리하여 "그들이 이유 없이 나를 미워하였다"라는 요한복음 15:25의 말씀이 이루어집니다(그 말씀 자체는 시편 69:4에 대한 인유). 예수님은 역설적이게도 왕복 차림으로 사람들 앞에 나오게 됩니다. 빌라도는 예수님 안에서 "사람"만 보았기에 "보라, 이 사람이로다"(19:4)라고 말합니다. 여러분이 십자가의 길 기도(Stations of the Cross)라는 것을 안다면, 빌라도의 말이 "이 남자를 보라"는 형태라는 것을 알아채실 거예요. 그렇지만 그리스어 원문은 여기에 "남자"라고 적혀 있지 않고("남자"라면 _anēr_ 일 거예요), 도리어 "사람"(_anthrōpos_)이라고 적혀 있습니다. 저자 요한은 다시 한번 사람에 해당하는 단어를 사용합니다. 예수님을 온전히 이해하지 못하는 사람들에게는 아직도 "사람"만 보입니다. 반면에 온전히 이해하는 사람에게는 선지자요, 주님이요, 하나님이 보이지요.

대제사장들과 경비병들은 그분을 십자가에 못 박을 것을 요구하면서 죄명을 바꾸어 "예수가 하나님의 아들**이라고 주장했다**"고 합니다. 모순이 보이나요? 그들은 상황을 제대로 알지 못합니다. 예수님은 하나님의 아들이라고 주장하셨을 뿐 아니라, 또한 하나님의 아들이십니다. 더욱이 상황은 그들이 생각하는 것보다 더욱 심각했는데요, 바로 예수님은 하나님과 동등한 분이시기 때문입니다.

제6장: 왕이자 하나님의 아들이신 예수님의 권위가 계시되다(19:8-11)

빌라도가 들어가서 예수님에게 질문하고 위협하며 국가의 권세를 예수님 눈앞에 대고 휘두릅니다. 여느 때처럼 예수님은 이 세상 강대국들을 상대적으로 다루십니다. 그 나라들이 지금은 강할지 몰라도 최후까지 이어지는 것은 아니니까요. 잠시 존재할 뿐, 영원하지 않습니다. 또한 그 나라들은 평화가 아니라 공포에 의지합니다. 하지만 예수님은 제자들에게 약속하신 바로 그 평화에 의지하시고, 지금처럼 계속해서 진리만을 말씀하십니다.

제7장: 예수님을 재차 왕으로 소개하다(19:12-16상)

그럼에도 빌라도가 나가서 재차 예수님의 석방을 시도합니다. 이 제 "유대인들"은 가이사를 끌어들여서 선동죄가 명시적인 죄명이 되게 합니다. 유대인들 사이에 일어난 종교간 신학적 논쟁이 문제였을 때는 사실 빌라도가 그다지 신경을 쓰지 않았습니다.

빌라도가 예수님을 재차 등장시키니 "십자가에 못 박으라"는 요구가 다시 울려 퍼집니다. 그 다음에 최고의 역설이 나오는데요, 부정해지지 않으려고 이교도의 공간에 들어가지도 않고, 왕이신 하나님을 가이사보다 우선시하던 바로 그 무리가 오로지 로마 왕 가이사에게만 충성을 맹세합니다. 그리고 이것은 어느 시대, 어느 나라에서나 일어날 수 있는 일입니다.

법률적 역할과 정치적 역할을 반어적으로 모호하게 표현하는 것은 요한복음이 즐겨 쓰는 기법 중 하나입니다. 예를 들어, 19:13을 보면 본문은 빌라도가 "예수를 밖으로 데리고 나가서 [그를] 재판석에 앉았다/앉혔다"(19:13)고 말합니다. 여기에서 동사가 쓰인 방식을 보면 재판석에 빌라도가 앉았는지 예수님이 앉았는지가 불분명합니다. 그렇지만 누가 진짜 재판관인지 우리에게는 자명하죠.

제8장: 예수님이 십자가에서 높아지시고 유대인의 왕으로 다스리시다
(19:16하-22)

예수님의 왕권을 놓고서 빌라도와 "유대인들" 사이의 논쟁이 계속됩니다. 빌라도는 "나사렛 예수, 유대인들의 왕"이라고 조롱하는 명패를 붙이는 못된 장난을 칩니다. 그 내용을 3가지 언어로 게시해서 로마 제국의 권세와 넓이를 과시하지요. 그렇지만 여러분과 저는 요한복음 4장을 이미 읽었으므로, "온 세상의 구주"가 여러 언어로 선포되는 것은 지극히 합당하다는 것을 압니다. 그 조롱의 대상은 오히려 빌라도와 가이사입니다. 늘 그렇지요.

기어이 빌라도는 진리이신 분을 십자가에 못 박습니다. "그 말씀"께서 괴로이 십자가에 달려 계시는 동안 빌라도와 대제사장들은 명패의 표현을 두고 씨름합니다. 그 명패는 예수님을 유대인의 왕으로 선언하고 있었죠. 빌라도가 자기도 모르는 사이에 진리를 선포한 것입니다. 십자가에 달리신 참된 왕은 다이아몬드 왕관이나 월계관이 아닌, 가시관을 쓰셨습니다. 그 높은 곳에서 예수님은 교회를 탄생시키십니다(19:25-27). "진리를 사랑함이 이긴다"라는 진리를 선포하시면서요. 왕은 만세수를 하옵소서!

제3막: 십자가에 못 박히심 집중 조명

요한복음에서는 예수님께서 십자가에 못 박히시는 장면을 공관복음과는 사뭇 다르게 지켜봅니다. 저는 몇 가지 내용을 확대해서 여러분이 그 내용에 관심을 기울이게 하고자 합니다. 첫째, 공관복음에서는 제자들이 완전히 도망가고 여자들은 멀리서 바라보는 가운데 예수님이 홀로 죽으시지만, 요한복음에서는 십자가 아래에 사랑하는 사람들이 많이 있습니다. 그 자리에 마리아들이 많이 있나요, 없나요? 거기에 있는 여자들이 3명인가요, 4명인가요? 예수님의 어머니가 거기에 있지만, 요한복음에서는 예수님의 어머니의 이름을 한 번도 밝혀지지 않습니다. 예수님의 이모도 그곳에 있습니다. 그 이모는 글로바의 아내 마리아와 동일인물인가요? 그러면 두 자매의 이름이 모두 마리아인 것으로 보입니다. 그리고 이 이야기에서 처음으로 막달라 마리아가 나타납니다. 예수님은 교회를 가상의 친족으로 된 가족과 같이 세우십니다. 제가 무슨 뜻으로 이렇게 말하는 걸까요? 십자가에서 예수님이 어머니에게 "여자여, 보소서, 아들이니이다"(19:26)라고 말씀하시는 것을 보세요. 그리고 사랑하시는 제자에게 "보라, 네 어머니라"(19:27)라고 말씀하시죠. 사랑하시는 제자와 예수님의 어머니는 생물학적으로는 아무런 관계도 없지만, 예수님으로 인해 특별한 관계가 맺어집니다. 더는 생물학이 1차 범주가 아닙니다. 예수님을 따르고자 하는 사람들이 우리에게 첫째가는 가족이고, 우리의 "진짜" 친족입니다(단순히 생물학적 친족이 아니라요).

생물학은 부차적이고, 그리스도인의 공동체는 의도적입니다.

둘째, 예수님은 십자가에서도 전개 중인 드라마를 계속해서 감독하십니다. 예수님은 교회를 세우시고 난 다음에 "내가 목마르다"(19:28)라고 말씀하시는데요, 상징적인 이유에서, 특히 시편 69:21과 22:15을 성취하시고자 이 말씀을 하신 것입니다. 그러고 나서 "다 완료되었다"(19:30 저자 번역)고 선언하십니다. 그리스어에서 완료(perfect)라고 불리는 동사 시제는 과거에 완료되어 현재까지 계속 영향을 미치는 행동을 가리킵니다. 여기에서 바로 그 완료 시제가 사용되었습니다. 예수님께서 복음서 전체에 걸쳐 말씀해 오셨던 일이 마침내 실현되었습니다. 그로부터 많은 시간이 흐른 지금까지도 우리는 그 은혜를 누리고 있습니다.

셋째, 19:30은 또 다른 약속, 즉 성령을 주시리라는 약속의 준수를 선언합니다. 영어 역본들은 이 구절을 번역할 때 공관복음을 염두에 두고 있었던 탓인지 조금 오역을 합니다. 이 구절을 "예수께서 죽으셨다"라는 식으로 번역했습니다. 그러나 그리스어 원문에는 예수님이 "성령(Spirit)을 주셨다"라고 적혀 있습니다. 그리스어 단어(프뉴마를 가리킴 - 역주)가 대문자로 시작하지 않으니 성령(Spirit)인지 영혼(spirit)인지는 번역자가 판단해야 합니다(저자는 성령이라고 판단). 요한복음에서 예수님은 자신이 떠나면 성령께서 오시리라고 거듭 약속하셨습니다. 그리고 예수님은 십자가에서 교회를 세우시고 성령을 주십니다. 이 장면이 다음 장에서 다르게 반복되는데요, 제자들이 두려움에 휩싸여서 문을 잠그고 방에 숨어 있는 상황에서 예수님께서 제자들에게 그와 같은 행동을 하십니다. 요한복음에서 시간은 문자적이기보다는 오히려 시적으로 작동합니다. "때"(hour)가 빈번하게 언급되었던 것을 기억하나요? 십자가에서 마지막까지의 활동이 요한에게는 일제히 한순간에 일어났다고 생각하는 것이 가장 좋습니다. 사실 "영원"이 바로 그런 식으로 작동하지 않나요?

넷째, 요한복음에서만 군인이 창으로 예수님의 옆구리를 찌릅니다. 그러자 물과 피가 나오는데요, 사람들은 이러한 세부 묘사에 몇 가지 의미가 담겨 있다고 생각했습니다. 먼저 예수님이 신체상으로 진정한 인간이셨음을 강조하는 표현일 수 있습니다(어떤 이들은 "내가 목마르다"는 진술에 대해서도 동일한 주장을 합니다). 성례의 관점을 취해서 피를 성찬/주의 만찬과 연결하고 물을 세례와 연결하는 사람들도 있습니다. 7:38을 떠올려 볼까요. "나를 믿는 사람은 누구든지 와서 와서 마시라! 성경이 말하듯이 그의 배/태(胎)/위(胃)[koilia]에서 생수의 강이 흘러나오리라"(7:38 저자 번역).[1] 아마도 그 모든 뜻이 다 들어 있을 겁니다. 혹 여러분은 이 세부 묘사에 어떠한 의미가 있다고 생각하나요?

다섯째, 아리마대 요셉이 사복음서의 장례 이야기마다 등장하는 반면에, 요한복음에서만 니고데모가 요셉과 동행합니다. 니고데모가 묵직하게 가져온 것을 놓고 해석자들마다 다르게 의견을 내놓습니다. 앞서 12장에서 마리아가 나드를 지나치게 썼었는데요, 마리

---

1   그리스어에서 "그의"가 예수님을 지칭하는지 신자를 지칭하는지는 불분명합니다. 제 생각에는 저자가 일부러 그렇게 한 것 같습니다.

아처럼 니고데모도 "이해"했기 때문에 몰약과 침향을 그처럼 대량으로 가져온 것일까요? 아니면 "백 근"이라는 과장법은 니고데모가 예수님의 부활을 예상하지 못하고 있음을 의미할까요? 저자는 니고데모가 밤에 움직인 것을 언급해서 니고데모가 늘 남의 눈을 피하는 인물임을 강조하려는 것일까요, 아니면 니고데모가 전에 어떤 사람이었는지를 나타내려는 것일까요? 이 장면에서 니고데모는 아무데서도 예수님 제자들이 보이지 않을 때, 예수님과 엮일 수 있는 위험을 감수하면서까지 해가 저물기 전에 행동을 취하고 있습니다. 이 지점에서 여러분이 알고 있는 내용을 모두 고려해 볼 때, 니고데모는 과연 여러분에게 어떠한 사람인가요?

화면 종료.

제14장

마지막에: 막달라 마리아

제14장 마지막에: 막달라 마리아

♯ 요한복음 20장 1-18절

막달라 마리아는 가장 늦게 이 이야기에 나오지만, 등장하자마자 무대 중심에 서게 됩니다. 십자가 곁에는 가장 나중에, 무덤가에는 가장 먼저 등장하지요. 그녀는 예수님께서 십자가에 달리셔서 그분을 따르는 자들을 서로 연결해 주시고 성령을 주실 때 시작된 첫 교회의 설립 회원이기도 합니다. 또한 부활하신 예수님을 혼자서 가장 먼저 만난 사람이자, 기독교 역사에서 처음으로 부활 소식을 전한 사람이지요. 예수님께서 마리아를 "보내셔서" 다른 제자들에게 그분의 부활을 선포하게 하셨으니 막달라 마리아는 사도들에게 "사도"가 됩니다.

기독교 역사를 살펴보면 막달라 마리아를 비방한 사람들도 있고 흠모한 사람들도 있습니다. 마리아는 대중문화의 아이콘이 되어서 책(이를테면, 댄 브라운[Dan Brown]의 『다빈치 코드』[*The Davinci Code*]), 영화(이를테면 지저스 크라이스트 슈퍼스타[*Jesus Christ Superstar*]와 몬트리올 예수[*Jesus of Montreal*]),

그림, 음악 등 곳곳에 등장해 왔습니다.

저는 다른 책에서 막달라 마리아를 자세히 살펴본 적이 있습니다. 막달라 마리아에 대해 잘못 "알려진 사실"을 바로잡는 것도 제가 해 왔던 작업의 일환입니다.[1] 성경 어디에서도 막달라 마리아는 예수님에게 기름을 붓지 않습니다. 그녀는 결코 매춘부도 아니고 성적으로 미심쩍지도 않습니다. 일단 여기까지만 말해 두겠습니다. 이제 찰랑거리는 긴 머리카락, 선명한 파란색 아이섀도, 짤랑짤랑 소리나는 벨리 댄스 스커트를 떠올리는 외설적인 상상을 잠재울 시간입니다. 제가 **지저스 크라이스트 수퍼스타**를 보통의 사람들보다 더 많이 좋아하고(심지어 제 이름 첫글자가 JCS입니다), 큰 소리로 "나는 그를 사랑하는 법을 몰라요"라고 (아무리 음정을 못 맞춰도) 노래를 부르곤 하지만, 그 여인은 상상의 산물이지, 성경에 등장하는 그 막달라 마리아가 아닙니다. 만약 이 부분이 혼란스럽다면 그것이 여러분의 잘못만은 아니라는 사실을 알아두세요. 수 세기 동안 교회의 고위 관계자들이 이러한 잘못된 정보를 여러분에게 제공해 왔던 탓이니까

---

1 "Introducing the Real Mary Magdalene", in *Teaching the Bible*, Society of Biblical Literature, http://www.sbl-site.org/assets/pdfs/TBv2i8_ClarkSolesMagdalene.pdf. 이 논문 수정본이 Jaime Clark-Soles, *Engaging the Word: The New Testament and the Christian Believer* (Louisville, KY: Westminster John Knox Press, 2010)에 나옵니다. "Mary Magdalene: Beginning at the End," in *Character Studies in the Fourth Gospel: Narrative Approaches to Seventy Figures in John*, ed. Steven A. Hunt, D. Francois Tolmie and Ruben Zimmermann, Wissenschaftliche Untersuchungen zum Neuen Testament (Tübingen: Mohr Siebeck, 2013), 626–640도 참고.

요. 과거에 교황 그레고리오는 『강론 33』(연대는 주후 591년)에서 "누가 가 죄인인 여자라고 부르고 요한이 [베다니의] 마리아라고 부른 여자를 우리는 일곱 귀신이 쫓겨난 그 마리아라고 생각한다"[2]라고 자기 식대로 잘못 해석했습니다. 우리의 가련한 주후 6세기 선조들은 교회 관계자들을 통하지 않고서는 성경을 접할 수 없었기 때문에(또는 교육을 받을 수 없었기 때문에) 맞설 방법이 없었습니다. 하지만 우리 현대 그리스도인들은 성경 원문의 세부 내용에 대한 잘못된 해석을 용인하지 않아도 됩니다.

사실 지금까지도 그 오류가 우리의 일상 표현에 명문화되어 있습니다. 아누 가그(Anu Garg)가 운영하는 웹사이트 어워드어데이 (A.Word.A.Day)에 나오는 정의를 봅시다. 표제어는 다음과 같습니다.

maudlin

발음: (MAWD-lin)

뜻: [형용사] 지나치게 감상적인.

어원: 막달라 마리아에게서 유래. 막달라 마리아는 성경에서 예수님을 따르던 인물. 중세 미술에서는 막달라 마리아를 죄를 회개하며 눈물 흘리는 모습으로 묘사하였기에(마리아는 자기 눈물로 예수님의 발을 닦았다) 막달라 마리아의 이름은 눈물에 젖은 감상적인 모습과 동의

---

2   *Homily 33*은 *Homiliarum in evangelia*, Lib. II, *Patrologia Latina* 76 (Paris: J.-P. Migne, 1844-1864), cols. 1238-1246에 있습니다

어가 되었다. 막달라라는 이름은 그리스어에서 "막달라의"라는 뜻이고, 갈릴리 해안 마을의 이름이 그 기원이다. 이어서 막달라라는 이름은 아람어로 "탑(tower)"을 뜻한다. 그렇다면 여기 maudlin은 사람의 이름을 따서 만들어졌고, 그 사람 이름은 장소의 이름을 따서 만들어졌으며, 그 장소는 사물의 이름을 따서 만들어졌다고 볼 수 있다. 막달라 마리아의 젊은 시절의 삶을 암시하는 또 다른 단어 magdalene(개과천선한 매춘부)도 그 이름에서 나왔다.[3]

맙소사. 이제 당면 과제로 옮겨 갑시다. 요한복음에서 막달라 마리아가 십자가 옆에 등장한 후에 무슨 일을 했나요? 바로 무덤에 나타납니다. 우리라면 어땠을까요?

그곳에 마리아만 홀로 서 있습니다. 마리아는 앞으로 어떤 일이 일어날지 모르고 상실감에 빠져 있지만, 그래도 그곳에 있습니다. 신실함이라는 것이 바로 그런 모습 아닐까요?

다음에 나오는 내용에서 몇 가지 중요한 세부 사항을 찾아보려고 합니다. 베드로와 사랑하시는 그 제자는 물론이고 요한복음에 나오는 다른 인물들과도 마리아를 비교해보고, 그 이야기가 우리의 삶과 어느 지점에서 어떻게 연결되는지 살펴보겠습니다.

---

3   Anu Garg, "Maudlin," Wordsmith.org, http://wordsmith.org/words/maudlin.html.

마리아가 무덤에 오다(20:1)

다시 촬영을 해봅시다. 이 장면은 막달라 마리아가 일요일 아침에 혼자 무덤가에 있는 것으로 시작됩니다. 여러분에게 이렇게 질문해 볼게요. "여러분은 무덤가에 누가 있으리라고 **예상했습니까?**" 화면에 제일 먼저 등장하는 사람이 이 이야기에서 겨우 열세 절 앞에 등장한 인물이라는 사실이 놀랍지 않나요? 그녀보다 훨씬 먼저 나온 사랑하시는 제자나 예수님의 어머니, 다른 인물들이 아니고요.

베드로와 사랑하시는 제자가 자취를 감췄기 때문에 막달라 마리아가 더욱 돋보입니다. 마리아는 무덤에 가장 먼저 간 사람이고, 부활을 제일 먼저 이해한 사람입니다. 요한복음의 저자는 늘 이런 식인데요, 이로써 (당시 시대와 문화의 정서와 어긋나게) 복음 선포의 기초가 여성에게 달려 있다고 주장한 것입니다. 이 복음서에는 가장 예상치 못한 인물들(여자들)이 주요 역할을 하는 사람으로, 목격자로, 사도로, 촉매로, 복음 전도자로 등장합니다. 그런 신비한 방법으로 하나님이 일하신다고 주장하는 것이지요. 여성의 믿음과 통찰과 선포가 동일한 양식으로 가나에서도 벌어집니다(2:1-12). 제자들 모두가 혼인 잔치 자리에 있지만, 예수님의 능력과 목적을 어느 정도 감지한 사람은 바로 예수님의 어머니였죠.

요한복음 4장에 나오는 사마리아 여자를 떠올려 보면, 그 여자는 니고데모와는 대조적으로 예수님을 하나님으로 보고 자신의 동네에 복음을 전파합니다. 사마리아 여자는 제자들과도 뚜렷하게 대조되는데요, 카메라의 초점을 제자들에게 맞추어 보면 제자들은 곰돌이 푸(Winnne-the-Pooh)의 자세를 취하며 그루터기에 걸터 앉아, 왜 예수님께서 그 여자와 이야기를 나누시는지, 예수님께서 어떤 종류의 먹을 거리를 비축해 놓으셨는지 생각하느라 심란해 합니다(4:33). 그들은 손가락으로 관자놀이를 찔러 대며 "생각, 생각, 생각" 노래를 부르고 있습니다. 영화 속에서 푸(Pooh)는 언제나 마지막에 이르러서야 "오케이"라고 외치게 됩니다. 다른 이들보다 훨씬 더 빙 둘러서 길을 간 후에야 마침내 깨닫게 되죠, 예수님의 제자들도 마찬가지였습니다.

마리아가 베드로와 그 사랑하시던 제자에게 달려가다(20:2)

마리아가 달려가서 빈 무덤의 소식을 베드로와 그 사랑하시던 제자에게 알립니다.

베드로와 그 사랑하시던 제자 집중 조명(20:3-10)

분명 마리아도 다시 무덤으로 오지만, 카메라는 마리아를 놔두고 베드로와 "그 다른 제자"가 빈 무덤에 달려드는 모습을 확대합니다. 두 사람은 달리기 시합을 합니다. 무덤에 도착해서 쓱 훑어보자,

세마포가 보이고 시체는 안 보이니, (마리아가 말한 것처럼) 무덤이 비었다고는 생각했지만 그 이유는 전혀 알지 못합니다. 둘은 아무런 말도 하지 않고 아무런 조사도 하지 않습니다. 각자 마리아가 오기 전에 하던 일을 위해 돌아갈 뿐입니다(그리스어에서는 "집으로"라는 말이 나오지 않습니다). 어쩌면 그들은 추억을 회상하고 있었는지도 모르죠. 전략을 짜고 있었을 수도 있고요. 물고기를 잡거나 고대의 엑스박스(X-Box)로 게임을 하면서 슬픔을 달래고 있었는지도 모르겠네요. 어쨌든 그들은 그 자리를 떠납니다. 예전의 삶으로 다시 돌아가는 것이었습니다. 그들은 부활하신 예수님을 만난 후에도 똑같이 행동합니다. 그저 다시 고기를 잡으러 갑니다. 그 일은 나중에 더 다루겠습니다.

요한복음 전체에서 우리가 배우듯이, 훌륭한 제자도의 핵심 표지는 "와서 보고 머무르고 믿고", 예수님의 정체에 대한 성경의 증언을 따르는 것입니다. 베드로와 사랑하시는 그 제자에게 칭찬할 점이 있다면 와서 본 것인데, 그들은 거기까지였습니다. 어쩌면 여러분은 "그래도 본문은 사랑하시는 그 제자가 '믿었다'(20:8)고 말하지 않나요?"라고 반문할지도 모르겠군요. 하지만 그 순간에 그 제자가 정확히 무엇을 믿은 것인가요? 흔히들 그가 복음(기쁜 소식)의 핵심 메시지, 즉 예수님께서 다시 살아나셨음을 믿었다고 추정합니다. 그런데 해당 본문은 곧바로 "그들이 알지 못하더라"(20:9)고 말하므로 그것은 정확한 추정이라고 보기 어렵습니다. 이 시점에서 그 제자는 무덤이 비었다는 마리아의 증언만 믿은 것이지요.

울음이 기쁨으로(20:11-13)

"밤새 울더라도 아침과 함께 기쁨이 오리라"(시 30:5 저자 번역). 그리고, 아, 정말로 아침이 왔습니다!

다른 제자들과 달리 마리아는 머무릅니다. 울고 있습니다. 자신의 슬픔을 슬픔 그대로 마주보고, 자신을 고통스럽게 한 바로 그곳을 똑바로 들여다보려고 몸을 구부립니다. 이보다 더 힘겨운 일이 어디 있을까요? 마리아는 행복한 척을 하거나 즐거운 듯 "다 괜찮아! 예수님은 지금 더 좋은 곳에 계셔. 하늘나라에는 천사가 한 명 더 필요했어"라고 말하며 뛰어다니지 않습니다. 그냥 흘러나오는 눈물이 흐르게 합니다. 그러자 눈물이 더 많이 흐릅니다. 그런데 그때 놀라운 일이 일어납니다. 마리아는 하나님께서 보내신 선물인 천사의 목소리를 듣고, 천사의 현현을 보고, 신비한 환상을 받게 되는데요, 여러분에게도 그러한 일이 일어난 적 있습니까?

막달라 마리아가 눈물을 흘렸듯이, 다른 사람들도 울었습니다. 요한복음에서 또 누가 눈물 흘렸나요? 그래요, 예수님께서 눈물을 흘리셨습니다. 요한복음 11장을 읽은 독자라면 막달라 마리아가 "돌"로 막은 "무덤" 바깥에서 "눈물 흘리는" "마리아"라는 사실을 못 보고 지나칠 수가 없습니다. 베다니의 마리아가 나사로를 위해서 눈물 흘리는 모습을 보았으니까요. 베다니의 마리아와 예수님, 모두 사랑하는 이를 잃고서 사람들 앞에서 눈물을 흘렸습니다.

천사가 마리아에게 "여자여 어찌하여 우느냐?"(20:13)라고 묻습니다. 마리아는 변명하지도 않고, 거창하게 격식을 차리지도 않으면서 자신이 괴로운 이유를 밝힙니다. 천사와 함께 있는 것이 편해 보일 정도입니다. 옷깃을 가다듬거나 윗입술을 떠는 모습은 보이지 않습니다. 그 순간에 자신이 어떤 상황인지와 관련된 진실을 진술할 뿐입니다. 마리아는 사실상 일전에 자신이 한 말을 거의 그대로 반복하지만(20:2), 이번에는 좀 더 개인적인 어조로 말합니다. 두 진술을 비교해 봅시다. "사람들이 그 주님을 무덤에서 가져다가 어디다 두었는지 우리가 알지 못하겠습니다"(20:2), "사람들이 내 주님을 옮겨다가 어디 두었는지 내가 알지 못하겠습니다"(20:13).

"전환"점(20:14-17)

마리아가 예수님을 바라볼 때 카메라가 이동하는데요, 예수님께서 육신의 모습으로 계시는데도 마리아는 알아차리지 못합니다. 예수님의 질문, "여자여 어찌하여 우느냐?"(20:15)는 앞선 천사의 질문과 완전히 일치합니다. 더욱이 이 질문은 요한복음 2장에서 예수님의 어머니가 나오는 장면을 떠오르게 하는데요, 예수님께서 누군가를 "여자"(2:4)라고 부르시는 지금 이곳과 그 구절뿐입니다. 이어서 예수님은 요한복음에서 자주 하시는 그 질문을 던지십니다. "누구를 찾느냐?"(1:38; 4:27; 18:4, 7).

본문은 우리에게 마리아가 예수님을 동산지기로 착각했다고 이야기해 줍니다. 분명 요한복음 20장 첫머리에서 우리는 마리아가 동산에 있음을 보게 되지만(19:41 참조), 알고 보니 이 동산은 모든 동산 중에 최고의 동산이었습니다! 마리아가 예수님을 어느 동산지기가 아니라 그 동산지기라고 생각했다는 사실은, 우리에게 창세기와 최초의 에덴 동산을 떠올리라는 신호와 같습니다. 또한 우리는 이미 20:1에서 그날이 "첫날"이라는 진술을 보았습니다. 그 진술 덕분에 우리는 창조가 시작된 때로 돌아가게 됩니다(창 1:11 이하와 요 1:1-5). 창조주 하나님과 동산과 두 사람이 있고, 그 두 사람이 사람 됨과 신체, 성별과 성, 세속적인 것/타락/슬픔/절망과 경건함/구속/평화/기쁨의 문제를 다루었던 그 첫날로 말이지요. 그렇게 동산은 시작이고, 끝이고, 다시 시작이 됩니다.

마리아는 자신에게 필요하다고 생각하는 도움을 대담하게 요청합니다. 죽은 예수님의 몸을 찾아 달라는 것이었지요. 그런데 바라던 것 이상을, 즉 살아 있는 주님의 목소리를 듣게 됩니다. 요한복음은 예수님께서 우리 각 사람의 이름을 다 아시고, 우리는 예수님의 양이기에 그분의 목소리를 안다고 강조합니다. 예수님께서 "마리아야" 하고 그녀의 이름을 부르시자 마리아가 "정신을 차리고" 슬픔에서 벗어나 자기 앞에 있는 기쁜 현실을 알아차립니다. 20:16에서 마리아가 "돌이켰다"는 표현이 눈에 띄는데요, 이 표현은 마리아 편에서는 일종의 영적 계시를 나타내는 것입니다. 마리아는 그것을 이해하고 있습니다. 그 표현이 단순히 마리아가 예수님을 향해서 몸을 돌렸다는 뜻일 리는 없습니다. 앞서 20:14에서 이미 그렇게 몸을 돌렸기 때문이죠(20:14의 동사도 똑같이 *strephō*).

마리아는 예수님을 꼭 붙잡고 싶었습니다. 예전으로 돌아가고 싶었습니다. 마리아로서는 지금 예수님을 놓아 버리면 어떻게 더 충만하게 예수님을 경험할 수 있을지 도무지 상상할 수 없었습니다. 우리도 그러한 생각에 공감할 수 있습니다.

2007년 3월이었어요. 저는 마지막으로 친구 데이비드 로슨(David Lawson)과 통화를 했습니다. 제가 퍼킨스 신학교(Perkins School of Theology)에 도착했을 당시 로슨은 신학교에 상주하는 주교였습니다. 로슨은 오랜 병환 끝에 숨을 거둘 때가 가까워지고 있었죠. 통화를 할 무렵 로슨은 다시 인디아나에 가 있었고, 저는 아직 달라스에 있었습니다. 우리는 평소 하던 식으로 전화 통화를 시작했어요. "요즘 무슨 책을 읽고 있어요?"라고 묻자 로슨이 "저는 독특한 학자의 글을 읽고 있습니다"하고 대답했습니다. 그리고 제가 "음, 그 학자가 아주 독단적이라는 거군요"라고 말했죠. 로슨은 "당신도 그렇죠"하고 대답했습니다. 우리는 함께 소리 내어 웃었습니다. 평소처럼 로슨은 그가 성경에서 제일 좋아하는 책인 빌립보서를 읽곤 했는데요, 그 책은 로슨의 주일학교 8학년 선생님이 로슨을 위해서 "고른" 책이었다고 해요. 당시 로슨과 그의 친구들은 교회에서 슬쩍 빠져나가서 아이스크림을 사먹고, 예배가 끝나기 전에 살그머니 돌아오곤 하는 악동들이었죠. 우리는 그러한 이야기와 함께 여러 이야기들을 나누었습니다. 로슨은 도전적이면서도 훌륭한 조언(말하자면 로슨 자신의 고별담화)을 해주었습니다. 우리는 함께 웃었지요.

또 로슨은 자신의 죽음을 손자가 받아들이도록 가르치며 도왔다는 아름다운 이야기를 해주었습니다. 젊어서 철도 회사에서 일하기도 했던 건장한 남자가 침대에 누워 "아, 할아버지…" 말만 거듭하며 울먹이는 손자를 안아 주는 것으로 끝나는 이야기였지요. 저는 로슨에게 저도 그 손자와 같은 심정이라고, 머지않아 제가 전화기를 들어서 담소를 나누거나 새로운 시를 소개하는 이메일을 받지 못하리라는 것을 알고 있기에 너무나도 슬프다고 말했습니다(로슨은 저에게 메리 올리버[Mary Oliver]의 "기러기"[Wild Goose]를 처음 소개해 주었을 뿐 아니라 케일린 호트[Kaylin Haught]의 "하나님은 나에게 '그래'라고 말씀하신다"[God Says Yes to Me]도 소개해 주었습니다). 로슨은 저를 위로해 주면서 자신의 평강과 봄철에 대한 감상을 말했고, 자기가 아주 떠나는 것은 아니라는 사실과 부활을 상기시켜 주었습니다.

저는 「신약에 나오는 악과 고통과 죽음」이라는 이름으로 자주 수업을 개설하고, 그 분야의 책도 계속해서 내고 있습니다. 저는 목사 안수를 받았고 부활과 영생을 설교하고 가르치는 (그리고 믿는) 신학교 교수입니다. 또 저는 요한복음을 무척이나 좋아합니다. 로슨이 제 슬픔을 달래려고 하는 내내 저는 반발했어요. "주교님도 알다시피, 저는 요한복음을 연구하는 학자예요. 동산에 있는 마리아와 예수님 이야기를 무수히 읽었지만, 지금까지는 **진정으로** 이해하지 못했어요. 이제야 알겠어요. 마리아는 예수님께서 육신적으로 떠나시지 않기를 바랐던 거예요. 그건 너무나 힘든 일이었으니까요. 그러니 제가 계속 주교님을 붙잡고 싶어하는 것을 이해해 주세요." 저는 이런 말도 했습니다. "그거 알아요? 주교님은 최근 몇 년 동안 저에게 정말 많은 것을 가르쳐 주시고, 저에게 참 스승이 되어 주셨어요. 하지만 이 슬픔에 대해서는 막지 않으셨으면 좋겠어요. 저는 주교님이 죽어가고 있다는 사실이 너무나도 슬퍼요. 그러니 제가 슬퍼하지 못하게 막지 말아주세요." 누군가 여러분의 이름을 안다면, 여러분을 정말로 잘 안다면 여러분은 엄청나게 솔직해질 수 있습니다. 있는 그대로의 경험조차도 거룩한 일이 될 수 있습니다.

이 복음서에서 손을 대는 일이 얼마나 많이 일어나는지 보세요. 몸은 중요합니다. 지금 본문은 막달라 마리아가 이미 예수님에게 손을 댔다고 말합니다. 그렇게 하는 것이 마리아에게는 자연스러운 일이었죠. 하지만 예수님은 자신에게 손을 대지 말라고 말씀하셨습니다. 이는 예수님께서 금욕적이시거나 냉정하시기 때문이 아니라, 앞으로의 이야기가 어떻게 전개될지 아셨기 때문입니다. 즉, 그 이야기가 진전되려면 자신이 하나님에게로, 즉 원래의 동산지기이신 분에게로 돌아가야 한다는 것을 아셨기 때문입니다(20:17).

임무 수행 중인 마리아(20:18)

예수님은 늘 그러셨듯이, 마리아를 보내어 주님의 부활을 "형제자매들"에게 선포하게 하십니다. 이때 사용된 단어(adelphous)가 남성과 여성을 포괄한다는 것에 주목하세요. NRSV가 대개 이 단어를 그와 같이 번역했는데, 여기서는 왜인지 "형제들"로만 한정했네요. 그와 같은 번역은 사실 근거도 없는데 말이죠, 그러한 번역은 남자들만 제자들(*mathētēs*)이었다는 선입견이 작동한 번역입니다. 하지만 그것은 사실이 아닙니다. 그러니 영어 역본을 사용할 때는 항시 주의해야 합니다.

예수님께서 요한복음 17장에서 기도하신 "교회가 한 가족이 되고, 예수님께서 하나님과 누리신 것과 같은 관계를 교회도 누리는 것"이 마침내 실현되었습니다. 모든 사람들 중에서 (소위 의심 많은) 도마가 20:28에서 "나의 주님이시고, 나의 하나님이시니이다"라고 선포함으로 그 사실을 가장 먼저 표현하는 사람이 된다는 데 주목하세요.

마리아는 그 복음을 제자들에게 서둘러 전달합니다. 자신이 부활하신 주님을 개인적으로 만난 것을 증언하여, 다음 단락에서 제자들도 예수님을 만날 준비를 하게 합니다.

막달라 마리아: 예수님의 아침 사자

문자 그대로 말하자면, 마리아는 예수님의 사자(*angelos*)로서 그 메시지를 알립니다(*angellō*). 팀 라이스(Tim Rice)와 헬렌 레디(Helen Reddy), 그리고 도처에 있는 **지저스 크라이스트 수퍼스타** 애호가들에게는 미안하지만, 막달라 마리아는 사실 "그를 사랑하는 방법을 알고 있습니다." 마리아는 다음과 같은 사람입니다.

- 예수님께서 이름으로 부르시는 예수님의 양 중 하나
- 예수님을 찾는 주도적 행위자
- 끈기 있게 머물러 있음으로 천사의 현현과 그리스도의 현현을 상으로 받은 사람
- 십자가에 들어 올려지신 후 부활하신 주님이 오시자 슬픔이 기쁨으로 변한 사람
- 부활하신 주님의 실재를 증언한 사람
- 가장 먼저 부활하신 주님을 보고서 선포한 사람
- 위로부터, 즉 "사람의 뜻이 아니라 하나님의 뜻에 의하여" 태어난 사람(1:12-13)
- 복음 전도자
- 예수님의 뜻에 순종하고, 하나님의 뜻에 순종한 사람

흑인 여성 아카펠라 중창단 스윗허니 인더락(Sweet Honey In The Rock)이 부른 "엘라의 노래"에는 이런 가사가 들어 있습니다.

나는 목소리로 말하는 여자, 그리고 내 목소리는 들려야만 하지.
아주 까다롭게 굴 수 있을 때, 나는 어떤 남자의 말도 받아들이지 않겠어.[4]

---

4   Sweet Honey in the Rock, "Ella's Song," *Breaths*, 1988, soundtrack.

틀림없이 막달라 마리아의 머릿속에는 바로 이런 가사들이 있었을 거예요! 그 근거요? 이 단락에서 막달라 마리아는 다른 누구보다도 더 많이, 더 과감하게 말을 하고 있기 때문입니다. 다른 제자들은 전혀 말을 하지 않습니다. 예수님과 천사들만 말을 할 뿐, 다른 사람들은 아무런 말을 하지 않습니다. 마리아만 제외하고요. 마리아는 천사들보다 훨씬 더 많은 말을 합니다(그리스어 원문에서 천사들은 딱 3단어만 말합니다). 그녀가 예수님보다 더 많은 단어로 말하는 것도 눈에 띕니다(막달라 마리아는 43단어로 말하고 예수님은 38단어로 말씀하십니다.) 이것이 요한복음에서는 그다지 새삼스러운 일이 아닙니다. 요한복음 11장을 다시 떠올려 보면, 예수님께서 마르다와 베다니의 마리아와 나누시는 대화는 결국 예수님의 아주 중요한 두 가지 진술, "나는 부활이요 생명이니, 나를 믿는 자는 죽어도 살겠다"(11:25)와, 예수님이 누구신지에 대한 강력한 고백과 선언, "주여 그러하외다 주는 그리스도시요 세상에 오시는 하나님의 아들이신 줄 내가 믿나이다"(11:27)로 이어집니다. 정작 나사로는 말 한 마디 하지 않죠.

막달라 마리아는 부활하신 예수님이 인간 역사상, 아니 우주 역사상 가장 중요한 분이심을 최초로 증언합니다. 그렇게 증언하면서 마리아 자신도 그 역사의 가장 중요한 부분이 되었습니다. 마리아의 목소리가 여러분에게도 들리나요?

제15장

예수님이 똑같이 두 번 나타나시다

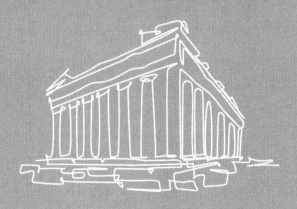

제15장 예수님이 똑같이 두 번 나타나시다

#요한복음 20장 19-31절

도마가 아닌 제자들 몇 명이 부활하신 예수님을 보다

막달라 마리아가 부활하신 예수님에 대해, 풍성한 삶에 대해, 영원히 변할 수 있는 가능성이 열려 있는 세상에 대해 선포하자, 제자들은 어떻게 반응합니까? 두려워서 문을 걸어 잠그고 몸을 숨겼습니다.

다시 빛/어둠 모티프에 주목해 보세요. 사마리아 여자처럼 막달라 마리아는 낮의 사람, 빛의 사람입니다. 반대로 니고데모처럼 제자들은 어둠 속에 웅크리고 있습니다. 그러자 (빛이신) 예수님께서 제자들을 찾아가 만나시면서, 그들에게 두려움 대신 평화를 주십니다. 예수님께서 손과 옆구리를 보여 주시자, 제자들은 마침내 예수님이

심을 깨닫습니다. 우리 또한 질그릇 속에 보물을 간직한 존재입니다. 우리는 이 세상을 내적으로나 외적으로나 우리의 몸을 통해 경험합니다. 그리스도의 삶(의 경험)이 부활하신 몸에 여전히 흔적으로 남아 있다는 사실을 어떻게 생각하나요? 교리적인 관점에서 보면, 이 사실은 예수님께서 정말로 사람이셨고 그분의 몸이 그분의 사람됨에 필수적이었음을 강조합니다. 다시 말해서 부활하신 그리스도가 실제로 나사렛 예수이심을 강조하는 것이죠. 그런데 그러한 사실이 여러분 개인에게는 과연 어떠한 의미가 있나요?

예수님은 평화를 주실 것을 재차 말씀하십니다. 예수님께서 아무리 일깨워 주셔도 우리는 늘 모자랍니다. 예수님은 앞서 막달라 마리아에게 하신 일을 제자들에게도 하시는데요, 바로 맡은 일을 하라고 보내시는 것입니다. 그런데 예수님께서 우리를 보내어 어떤 일을 하라고 하실 때면 언제나 그 일을 할 준비를 갖추게 하십니다. 그래서 십자가 아래에서 갓 생겨난 교회에 성령을 주신 것과 같이 (19:31), 이제 제자들에게 거룩한 **프뉴마**(영/숨)를 불어 넣어 주십니다 (20:22). 여기에서 우리는 창세기 2:7에 나오는 "그때 여호와 하나님이 땅의 흙으로 "흙-피조물"(*ha-adam*)을 만드시고, 그 코에 생명의 숨을 불어넣으시자, 그 땅-피조물이 살아 있는 사람이 되었다"(창 2:7 저자 번역)는 말씀을 떠올리게 됩니다. 예수님은 그 후에 큰 권능(성령)에는 큰 책임(하나님께서 죄를 대적하시는 것을 유념하고 용서하는 것)이 따른다는 것을 다시 한번 제자들에게 상기시켜 주십니다.

믿음 있는 도마

여러분은 틀림없이 도마의 이야기를 들어본 적이 있을 거예요.

요한복음 11:16에서 우리가 처음 도마를 만났을 때를 기억하나요? 예수님께서 나사로를 다시 살리시려고 유대로 갈 계획을 세우고 있으실 때, 유대 지역이 예수님에게 위험한 지역이었기에 제자들은 예수님을 만류했습니다. 우리가 이요르라고 부른 도마는 여기서 처음으로 등장하여 "우리도 주와 함께 죽으러 가자"(요 11:16)고 용감하지만 솔직하게, 조금은 체념한 듯이 말했지요.

도마가 등장하는 또 다른 본문인 14:1도 살펴봅시다. 예수님께서 임박한 죽음과 승천에 대해 말씀하시고 있습니다. 여러분은 주일학교 공과 시간이나 식당에서 하는 대화 속에서, 누군가가 어떤 이야기를 하자 그 주위의 있는 사람들은 모두 무슨 말을 하는지 다 아는 것처럼 구는데, 정작 여러분 자신은 아무것도 모르는 경험을 한 적이 있나요? 여기에서 바로 그런 일이 일어났습니다. 하지만 도마는 그냥 머리를 끄덕이지 않고 목소리 높여서 "사실, 저는 선생님이 무슨 말씀을 하시는지 도통 모르겠어요"하고 말합니다. 도마는 솔직하고 진실한 사람이요, 실리적인 남자입니다. 상상력이나 신비감은 부족할지 몰라도 정말로 탐구적인 정신을 가진 사람이지요. 도마는 다른 제자들이 두렵거나 부끄러워서 차마 묻지 못하는 어려운 문제를 기꺼이 질문합니다. 또한 도마는 상당히 현실적인 남자였습니다. 그래서 저는 요한복음 19장에서 일어나는 일이 그다지 놀랍지 않습니다. 도마의 성격 그대로 벌어진 일이니까요.

예수님께서 문을 잠근 방 안에 있는 제자들에게 나타나실 때, 도마는 어디에 있을까요? 본문은 아무 말도 하지 않으므로 도마가 어디에서 무엇을 하고 있었으며, 어떤 생각과 기분이었는지 (도마에 대해 아는 사항을 바탕으로) 우리가 자유롭게 상상해 볼 수 있습니다. 다른 동료들이 도마를 어디에서 찾았는지 모르겠지만, 도마에게도 예수님에 대한 소식이 전달되었습니다. 그러자 도마는 어떠한 반응을 보이나요? 기쁨을 느끼며 위로를 받나요? 아니요, 마리아가 그 소식을 전했을 때, 다른 제자들이 보인 반응과 동일한 반응을 보입니다. 그때 그 제자들이 기뻐서 어쩔 줄 몰라했나요? 예수님을 찾아 동산으로 달려갔나요? 아니요, 오히려 예수님께서 제자들을 찾아오셔야 했습니다.

그리고 도마는 극적인 발언을 합니다. "내가 그분의 손에 있는 못 자국을 보고, 그 못 자국에 내 손가락을 찔러 넣지 않는 한, 그리고 내가 내 손을 그분의 옆구리에 찔러 넣지 않는 한, 나는 절대로 믿지 않겠어"(20:25 저자 번역). 여기에 사용된 동사는 강력한 의미를 가졌고(ballō), 부정(ou mē) 역시 강조된 표현입니다. 단순히 "내가 그것을 보면 믿겠어"가 아니고, 조건이 많아요. 이것이 제가 도마에게 공감하는 또 다른 이유입니다. 도마는 자기 믿음에 조건을 달아요. 여러분은 어떤가요? 도마는 예수님께서 부활하셨다는 확실한 증거, 의문의 여지가 없도록 눈으로 직접 확인할 수 있는 사실을 원합니다. 저는 차마 그런 도마를 비난하지 못하겠습니다. 제가 그를 비난하지 못하는 이유를 짐작할 수 있나요? 그 이유는 2가지입니다. 첫째, 도마는 다른 제자들 모두가 이미 본 것을 자기도 보기를 요구한 것입니다. 둘째, 누군들 위태롭고 연약한 순간에 확실한 표적을 원하지 않을까요? 그래서 저는 도마를 비난하지 못하겠습니다. 그래서 결국 무슨 일이 일어났지요?

　도마가 그렇게 공표한 지 8일이 지나서 마침내 그의 바람이 실현됩니다. 물론 그 외에도 많은 일들이 실현되고요. 예수님께서 도마에게 나타나셔서 직접 말씀하셨습니다. 성경은 도마가 예수님의 상처를 과연 만져봤는지 말해 주지 않습니다. 제 생각에 따르면, 도마는 부활하신 주님을 보고서 그분의 임재를 느끼자마자 아마도 자기가 내세운 조건은 깡그리 잊었을 거예요. 도마가 내뱉을 수 있었던 말은 그저 "나의 주님이시요 나의 하나님이시니이다"(20:28) 뿐이었습니다. 다시 말해, 부활하신 주님의 임재로 도마의 알량한 회의론과 별 볼 일 없는 논증과 오만한 주장이 완전히 뒤집어졌습니다. 그 임재는 부활하신 주님의 영광이었으니, 그분을 주님과 하나님으로 고백하는 것 말고는 합당한 반응이 없었습니다. 그리고 그것이 제가 도마를 좋아하는 또 다른 이유입니다. 도마는 자기가 패배했을 때를 알았습니다. 입을 다물고 엎드려 절을 해야 할 때가 있다는 것을 알았죠. 제가 보기에 도마는 복이 있는 사람입니다. 도마가 그처럼 놀라운 기회를 얻었다는 것이 부럽습니다.

　그때 예수님은 뭐라고 말씀하셨을까요? "너는 나를 보았기 때문에 믿느냐(한편, 2:23-25와 4:48을 다시 읽어 보면 예수님을 믿고 따르는 데 표적과 기사가 **필요한** 사람들을, 저자 요한이 꺼려한다는 점이 엿보입니다)? 나를 보지 **않고**도 믿는 사람은 복이 있다"(20:29). 여기에는 물론 요한복음의 독자들도 포함됩니다. 바로 여러분과 저요!

저자 요한이 요한복음 1장에서부터 계속해서 세워 온 제자도의 패턴이 도마 안에서 엿보입니다. 한 사람이 예수님을 만납니다. 그런 다음 자신의 체험을 다음 사람에게 이야기해 주는데, 그 사람에게는 살짝 망설임이 나타납니다. 그러고 나서 그 사람이 혼자서 예수님을 직접 만나고, 예수님을 믿게 되면, 예수님에 대한 그 소식을 또 다음 사람과 공유합니다. 안드레가 베드로에게 말해 줍니다. 빌립이 나다나엘에게 말해 줍니다. 사마리아 여자가 동네 사람들에게 말해 줍니다. "와서 보라"가 마치 후렴처럼 거듭 반복됩니다.

부활하신 예수님의 목격자로서는 먼저 막달라 마리아가 시작을 끊습니다. 먼저 마리아가 예수님을 만나서 그 소식을 공유합니다. 다른 제자들은 그 소식을 **몸소** 경험하고 나서야 비로소 진짜로 믿습니다. 그들은 믿게 되었을 때 자신들의 경험을 다시 도마와 나눕니다. 다른 제자들처럼 도마도 자기가 몸소 경험하고 나서야 비로소 완전한 믿음에 이릅니다. 제가 완전한 믿음이라고 말한 이유는 도마에게는 이미 믿음이 있었기 때문이지요. 본문에는 "믿음이 적은 사람이 **되지 말라**"(저자 번역)고 적혀 있습니다.[1] 현재 자신이 있는 자리에서 그 **다음** 단계로 옮겨 가라는 말이지요.

---

1   추가 논의는 Francis J. Moloney, *The Gospel of John, Sacra Pagina 4* (Collegeville, MN: The Liturgical Press, 1998), 539 참고.

그 이야기는 이후에도 꼬리에 꼬리를 물고 이어져 결국 우리에게까지 닿습니다. 도마는 신앙을 고백했고, 이 본문을 통해서 우리에게도 증언했습니다. 우리는 무엇을 해야할까요? 다음 단계로 가게 하는 예수님과의 만남이 있을 때까지, 어느 정도의 관심과 헌신으로 버틸 수 있을까요? 우리 모두가 서로 아주 다른 자리에 있다는 것을 이해한다면, 여러분의 다음 단계는 어떤 모습인가요?

요한복음 저자로서는 가장 높은 단계는 **풍성하게 살아가는 것**입니다. 우리는 지금 그 단계에 있나요?

결국 중요한 것은 도마의 의심이 아니라 도마의 믿음입니다. 누구나 의심하지만 누구나 믿는 것은 아니죠. 믿음 있는 도마처럼 되어서 도마와 함께 "나의 주님이시요 나의 하나님이시니이다"라고 선언합시다.

제16장

최초의 조찬 모임,
티베랴 호숫가 조찬

제16장 최초의 조찬 모임, 디베랴 호숫가 조찬

♯요한복음 21장

은혜에서 떨어진 적이 있나요? 아니 적어도 "기독교 신앙에 있어서 사실 나는 그저 사칭하는 사람에 불과하지 않은가?" 하고 자문한 적이 있나요? 그런 적이 없을 수도 있겠지요. 그렇지만 그런 적이 없다면 요한복음 21장에 나오는 다음 이야기는 물론이고 다른 사람들을 온전히 이해하지 못할 수 있습니다.[1]

요한복음의 모든 장들과 마찬가지로 21장 역시 그 자체로 한 권의 책이 될 만합니다! 21장에 가득 담긴 매력적인 내용들은 우리를 경탄하게 하고, 우리의 상상을 불러 일으킵니다. 또 우리를 웃게 하고, 우리의 정신을 환기시킵니다. 그리고 우리의 마음을 부수기도 하고, 다시 원래대로 봉합하기도 합니다. 한마디로 숨이 멎을 정도

---

[1] 저는 여기서 Shel Silverstein의 짧은 시가 떠올랐습니다. 그 시는 인터넷에서 쉽게 찾아볼 수 있습니다. Shel Silverstein, *Where the Sidewalk Ends* (New York: Harper and Row, 1974), 9.

입니다. "이 장은 무엇에 대한 내용인가?"라는 질문에 온전히 답을 하기에는 시간도 공간도 부족합니다. 그러니 우선 21장을 대략적으로 훑어봅시다. 우리가 읽기를 끝낼 즈음이면 이 이야기와 우리의 인생 사이의 관련성을 말할 수 있게 될 것입니다.

먼저 제자들을 한 번 살펴보세요. 요한복음 20장에서 제자들은 예수님의 부활을 극적으로 체험했습니다. 막달라 마리아가 부활하신 예수님을 가장 먼저 만났고 이후 다른 이들에게 말해주었습니다. 예수님께서는 제자들에게 오셔서 그들에게 숨을 내쉬시고 성령을 주셨습니다. 그런 다음 도마를 위해 한 번 더 나타나셨고요. 놀랍지 않습니까? 이 모든 신비를 경험했다면 평범한 생활을 버리고, 언제든 조난을 당하고 언제든 해적을 만날 것을 각오하고서라도 복음을 전하러 땅끝까지 두루 다녀야 하지 않겠습니까? 그런데 요한복음 21장을 보니 제자들은 다시 원래 하던 일로 되돌아갔습니다. 예수님께서 돌풍처럼 등장하시기 이전의 삶으로 되돌아가서 다시 물고기를 잡고 있습니다. 우리는 그들이 열정을 잃었으며, 그들에게 일어난 변화는 그저 옛날 일이라는 느낌을 받게 됩니다. 여기서 저는 종종 배 안에서 제자들이 좋았던 지난 날을 몹시도 그리워하며 회상하고 있는 모습을 상상해 보는데요. 그들은 여전히 과거에 머물러 살고 있습니다. 현재에 예수님을 찾고 있지 않으며, 예수님께서 정말로 의미심장한 방식으로 나타나시리라고 기대하지 않고 있습니다. 과연 우리는 어떤가요?

예비 사색

요한복음 21장은 아마도 요한복음의 두 번째 결말을 구성하는 장으로서, 베드로를 강조하기 위해 차후에 기록된 것 같습니다(요한복음에서 모범이 되는 추종자는 "사랑하시는 그 제자"라는 것을 기억하세요). 전통적으로는 베드로가 "대표 제자"가 되었기 때문이죠. 21장의 이야기가 시작될 때 제자들의 수를 세어보니 7명입니다. 나머지 제자들은 어디에 있는 걸까요? "다른 제자 둘"(요 21:2)은 정확히 누구를 가리키는 걸까요? 21:7을 감안해보면, 그 둘 중 하나는 분명 "사랑하시는 그 제자"입니다. 저는 저자 요한이 예수님께서 다시 자신을 "나타내셨다"고 언급한 부분에서 감명을 받았습니다. 그 단어는 **파네로오**(phaneroō)인데요, "주현"(epiphany)과 "신현"(theophany)에서 사용되는 단어입니다. 예수님께서 스스로를 나타내셨습니다. 그것이 바로 그분이 하신 일입니다. 그런 다음 요한은 구체적으로 "그가 나타나신 경위는 **이러하다**"(21:2 새번역)고 말합니다. 이는 곧 예수님께서는 무수히 많은 방식으로 나타나실 수 있음을 보여줍니다. 그러니 우리도 언제나 주의 깊게 지켜봅시다.

지금쯤이면 여러분도 요한복음의 패턴에 익숙해졌을 테니, 제자들이 어둠 속에서 일하는 동안 아무것도("아무 사람도"라는 은유인지도?) "잡지" 못한다는 말의 의미를 알아차릴 거예요. 그런데 그들에게 빛이 다가오자 마침내 축복이 가득합니다. 동틀 녘이 되었을 때 세상의 빛이신 예수님께서 바닷가에 나타나셨습니다. 우리는 예수님께서 (자신은) 이미 답을 알고 있는 질문을 우리를 위해 던지신다는 것을 잘 압니다. 예수님은 제자들에게 물고기를 얼마나 잡았는지 물으셨습니다. 예수님이 없으면, 아무것도 없습니다. 하지만 예수님과 함께하면 차고도 넘칩니다.

요한복음에서 자주 볼 수 있듯이, 대개 "사랑하시는 그 제자"가 가장 좋은 역할을 맡는데요, 여기서 그 제자가 가장 먼저 예수님을 알아봅니다. 베드로는 베드로다운 일을 하고 있는데, 즉 베드로는 옷을 입지 않고 있습니다(21:7). 저는 그것이 너무나도 적절한 세부 묘사라고 생각합니다. 베드로는 예수님을 보자 옷을 입고 물로 뛰어듭니다. 이 장면에서 창세기를 떠올려 보세요. 벌거벗음과 죄책감/부끄러움이 타락 이야기에서 공조하는 방식을 생각해 보세요. 막달라 마리아가 있는 20장이 타락 이전 드라마의 1막이라면, 이것은 2막입니다. 베드로는 자신의 친구, 구원자, 주님, 하나님이신 분을 대면하기 위해 자신의 벌거벗음에 옷을 입힙니다(물론 물리적 차원에서).

제자들이 바닷가로 옵니다. 성경 전체에 걸쳐 물은 혼돈을 나타내고(홍수, 요나, 리워야단, 폭풍을 잠잠케 하심), 하나님과 같이 예수님은 그 물을 (그리고 그 물속에 있는 괴물을) 다스릴 능력이 있으십니다(6:16-21에서 예수님이 물 위를 걸으신 일 참조). 21:9을 봅시다. 제자들은 육지에 올라와서 가장 먼저 숯불을 봅니다. 베드로가 예수님을 세 번 부인할 때 숯불 옆에 서 있던 일이 생각나지 않나요(18:18)? 성경 전체에서 "숯불"은 그 두 본문에만 나오는데요, 이는 결코 우연이 아닙니다. 숯불은 실패의 현장이자 구속의 현장입니다. 마치 장소의 신학이라 할 수 있죠. 여러분 인생에 그러한 장소는 어디인가요?

그곳에서 예수님은 그들보다 먼저 (그리고 우리보다 먼저) 불을 피우고 고기와 빵을 굽고 계십니다. 어떻게 예수님에게 이미 물고기가 있었을까요? 6장에서 배웠듯이 그분은 하늘에서 내려온 빵이시니, 우리는 그분이 준비하신 빵/만나에 놀랄 필요가 없습니다. 모든 식탁은 그분의 식탁이지요. 그분은 항상 우리보다 먼저 그 자리에 계십니다. 그런데 그분이 이미 준비하셨지만 제자들도 거기에 더해야 한다고 예수님께서 말씀하신 것에 주목하세요("예수께서 이르시되 지금 잡은 생선을 좀 가져오라 하시니"[21:10]). 이는 곧 동반자 관계를 가리킵니다. 그리고 바로 이것이 지극한 환대의 참된 정신이 아닐까요? 얼핏 성찬식의 뉘앙스도 엿보이고요.

예수님과 베드로

여러분은 두 사람 사이에 오가는 대화가 친밀해서 그것을 엿듣거나 그 자리에 있기가 불편했던 기억이 있나요? 그런 적이 없다면, 이제 그것을 경험할 준비를 하세요.

21:15에서 그것이 현실이 됩니다. 멋지게 재회 후 아침을 잘 먹고나서, 예수님은 베드로에게 개인적으로 다가가 이름을 부르시며 말씀하십니다. 이 복음서에서 요한이 거듭 되풀이하여 주장하듯이

예수님은 여러분과 제 이름으로 아시고, 우리 삶의 모든 세세한 일까지 아시는데요, 예수님은 우리의 반짝이는 통찰력부터 우리가 가진 엄청난 파괴 능력까지도 속속들이 다 아십니다.

영화 요한복음에서 이 본문의 장면을 볼 때마다 저는 무척이나 감동을 받습니다.[2] 꾸밈 없는 장면이죠. 이 장면을 예수님과 베드로가 개인적인 대화 중인 것으로 보는 사람들도 있고, 머릿속으로 제자들 무리 앞에서 대화 중인 것으로 그리는 사람들도 있습니다. 영화는 후자를 선택합니다. 여러분 생각에는 어떤가요?

제1라운드

요한은 베드로에 지칭하는 이름들을 모두 쌓아 놓습니다. "예수께서 시몬 베드로에게 물으셨다. '요한의 아들 시몬아, 네가 이 사람들보다/이것들보다 나를 더 사랑하느냐(*agapaō*)'"(21:15)? "이 사람들보다/이것들보다 더"라는 문구가 모호하다는 사실에 특히 주목해야 합니다. 이 질문은 각양각색으로 해석되어 왔습니다. 실제로 그리스어 원문은 다음 중 어느 것으로도 해석이 가능합니다.

> 1. (이들) 다른 제자들이 나를 사랑하는 것보다 네가 나를 더 사랑하느냐? (요한복음 영화처럼 이 질문을 제자들 전체 앞에서 받았다고 추정하는 해석입니다.)
>
> 2. 네가 (이들) 다른 제자들을 사랑하는 것보다 나를 더 사랑하느

---

2   *The Visual Bible: The Gospel of John* (2003). Directed by Philip Saville.

냐?(이 역시 제자 무리가 함께 있는 정황을 추정하지만 별로 아귀가 맞지는 않습니다.)

3. 네 안전지대인 이 모든 것들, 이 어구(漁具)와 어선과 네 일상의 평범한 생활보다 나를 더 사랑하느냐?

3번이 다른 선택지들보다 훨씬 더 의미가 통합니다. 더욱이 고별담화 전체를 감안하면 베드로의 소명과 그리스도인의 부르심은 공동체 안에서 진행되지, 공동체와 별개로 진행되지는 않을 것입니다. 저는 영화 요한복음이 이 점을 정확하게 이해했다고 생각합니다 (요한 학자 아델 라인하르츠[Adele Reinhartz]가 영화의 자문위원이었으니 완벽하지는 않아도 어느 정도 정보가 바탕에 깔린 해석이기는 합니다.)

베드로는 반사적으로 "주님, 그렇습니다. 내가 주님을 사랑하는 (phileō) 줄을 주님께서 아십니다"라고 대답하는데요, 우리 모두도 아마 그렇게 대답하지 않았을까 싶습니다. 그러자 예수님은 "내 어린 양 떼를 먹여라"고 말씀하십니다. 이처럼 사랑은 지극한 환대를 통해 표현됩니다.

제2, 3라운드

예수님은 두 차례 더, 총 3번 "나를 사랑하느냐?"고 베드로에게 물으십니다. 베드로는 두 차례 더, 총 3번 예수님을 향해 사랑을 표현합니다. 이는 베드로가 자신을 깨고 나와 자유롭게 되는 데 반드시 거쳐야 하는 과정입니다. 예수님께서 그 과정 속으로 베드로를 밀어 넣으시는 것을 볼 때, 여러분의 마음은 어떤가요? 고통스러운 과정, 강요하는 과정처럼 보이지만, 사실은 그렇게 해서 회복되고 자유롭게 됩니다.

베드로는 그 과정에서 무엇을 배웁니까? 첫째, 예수님께서 우리 각 사람을 속속들이 아시고 우리의 필요를 채워 주신다는 것입니다. 사마리아 여자에게는 물이 필요했기에 예수님은 생수가 되어 주셨습니다. 또한 6장을 보면, 사람들에게 빵이 필요했기에 예수님은 하늘로부터 내려온 빵이 되어 주셨습니다. 베드로가 예수님을 3번 부인했기에 예수님은 베드로가 자신을 향한 사랑을 3번 표현하게 하셨습니다. 그러니 만일 베드로가 예수님을 1,000번 부인했다면 예수님은 아마도 베드로의 **가장 참된** 자아는 그리스도를 사랑하고 따르는 자아임을 베드로에게 1,000번 상기시켜 주셨을 거예요. 두려움과 편의와 절망에 쫓긴 자아는 초라한 방어 기제에 불과합니다.

둘째, 예수님은 언제나 베드로에게 섬김을 통해, 지극한 환대를 통해 사랑을 보이라고 촉구하십니다. 그리스도인들은 그리스도의 양 떼를 먹여야 합니다. 그 양 떼 안에 누가 있나요? 모든 사람, 즉 지금 베드로의 상상을 넘어서는 다수의 "다른 사람들"이 있습니다(10:16 참고). 그 상상은 베드로의 생애가 끝날 즈음이 되어서야 바뀌게 될 것입니다. 우리는 어떤가요?

예수님은 베드로가 자신이 완전히 용서받았고, 조건 없이 사랑을 받고 있으며, 자신을 무력하게 하는 죄책감과 수치로부터 온전히 벗어났다는 것을 이해한 후에야, 섬김을 위해 그를 내보낼 수 있다는 점을 아셨습니다. 베드로가 과거의 실패와 현재의 결함으로부터 떠나 소망 가득한 미래 이야기 속으로 걸어갈 때 그 이야기는 곧 우리의 이야기가 됩니다. 처음부터 하나님은 그렇게 의도하셨으니까요. "나는 그들이 생명을 얻게 하려고 왔다." 이 생명은 가장 기본적인 생명인가요? 99.9%짜리 생명인가요? 예수님은 다릅니다. "나는 그들이 생명을 얻게 하려고, 그리고 더 풍성하게 얻게 하려고 왔다"(10:10). 그리고 베드로의 회복에는 섬기는 임무가 수반됩니다.

회복과 생명은 그저 나와 예수님 사이를 잇는 연결 고리 정도가 아닙니다. 예수님과 화해하여 그분에게 다시 돌아오게 되면, 예수님의 양 떼를 먹이는 섬김을 하게 됩니다. 예수님은 "그들이 교리적 순수성에 대한 성명에 서명을 하게 하라", 혹은 "그들이 이 특정 규칙들을 따르게 하라"고 말씀하지 않으시고, "그들을 먹여라"고 말씀하십니다. 예수님과 제자들은 동반자 관계입니다. 제자들로서는 예수님이 떠나시는 것이 슬프지만, 예수님 입장에서는 하나님께서 뜻하시는 종으로 제자들이 성장한다면, "내가 한 것보다 더 큰 일"을 할 수 있도록 길을 비켜 주어야 함을 아셨습니다. 그것이 지극한 환대, 지극한 섬김, 그리고 지극한 동반자의 관계입니다.

실제로 베드로는 예수님의 명령을 죽기까지 실천합니다. 야고보와 유다를 제외하면, 성경은 다른 초기의 제자들 중에 아무도 어떻게 죽었는지 전하여 주지 않습니다. 후대의 전승에 따르면 베드로는 자신이 예수님과 같은 방식으로 십자가에 달려 죽을 자격이 없다고 생각하여, 십자가에 거꾸로 매달려 죽었다고 합니다(여기에 베드로가 팔을 벌린다는 언급이 나옴).

사랑 교정(校訂)

제가 21장을 가르칠 때면 언제나 사랑에 쓰인 두 그리스어 동사 아가파오(*agapaō*)와 필레오(*phileō*)의 차이에 대한 질문이 나옵니다. 두 동사는 다음과 같이 배열되어 있는데요.

> 장면1
>
> 예수님: "네가 나를 사랑하느냐(*agapaō*)?"
>
> 베드로: "내가 주님을 사랑합니다(*phileō*)."

> 장면2 (장면1과 동일)
>
> 예수님: "네가 나를 사랑하느냐(*agapaō*)?"
>
> 베드로: "내가 주님을 사랑합니다(*phileō*)."

> 장면3
>
> 예수님: "네가 나를 사랑하느냐(*phileō*)?"
>
> 베드로: "내가 주님을 사랑합니다(*phileō*)."

이에 대한 흔한 해석 방식은 다음과 같이 진행됩니다. 아가파오(명사형은 아가페[*agape*]) 사랑은 하나님의 사심 없는 사랑이고, 인간의 더 낮고 이기적인 사랑인 필레오(명사형은 친구라는 의미인 필로스[*philos*])보다 더 수준이 높다. 예수님은 하나님의 **아가페** 사랑으로 일하시는 반면 베드로는 그보다 수준이 낮은 사랑으로 표현할 뿐이다. 그래서 결국 예수님께서 양보하시고 베드로를 베드로가 있는 자리에서, 인간 사랑의 수준으로 만나 주신다.

이러한 해석이 많이 알려져 있지만 실은 잘못된 주장입니다. 더욱이 이 복음서는 물론이고 성육신 교리에도 전혀 들어맞지 않습니다. 그러한 해석은 플라톤 철학과 영지주의의 주장이며, 세상과 세상에 있는 모든 것은 하나님께서 우리 손이 닿지 않는 곳에 두신 "진품"의 불량 모조품이라고 보는 주장입니다. 그러나 요한은 하나님의 사랑은 친구 사이의 사랑이요, 친구 사이의 사랑은 하나님의 사랑이라고 말합니다(요한일서가 이 주제를 훌륭하게 다룹니다). 실제로 요한복음은 **필레오**를 하나님이나 예수님께서 사랑하시는 방식에 흔히 사용하므로, 땅의 사랑과 하늘의 사랑을 나누는 것은 타당하지 않습니다. 요한복음 1:14과 17장을 다시 읽어 보세요. 예수님은 우리가 가진 범주를 제거하셨습니다. 땅의 일이 곧 하늘의 일입니다! 말씀이 육신이 되셨어요. 그분은 하늘에서 내려온 **빵**이시고요. 생수이십니다. 우리는 하나님께서 사랑하시는 그대로 사랑할 것을 명령받았습니다. 우리는 그렇게 사랑할 준비를 갖춥니다. 따라서 사랑의 표현이 빈약한 것에 대해서 우리는 변명을 할 수 없습니다. "지금 여기에서" 하나님의 사랑을 나타낼 기회를 조금이라도 놓친다면 그것은 우리의 탓이며, 우리의 상상력의 부족 탓입니다. 이보다 더 심각한 실패가 있겠습니까? "모 아니면 도"라는 표현을 만들어 낸 사람은 틀림없이 예수님의 방식을 염두에 두었을 것입니다.

베드로 역을 맡은 베드로, 그리고 끝없는 이야기

베드로가 예수님을 위해서 하게 될 마지막 희생을 우리가 지나치게 경외하여 공상에 빠지지 않도록 요한은 (베드로가 아주 용감하게 최후를 맞이한 것은 맞지만) 죽을 때까지도 베드로는 베드로였음을 우리에게 상기시켜 줍니다. 완전히 용서받고 확실히 위임받는 이 아름답고도 가슴 저미는 장면 다음에 베드로는 무엇을 하나요? 그가 늘 하던 일을 합니다. 곧 자신의 사역을 동료와 비교하는 것입니다. 21:19에서 예수님이 베드로에게 "나를 따르라"고 말씀하신 것을 기억해 보세요. 그것이 전부였습니다. 예수님은 베드로에게 다른 이의 부르심에도 참견하라고 말씀하시지 않았습니다. 그가 할 일을 주셨고, 그 일을 하도록 준비시키셨습니다. 하지만 베드로는 그것을 견디지 못하고, 자신의 위치를 예수님과 비교해서뿐만 아니라(이것은 이미 명확했었죠), 다른 제자, 예수님이 사랑하시는 그 제자와 비교해서도 알고 싶어 합니다. 그러자 예수님은 베드로에게 이렇게 말씀하십니다. "나와 이 제자의 관계가 너와 무슨 상관이 있지? 나는 네게 나를 따르라고 말했다. 네 일이나 하거라." 베드로가 하는 비교를 우리도 얼마나 자주 하나요? 우리 역시 기껏 놀라운 경험을 하고서는 그것을 비교하고 경쟁하는 렌즈를 통해서 해석하고 싶은 마음 때문에 그 경험을 망치곤 합니다. 그런 우리에게 예수님은 이렇게 질문하시지 않을까요? "만일 … 라고 해도, 그것이 너와 무슨 상관이 있느냐?"(그 사이의 말은 여러분이 각자 채워 보세요)

예수님께 고용되는 일이 특별히 멋진 것은 우리가 우리 모습 그대로 있으면서도, 우리 존재가 이 세상, 온 우주의 창조주이신 분에게 기쁨을 가져다 드린다는 점입니다. 우리가 하는 일 때문에 우리의 인생이나 미래가 속량받지 못하는 일은 없습니다. 베드로는 재차 예수님을 부인했고, 자신을 가장 잘 알고 자신을 가장 사랑하는 이와 고의로 멀어졌습니다. 한 번이 아니라, **거듭 반복해서** 그렇게 했습니다. 베드로는 사랑, 믿음, 하나님, 충성, 우정, 소망을 부인하고 거절했고, 그렇게 죄 없는 사람의 죽음에 가담했습니다.

우리 역시 안 했으면 좋았을 말이나 행동을 할 때가 있습니다. 또 우리는 부활(절)의 아침을 온전히 믿지만, 이후 매주 마주하는 우리 자신의 성금요일마다 후회를 합니다. 또다시 옛 생활에 빠져 드니까요. 그럼에도 예수님은 언제나 우리를 찾아 오십니다. 그리고 우리의 눈과 영혼을 들여다보시며 고통스럽지만 중요한 질문—혹은 처음에는 얼굴을 붉히게 되지만 결국에는 중대한 질문—을 던지십니다. 이제 우리는 판에 박힌 대답을 넘어서 깊은 이해와 변화에 이릅니다. 결코 이전과 같지 않습니다(이전과 비슷하지만 결코 같지는 않습니다). 하나님을 찬양합시다.

결말이자 제2부

"예수께서 행하신 일이 이 외에도 많으니 만일 낱낱이 기록된다면 이 세상이라도 이 기록된 책을 두기에 부족할 줄 아노라"(21:25). 저자 요한은 베드로가 분수를 깨닫게 하고 또 "사랑하시는 그 제자"의 죽음에 대해 변증한 후에 (당대에 유포되고 있지만) 요한복음에 들어가지 않은 내용이 훨씬 더 많다는 언급과 함께 복음서를 마무리 짓습니다. 공관복음을 살펴보면 이것은 사실입니다. 따라서 요한의 의도는 우리에게 "예수님에 대해 알려진 모든 것"을 전달하는 것이 아니었습니다. 요한은 지식을 위한 지식과 변화를 위한 지식의 차이를 알고 있습니다. 그래서 요한복음은 수세기 동안 그와 같은 지식을 전달해왔습니다, 모든 세대마다, 각양 각색의 장소와 상황 속에서 사람들은 이 본문을 통해 부활하신 예수님을 만나왔습니다. 도망쳐야 할지 따라야 할지 선택에 직면할 때, 많은 사람들이 베드로의 진실된 말을 떠올렸습니다. "주여, 영생의 말씀이 주께 있사오니 우리가 누구에게로 가오리이까? 우리가 주는 하나님의 거룩하신 자이신 줄 믿고 알았사옵나이다"(6:68-69). 와서 보라!

부록

제4복음서에 나오는
"유대인들"

부록: 제4복음서에 나오는 "유대인들"

번역 문제

요한복음은 **호이 유다이오이**(*hoi Ioudaioi*)를 67개 절에서 71회 언급합니다.[1] 이 문구는 고별담화(14-17장)와 21장을 제외하면 모든 장에 등장합니다. 쉽게 번역하기 어려운 단어임에도 불구하고 NRSV는 이 문구를 보통 "유대인들"(Jews)로 번역하는데요, 실은 항상 같은 의미로 사용되는 단어가 아닙니다. 요한복음에 각기 다른 경우에 나오는 **호이 유다이오이**에 대해 많은 학자들이 다양한 번역을 제안해 왔고, 그러한 번역을 어번 본 왈디(Urban von Wahlde)가 연구하여 분류해 왔습니다.[2]

---

1 요한복음 1:19; 2:6, 13, 18, 20; 3:1, 22, 25; 4:9(2회), 22; 5:1, 10, 15, 16, 18; 6:4, 41, 52; 7:1, 2, 11, 13, 15, 35; 8:22, 31, 48, 52, 57; 9:18, 22 (2회); 10:19, 24, 31, 33; 11:8, 19, 31, 33, 36, 45, 54, 55; 12:9, 11; 13:33; 18:12, 14, 20, 31, 33, 35, 36, 38, 39; 19:3, 7, 12, 14, 19, 20, 21(3회), 31, 38, 40, 42; 20:19.

2 Urban von Wahlde, "The Johannine 'Jews': A Critical Survey," *New Testament Studies* 28 (1982): 33–60; ""The Jews" in the Gospel of John: Fifteen Years

유대인들(Jews). 첫째, "민족적"(national) 의미로 보면, 민족의 종교적, 문화적, 정치적 측면을 가리킵니다. 어떤 사건이 **호이 유다이오이**의 명절로 묘사되는 기간에 일어난다면, **호이 유다이오이**를 "그 유대인들"로 번역해도 괜찮을 수 있습니다. 이를테면, 초막절(장막절)은 유대인의 행사이지 이교도의 행사가 아니기 때문입니다. 게다가 예수님이 사마리아 여자에게 "구원이 유대인에게서 나온다"(요 4:22)라고 밝히신 것은 곧 하나님께서 아브라함과 사라, 이삭과 리브가, 야곱과 라헬과 레아와 맺으신 언약의 민족·사회·종교적 역사 전체를 언급하신 것입니다. 이 경우에는 민족적으로 중립적이면서 기술적인(descriptive) 용법입니다. 본 왈디는 요한복음 2:6, 13; 3:1; 4:9상, 9하, 22; 5:1; 6:4; 7:2; 11:55; 18:20, 35; 19:21상, 40, 42을 이 범주에 넣습니다.

유대 사람들(Judeans). 호이 유다이오이를 "유대 사람들"로 번역하는 것이 더 나을 때도 있습니다. 본 왈디는 이것을 "지역적"(regional) 의미라고 부릅니다. (예수님의 이름을 영어로 표기하면 Iesus에서 Jesus로 바뀌듯이) 그리스어 I를 영어 J로 바꾸면, 이 단어가 실제로 "유대"(Judea)로 들릴 수 있어요. 때로는 이 용어가 지리적으로 유대와 관련 있는 사람들을 나타냅니다. 이 용법 역시 민족적으로 중립적이면서 단순히 기술적으로 쓰이며, 요한복음 3:22, 25; 11:8, 19, 31, 33, 36, 45, 54;

---

of Research (1983–1998)," *Ephemerides Theologicae Lovanienses* 76 (2000): 30–55. See also Joshua D. Garroway, "*Ioudaios*," in *The Jewish Annotated New Testament*, ed. Amy-Jill Levine and Marc Z. Brettler (New York: Oxford University Press, 2011), 524–26.

12:9, 11; 19:20에 나옵니다.

그런데 바로 이 지점에서 번역 문제가 발생하는데요, 예수님께서 그분의 전통에 속한 지도자들과 충돌하셨다는 것입니다. 이 지도자들의 상징적 (그리고 문자 그대로의) 권좌(seat of power)가 예루살렘에 위치해 있었고, 예루살렘은 당연히 유대(Judea)에 있었습니다. 예수님이 하신 3년의 사역이 서술될 때 갈릴리는 예수님에게 어느 정도 안전한 피난처였던 반면에, 예수님께서 예루살렘으로 가실 때면(또는 가려고 생각이라도 하실 때면) 불길한 음악이 깔리기 시작한다는 것에 주목하세요. 요한복음 1:19에서 우리는 "유대인들이[호이 유다이오이] 예루살렘에서 제사장들과 레위인들을 요한에게 보내어 네가 누구냐 물을 때에 요한의 증언이 이러하니라"라는 말씀을 보게 되는데요, 이들 일행이 유대에서 왔기에 여기에서 호이 유다이오이를 "유대 사람들"로 번역해야 한다는 견해도 있습니다.

종교 당국(The Religious Authorities). 그렇지만 요한복음 1:19의 사례는 또 다른 번역의 가능성을 제기합니다. 정황을 고려할 때 유대에 있는 모든 사람들이 제사장들과 레위인들을 보낸 것이 아니라, 종교 당국이 보낸 것이 분명합니다. 7:13에서도 마찬가지고요. 따라서 두 경우 모두 **호이 유다이오스**를 "종교 당국"으로 번역하는 것이 최선일 거예요. 1:19도 제사장들과 레위인들을 분명하게 언급하므로 **호이 유다이오이**가 유일한 종교 지도자들은 아닙니다. 이를테면, 대제사장들, 관원들, 바리새인들도 있습니다. 이런 이유로 우리는 본 왈디의 셋째 범주를 만나게 되는데요, 그는 이 범주에 속한 단어들을

"요한 용법"(Johannine use)이라고 표기합니다. 대부분의 경우 **호이 유다이오이** 문구가 이 범주에 들어가므로 그에 대해 짧게라도 설명할 가치가 있을 것 같습니다.

첫째, 이 용법에 따르면, **호이 유다이오이**에는 민족적 의미가 없습니다. 이 "유대인들"(Jews)의 경우 내러티브 속에서 민족적 의미를 지닌 다른 유대인(Jewish) 등장인물들과 구별되기 때문이지요. 다시 말해, 문자적인 민족적 혹은 종교적 의미로 이해하여 "유대인들"(Jews)로 번역하면 뜻이 통하지 않습니다. 그렇게 번역하면 요한복음에 나오는 다른 유대인들과 구별이 되지 않기 때문인데요, 사실 백부장과 빌라도를 제외하면 내러티브에 나오는 사람들이 죄다 유대인입니다(12장에 나오는 그리스인[헬라인]들조차도 아마도 그리스계 유대인들일 거예요). 예수님을 믿는 사람들은 물론이고 믿지 않는 사람들도 유대인이고요. 둘째, 이 용법은 예수님을 향한 적대감을 나타내는 것이 특징입니다. 적대적이거나 적어도 의심하는 종교 당국을 그리는 단락으로는 1:19; 2:18, 20; 5:10, 15, 16, 18; 7:13, 15; 9:18, 22상, 22하; 18:12, 14, 36; 19:38; 20:19이 있습니다. 셋째, 이 용법에 따르면, "유대인들"(Jews)이라는 딱지가 붙은 당국은 집단적으로 행동합니다. "그들은 획일적으로 단일한 반응을 보입니다."[3] 요한복음 2:18, 20; 7:35도 이러한 사용에 포함됩니다.

종교 당국, 아니면 일반인들? 요한복음 속 **호이 유다이오이**와 관련해서 늘 제기되는 쟁점 중 하나는, (윤리적으로 중립적인) 민족적·지역적

---

3   Von Wahlde, "The Johannine 'Jews,'" 47.

의미를 모두 살펴보고 종교 당국을 어느 정도 분명하게 지칭하는 단락을 뽑아내고 난 후에도, 다뤄야 하는 구절들이 한 묶음 더 남아 있다는 것입니다. 그 구절들의 경우, 저자가 염두에 두고 있는 대상이 종교 당국인지 일반인들인지 더욱 모호합니다. 때로 저자가 **호이 유다이오이**와 "세상"(코스모스) 사이의 경계를 흐릿하게 만들기 때문에 문제는 더 복잡해집니다. "세상"은 요한복음에서 상당히 복잡한 역할을 하는데요, 세상이 때로는 믿고 또 때로는 믿지 않기 때문이지요. "그가 세상에 계셨으며 세상은 그로 말미암아 지은 바 되었으되 세상이 그를 알지 못하였고"(1:10). 어떤 해석자들은 "[믿지 않는] 유대인들"과 "[믿지 않는] 세상"을 하나로 합치기도 하지만, 그러한 조치는 그닥 쓸모가 없어보입니다.

우리의 목적─이 목적에는 신약을 윤리적으로 읽는 것도 포함됩니다─을 이루기 위해서, 어떤 경우가 당국이 아닌 일반인들을 지칭하는 경우인지 밝히고자 하는 것은 그다지 생산적이지도 않고, 사실상 "편파적인" 반유대주의(anti-Semitism)를 초래하는 추론으로 이어질 수 있습니다. "음, 유대인들(Jews) 자체가 비방을 받아야 하는 것이 아니라, 그들의 지도자들만, 혹은 아마도 예수님을 받아들이지 않은 유대인들만, 아니면 지금 예수님을 받아들이지 않는 유대인들만 비방을 받아야 하지." 불완전한 논리는 곧장 치명적인 논리가 됩니다. "이론의 여지가 있는" 경우와 관련하여 본 왈디의 주장에 따르면 2가지 예외가 있긴 하지만(6:41, 52), 그래도 **호이 유다이오이**는 "일반인들"보다는 "종교 당국"을 지칭하는 듯합니다. 요한복음 7:1,

11; 8:22, 48, 52, 57; 10:24, 31, 33; 11:8; 13:33; 18:31, 38; 19:7, 12, 14, 31이 그런 경우이지요.

지금까지 호이 유다이오이가 나오는 경우를 모두 다루면서, 다양한 의미와 더불어 각 경우에 타당한 번역을 시도할 때 발생하는 문제를 제시했습니다. 추가로 2가지를 더 논평해야 하겠습니다. 첫째, 요한의 수난 내러티브는 기독교의 반유대주의와 관련하여 특히 골치 아픈 본문이기 때문에, 그 본문에도 다양한 의미가 내재되어 있다는 것을 언급할 가치가 있습니다. 본 왈디에 따르면 호이 유다이오이에 대한 "요한의 의미"(Johannine sense)는 요한복음 18:12, 14, 31, 36; 19:12, 14, 31에 나옵니다. 요한복음 18:20, 33, 35, 39; 19:3, 19, 20, 21상, 21중, 21하, 40, 42에서는 앞에서 논의한 다른 의미들로 사용됩니다.

번역하지 않음. 둘째, 71회 나오는 호이 유다이오이의 의미를 두고, 학자들은 "요한 용법"이라는 측면에서 상당 부분 의견이 일치합니다. 그렇지만 요한복음 3:25; 8:31; 10:19; 11:54; 18:20; 19:20, 21 이렇게 일곱 절은 여전히 의견이 분분합니다. 이에 대한 번역 문제는 문제가 많아서, 이 경우에 그 문구를 번역되지 않은 채로 그냥 놔두는 학자들이 많습니다. 이 책에서 언급된 몇몇 논문 저자들이 바로 그러한 선택을 했습니다.

정황의 중요성

제4복음서는 내부에 있는 많은 긴장, 문학적으로 매끄럽지 않은 부분, 질문을 제기했지만 답하지 않는 반응 등을 대놓고 드러냅니다. 층으로 보이는 부분들이 있기에 학자들은 길고 복잡한 구성 역사를 상정합니다. 그중 최소한 3개의 층을 잠시 연대순으로 분류해 봅시다.

1. 나사렛 예수님께서 태어나 사역을 하시고 주후 30년경에 로마 총독 빌라도의 손에 죽임을 당하십니다.
2. 예수님의 부활 이후 제자들은 예수님의 정체와 그분이 하신 말씀과 사역을 공개적으로 전파합니다.
3. 이러한 구두 전승이 기록으로 이어지고 결국 한데 모여 우리가 요한복음이라고 알고 있는 내러티브가 됩니다. 공동체가 공동체의 정체성을 그 전승을 통해 판별하자, 원(原)전승에 들어 있던 긴장이 높게 유지됩니다.
4. 제4복음서가 작성되고 나서 머지않아 요한서신이 저술되어 그 공동체의 후대 단계가 반영됩니다. 이제는 교회 내부 지도자들 사이에 일어난 갈등, 배교, 가현(docetic) 기독론이 중심 쟁점이 됩니다.

예수님이 계실 때 예루살렘에는 아직 성전이 서 있었고 다양한 유대교 분파가 있었습니다. 사두개인들의 권력은 성전을 기반으로 하였기에, 주후 70년 성전이 파괴되자 그들은 권력에서 점차 사라지게 됩니다. 열심당원들(Zealots), 시카리당원들(Sicarii), 제4철학(Forth Philosophy)은 로마의 점령을 반대하고 내전을 조장하는 민족주의자들입니다. 에세네인들은 개혁적인 세력으로서, 주로 사해 인근 쿰란에 거주하던 금욕주의 분파입니다. 민족주의자들과 에세네인들은 주후 66-70년에 일어난 전쟁 중에 로마 군대에 의해 대량 살상을 당합니다. 바리새인들은 토라를 기반으로 하는 교사들로서, 그들의 권력은 율법 해석 능력에서 나옵니다. 법률가와 교사가 섞인 형태라고 할 수 있습니다. 성전이 무너졌을 때 바리새인들은 지도자 자리를 맡기에 가장 좋은 위치에 있었습니다. 성전의 파괴로 인해 "제2성전기"라고 불리는 시대가 마침내 끝이 나고, 랍비 유대교를 향한 길이 열리게 됩니다. 그리고 그 랍비 유대교가 현재까지 존속하는 유대교의 형태입니다.

원래 요한 공동체는 회당에서 동료 유대인들과 함께 예배하는 유대인들로 구성되어 있었습니다. 그들은 예수님을 메시아로 믿었기에 그리스도파 유대인들이었습니다. "그" 메시아 혹은 "어느" 메시아가 왔다는 주장은 주후 1세기와 2세기 여러 유대교 분파들에게 그다지 생경하지 않았을 것입니다. 이를테면, 주후 1세기에 기스갈라의 요한(John of Gischala)과 2세기에 시몬 바르 코크바(Simon Bar Koch-ba)가 메시아라고 선포되었으니까요. 메시아의 도래를 주장했다고 해서 유대인 공동체에서 쫓겨날 이유가 되지 않았습니다. 그러면 도대체 정확히 무슨 일이 일어났던 걸까요? 확실하게 말할 수는 없지만, 아마도 요한 공동체가 원(原)전승과 갈등을 경험하기 시작한 것은 분명합니다. 제4복음서의 저자는 공동체의 구성원들이 (그리스도가 하나님이라고 고백하는) 고기독론(high Christology) 때문에 회당에서 추방당한 상태, 즉 **아포쉬나고고스**(*aposynagōgos*, 요한복음 9:22; 12:42; 16:2을 제외하면 초기 유대교나 기독교 문헌에는 알려지지 않은 단어) 상태에 놓이게 되었다고 주장합니다. 요한의 설명에 따른 예수님이 누구이신가에 대한 고백은 원(原)전승과, 회당에서 추방된 결과로 형성된 분파 사이에 너무나 고통스러운 갈등으로 이어졌을 것입니다.

　　루이스 마틴(J. Louis Martyn)에 따르면[4] 요한복음은 2단계로 된 드라마로 읽을 수 있습니다. 첫째, "그 당시에" 일어난 역사적 예수 이야기가 있습니다. 둘째, 예수님께서 죽고 60-70년 후, 즉 성전이 파괴되고 20-30년이 지난 주후 1세기 끝 무렵에 요한 공동체가 겪었을 실제 상황이 있습니다. 당시에는 (사두개인들이 아니라) 바리새인들이 권력을 잡고 있었고, 회당이 종교 당국의 권력이었습니다. 그렇게 주후 1세기 말 요한 공동체의 이야기가 거꾸로 예수님과 첫 제자들의 이야기에 투영됩니다

　　예를 들어, 요한복음 9장에서 눈 먼 남자가 부모의 도움을 받지 못한 채로 회당에서 박해를 받고 쫓겨나는 이야기를 보면, 그리스도에 대한 믿음을 고백하고서 원(原)전승에 속한 이들에게 박해를

4　　J. Louis Martyn, *History and Theology in the Fourth Gospel, Revised and Expanded*, New Testament Library (Louisville, KY: Westminster John Knox Press, 2003). [= 『요한복음의 역사와 신학』, CLC, 2020].

받는 요한 공동체(그리스도인들)을 그려볼 수 있습니다. 그 이야기는 사실 시대착오적인데요, 예수님 당시에는 바리새인들과 회당이 그 정도로 권력의 중심에 있지 않았고, 산헤드린과 성전이 더 중심에 있었기 때문입니다. 그 이야기가 시대착오적인 또 다른 이유는 예수님이 수난을 당하시고 부활하시고 보혜사를 보내시고 하나님께 돌아가신 후에야, 누구든 예수님을 (눈 먼 남자처럼) 주님으로, 하나님의 아들로, (도마처럼) 하나님으로, 메시아로, 인자(人子)로 고백할 수 있었기 때문입니다. 다시 말하자면, 역사적으로 이 이야기는 서술된 방식으로는 일어날 수 없었을 이야기입니다. 따라서 해당 본문 안에는 다른 수사적(rhetorical) 목적이 들어 있으므로 텍스트를 바탕으로 역사적인 추정을 할 때는 신중해야 합니다. 실제로 해당 본문은 내러티브의 주인공인 예수님을 대적하는 사람들은 죄다 희화화하고 있습니다. 바리새인들 역시 제4복음서의 풍자에서 제외될 수 없고요.

이러한 재구성에 최근에는 이의가 제기되고 있지만,[5] 그럼에도 여기에서 중요한 결론과 경고를 도출해 낼 수 있습니다. 첫째, 제4복음서는 유대인들 내부의 논쟁을 반영하는 것이지, "그리스도인들"과 "유대인들"(양측 모두 유대인) 사이의 논쟁을 반영하는 것이 아닙니다. 그러한 방식으로 분파가 발달합니다. 요한 공동체는 스스로를 히브리성경과 온갖 유대 표지들(Jewish markers)에서 도출한 범주 안에

---

5   Adele Reinhartz의 저작 참고. 예를 들어, *Befriending the Beloved Disciple: A Jewish Reading of the Gospel of John* (New York/London: Bloomsbury Academic, 2002); "John," in *The Jewish Annotated New Testament*, 152-96.

있는 유대인 공동체로 이해합니다. 이것을 잊지 않는 것이 요한복음의 본문을 읽을 때 중요합니다. 신약성경의 구체적인 사회적 배경을 외면하는 이들에게는 요한복음에 의거하여 반유대주의(anti-Semitism)를 정당화하기 쉽다는 생각이 들 거예요. 실제로 "유대인들"을 향한 폭력적인 언사가 유대인들이 온갖 악행을 저질렀다고 몰아가는 데 쓰였고 심지어 그것은 지금도 여전합니다.

둘째, 복음이 이야기이며, 상징적인 목적을 위해 끌어온 등장인물들, 주인공이 반드시 극복해야 하는 갈등들 등이 포함된 내러티브의 전통을 따른다는 것을 기억하세요. 복음서는 역사적인 표현이 아니며 복음서의 역사 서술에는 상당한 시적 허용이 담겨 있습니다. 학자들이 풍부하게 제공해 온 역사 자료를 통해 역사적 정황을 파악할 때에야 그것을 이해할 수 있을 거예요.

은밀하게 퍼지는 반유대주의(Anti-Semitism)의 문제

부활절이 되면 유대인들은 언제나 위협을 받았습니다. 신을 죽인 죄가 있다고, 또 그리스도를 죽였다고 말이죠. 일부 그리스도인들은 요한복음 8장을 통해 그들을 "아비 마귀의 살인하는 자손"이라고 비난합니다. 홀로코스트(Shoah) 이후 모든 그리스도인들, 특히 설교하고 가르치는 그리스도인들은 반유대주의에 대응하고 싸워야 하는 윤리적 책무를 가집니다. 자칫 반유대주의에 기름을 부을 수 있는 요소들이 요한복음 안에 최소 3가지가 있습니다. 첫째, 호이 유다이오이를 주로 경멸적인 의미에서 되풀이하는 문제입니다. 이는 앞에서 이미 다룬 바 있습니다

둘째, 요한의 이원론(dualism)입니다. 이원론은 요한복음 1장에서 "은혜"와 "율법", "예수님"과 "모세"를 서로 반대말로 제시함으로써 시작됩니다. "우리가 다 그의 충만한 데서 받으니 은혜 위에 은혜러라. 율법은 모세로 말미암아 주어진 것이요 은혜와 진리는 예수 그리스도로 말미암아 온 것이라"(요 1:16-17). 그 외에도 이원론적 범주에는 빛과 어둠, 진리와 거짓, 생명과 죽음, 아버지 하나님과 아버지 마귀, 위와 아래, 이 세상에 속하지 않은 것과 이 세상의 속한 것이 들어 갑니다. 각각의 쌍에서 예수님과 제자들은 모든 선한 범주와 관련되지만, "유대인들"은 부정적인 특성과 주로 관련이 됩니다.

제4복음서에서 제기되는 셋째 문제가 바로 여기에서 나오는데요, 바로 (어떤 면에서는) 기독교 대체주의(supersessionism)[6]로 이어지는 모형론(typology)의 사용입니다. 이 복음서는 예수님을 모세(1, 5, 6장), 야곱(1:51, 4장), 아브라함(8장), 지혜(Woman Wisdom)를 비롯하여 구약의 수많은 인물들과 유사하게, 그러나 더 우월하게 묘사합니다. 유대인들의 상징들과 제의(rituals)들은 이제 예수님 안에서만 그 의미가 완성됩니다. 예수님의 성육신은 성막이고(1:14), 그분의 몸이 성전입니다

---

6   대체주의(Supersessionism)는 하나님의 구속 계획에서 기독교가 유대교를 대체하거나 대신한다는 신학적 주장입니다. 때로는 성취신학(fulfillment theology) 또는 대체신학(replacement theology)으로 불리기도 합니다.

(2장). 또한 그분은 유월절을 기념하는 하늘에서 내려온 떡이요, 유월절 어린양(요한복음에서 예수님이 공관복음에서보다 하루 일찍 죽으시는 이유)이며, 유대인의 왕이십니다. 그분은 유대교(Judaism) 안에서 가치 있는 모든 것을 성취하시거나 대체하십니다. 이렇게 보면 요한은 반유대주의(anti-Semitic)까지는 아니더라도 반유대교적(anti-Jewish)이라고는 비난을 받을 수 있을지도 모릅니다. 여기서 유대계 요한 학자인 아델 라인하르츠(Adele Reinhartz)의 글이 도움이 될 것 같습니다.

결정적인 것은 혈통이 아니라 믿음이므로 이 복음서가 인종적 의미에서 반유대주의적이 아님은 강조되어야 합니다. 그럼에도 이 복음서는 반유대주의를 장려하는 데 이용되어 왔습니다. 가장 해를 끼쳐 온 부분은 8:44인데요, 거기에서 예수님은 유대인들의 아버지가 마귀라고 선언하십니다. … 요한의 난해한 수사법을 경솔하게 묵살해서는 안 되지만, 그것을 저자의 자기 인식 과정의 일환으로, 즉 회당(따라서 유대인들과 유대교)을 예수님을 따르는 사람들과 구별하려는 과정의 일환으로 이해할 수도 있습니다. 요한 공동체의 민족적 구성에 유대인들, 사마리아인들, 이방인들이 포함되었다면 이러한 구분이 특히 중요했을지도 모릅니다. 이러한 접근 방법이 이 복음서의 수사법을 변명해 주지는 못하지만, 독자들이 기독교가 별개의 종교가 되는 과정에서 이 내러티브가 어느 위치에 있었는지 이해하여, 그 표현의 아름다움을 제대로 인정하고 이 복음서를 읽는 그리스도인들

의 삶에 존재하는 영적 능력을 인식할 수 있게 해 줄 수는 있습니다.[7]

2권으로 구성된 『복음서 한껏 즐기기』(*Feasting on the Gospels*)의 저자들과 편집자들은 다채롭고도 복잡한 복음서인 요한복음을 설교자들, 교사들, 성경 공부 인도자들, 관심 있는 그리스도인 독자들을 위해 열심히 연구하고 집필했습니다. 역사적으로 그리스도인을 유대인과 구분해 온 언어와 이미지들, 그래서 흔히 유대인을 향한 그리스도인의 폭력을 초래해 온 언어와 이미지들의 수풀을 통과하도록 안내해 주려고 말이죠. 2권에 걸쳐서 다루면서 근실히 작업을 한 결과 그와 같은 확신을 마음에 품게 되었습니다.

---

7   Reinhartz, "John," 156.

묵상을 위한 질문

묵상을 위한 질문

제2장

프롤로그

1. 이 복음서의 연대, 청중, 배경에는 어떠한 이슈가 있습니까?

2. 잠언 8장은 요한복음 1장과 어떠한 관련이 있습니까?

3. 제4복음서의 시작 부분은 공관복음서들과 어떻게 다릅니까?

4. 이 모든 일이 세례 요한과 무슨 관계가 있습니까?

5. 누가 "그분의 것"입니까?

6. 어둠이 빛을 이기지 못한 것 같은 기분이 든 적이 있습니까?

7. 요한복음 1:14은 여러분에게 어떠한 인상을 줍니까? 1:14을 읽고 나서 어떠한 의문이 생깁니까? "거하신다"는 표현은 여러분에게 어떠한 의미가 있습니까? "영광"은 요한복음에서 중요한 단어입니다. 이 단어는 여러분에게는 어떠한 의미가 있습니까? "영광"과 "은혜"와 "진리"가 여러분에게 제자의 삶을 설명해 주나요? 설명해 준다면(혹은 설명해 주지 않는다면) 그 이유는 무엇인가요? 여러분이라면 어떤 단어를 사용할 건가요?

8. 예수님이 여러분에게 충분히 알려져 있다고 느끼나요?

요한복음 1:29-42

1. 본문에서 무슨 문제가 보입니까? 어떤 생각이 떠오릅니까? 더 생각해 볼 만한 문제는 무엇입니까?

2. 장르가 표현에 어떠한 영향을 미칩니까?

3. 저자는 청중에게 무엇을 말하고자 했습니까?

4. 이 본문은 저자의 목표(agenda)를 어떻게 발전시킵니까? 만일 이 본문이 누락되었다면 그 목표가 요한복음서에 어떠한 영향을 미쳤을까요?

5. 이 본문이 요한복음의 더 넓은 맥락과 논의와 주제 등과 어떻게 어우러집니까?

6. 이 이야기가 예수님의 사역 현실, 그리고 60년 정도 후에 요한의 공동체의 현실과 어떠한 연관이 있습니까? 여러분이 속한 공동체의 현실과는 어떠한 연관이 있습니까?

제4장

1. 다음의 영상을 하나 이상 시청하세요.

- 영화 **요한복음**에서 "예수님과 사마리아 여자"(Jesus and the Samaritan Woman)가 나오는 장면(Disc 1)

- 에린 문(Erin Moon)의 구어체 비디오 **우물가 여자**(Woman at the Well), https://www.youtube.com/watch?v=xsZrkhl0VfM&t=22s

- 레이드랜드 터커(Reidland Tucker)가 달라스에서 감독, 편집, 촬영한 비디오 **우물가 여자**(Woman at the Well), https://www.youtube.com/watch?v=5y2GlmTxpkM.

    a. 평소에 여러분이 사마리아 여자에 대해 추정하거나 들었던 내용과 비교하면 어떤가요?

    b. 영상 속 묘사가 이번 장에서 배운 내용과 비교해서 어떤가요?

    c. 이 시간과 장소에서 여러분의 경험과 관련이 있거나 생경한 것은 무엇인가요?

2. 이 이야기는 여러분에게 무슨 질문을 제기합니까?

3. "그 여자는 누구인가?"라는 정체성의 난제는 무엇입니까?

4. 어느 관계가 이 여자를 명백하게 보여 줍니까? 어느 관계가 여러분을 명백하게 보여 줍니까?

5. 여러분은 이 여자를 아십니까? 여러분이 이 여자입니까? 여러분은 이 여자와 얼마나 관계가 있습니까/없습니까?

6. 지금은 여러분의 영적 삶이 메마른 시기입니까? 아니면 생수의 샘이 솟아나 넘쳐흐르는 시기입니까? 그것도 아니면 그 사이 어디쯤에 있습니까?

7. 예수님이 여러분에게 무엇을 하라고 부르셨습니까?

8. 여러분에게 오늘날 "사마리아인"에 해당하는 사람은 무엇입니까? 여러분이 속으로 생각할 때 "내부인"이라고 말하기 힘든 사람은 누구입니까?

제5장

여러분의 공동체는 요한복음 9장의 공동체입니까?

요한복음 9장을 진지하게 받아들이는 공동체에서 보이는 특징 4가지를 나열한 다면, 저는 이렇게 말하겠습니다.

(1) 그 공동체는 변화를 위해 그리스도를 만나고자 하는 개개인의 공동체입니다. 변화는 계속 진행 중인 과정이지요. 그리스도를 더 많이 만날수록, "사람, 선지자, 인자, 경배받으실 주님"이신 그분을 더욱 잘 이해하게 됩니다.

(2) 올바르게 판단하는 공동체입니다. 누가 죄인인가요? 왜 몸부림치고 있나요? 잘못이 사람에게 있나요, 아니면 제도에 있나요?

(3) 비판에 열려 있는 공동체입니다. 우리의 기존 이해 때문에 하나님께서 일하시는 것을 볼 기회가 가로막혀 있지 않나요? 바울의 말처럼 우리가 지금은 거울로 보는 것처럼 희미하게 보고 있음을 인정할 정도로 우리는 겸손한가요?

(4) 담대하며 두려움 없는 공동체입니다. 부모가 외부인이 된 아들의 편에 서지 않고, 그리스도에게 신앙을 고백하지 않은 까닭은, 두려움에 사로잡혔기 때문입니다. 우리는 어떤가요?

제9장

저는 요한이 그리스도인 공동체를 거듭 우리의 가정과 가족으로 표현하는 데 늘 마음이 갔습니다. 그래서 저는 집을 은유의 중심에 두는 시와 노래들을 모으곤 했습니다.

- 요한복음 14장을 봅니다. 요한복음 전체를 빠르게 훑어 보면서 가족과 집에 대한 표현을 살핍니다.

- 다음 중 하나를 봅니다.

  "기러기들(Wild Geese)", 메리 올리버(Mary Oliver) 지음, http://www.onbeing.org/blog/mary-oliver-reads-wild-geese/5966에서 저자의 낭독을 들을 수 있습니다.

  "집(HOME)", 소말리아인 시인 워산 샤이어(Warsan Shire) 지음, http://seekershub.org /blog/2015/09/home-warsan-shire/.

  "마침내 집으로(Finally Home)", 저스틴 프뢰제(Justin Froese) 지음, https://justinfroese.bandcamp.com/track/finally-here-2.

제10장

1. 이 단락에서 예수님은 제자들에게 공동체 안에 있어야 하는 친밀함에 대해 구체적으로 말씀하십니다. 여러분이 다른 그리스도인들과 나누는 친밀함이 그리스도인이 아닌 사람들과 나누는 친밀함과 비슷하다고 생각하나요, 아니면 다르다고 생각하나요? 조금이라도 차이가 있어야 한다고 생각하나요?

2. 이제 시간을 내서 제가 아주 좋아하는 시인, 앨리슨 베어멜스키르헨(Allyson Wermelskirchen)의 낭송을 들어보세요(앨리슨은 가끔 제 수업에 찾아오는 손님이기도 합니다). 그 시는 다음과 같습니다(그렇지만 앨리슨이 구체적으로 표현한 공연을 안 보고 넘어가지는 마세요).[1]

나는 그 포도나무이다

예수님이 아버지께로부터 오셨습니다.

아버지는 우리를 심으신 농부이시지요.

---

1   http://vimeo.com/91338557와 http://www.allysonwerm.com에서 Allyson Wermelskirchen을 더 잘 볼 수 있습니다.

예수님이 말씀하셨어요. 나는 그 포도나무,

너희는 포도나무 가지,

너희가 내 안에 거하고, 내가 너희 안에 함께 거하면

열매가 많겠지만,

나를 떠나서는 아무것도 맺지 못하지.

나는 너희에게 양분이 필요할 때

양분을 공급해 주는 그 포도나무,

나는 너희가 잘 자랄 그 유일한 길,

너희와 이어진 내 포도나무 잎맥은

용기 있게 힘차게 흘러, 힘 있게 흘러, 사랑으로 부풀어

농부께서 뜻하신 일을 너희가 할 수 있게 해 주지.

그리하여 그분이 우리를 기르실 때

너희가 맺은 열매에 기뻐하시리.

나는 너희가 시들지 않게 해 줄 그 원줄기,

지금 삶이 기우뚱할지라도,

세상이 너희를 거세게 차버리더라도

너희가 계속 서 있게 해 줄 원줄기.

나는 다시 심고, 다시 세우고, 회복시키고, 구속하는 그 지팡이.

내게는 농부께서 추수하시도록

씨를 심을 힘이 있지.

바로 그 농부께서 빛을 심으시고 어둠을 뽑아 내시지.

바로 그 농부 하나님은 우리를 그분 형상으로 만드신 분,

우리로 열매 맺게 하시는 분,

그분이 없으면 우리는 지극히 가난하지만

그분과 함께하면 우리에게는 가능성이 있어

열매 맺을 마음을 똑 부러지게 먹지.

그분이 말씀하셨어요. 나는 포도나무, 나는 뿌리를 지탱하지.

나는 생명을 주는 포도나무이니,

너희가 나와 끊어지지 않기를,

나를 올무로 이용하지 말기를.

나는 다시 살릴 수 있는 그 포도나무,

너희가 그 포도나무에서 나왔고

그 포도나무로 인해 번성하리니,

나는 너희가 살아있는 비결,

새로운 생명에 대한 너희 소망,

살아나게 하는 가장 완전한 길이요,

살아나게 하는 가장 진정한 길이요,

살아나게 하는 오직 한 길.

나는 포도나무요 너희는 가지,

나는 다시 기회를 주는 이,

나는 포도나무, 나는 흙, 나는 햇살, 나는 비,

나는 치료요, 나는 진리요, 소망이요, 사랑.

나는 포도나무

그리고 나는 생명.

제11장

1. 저는 "나는 기쁨을 선택한다"라고 적힌 목걸이를 본 적이 있습니다. 기쁨은 정말로 일종의 선택인가요? 그렇다면 기쁨을 선택하기는 일은 얼마나 힘이 드나요? 여러분은 기쁨을 선택하고 있나요?

2. 슬픔 때문에 기쁨이 퇴색한 (아니면 적어도 위태로워진) 때를 되돌아보세요. 결국은 슬픔이 기쁨에게 자리를 내줬나요? 그런 식으로 일이 진행되었나요? 대화를 통해 슬픔과 기쁨을 말하는 방법을 찾았나요? 그 대화가 어떻게 들렸나요? 그 대화가 끝나기는 했나요?

3. 계속해서 슬픔에 휩싸여 있는 사람을 본 적이 있나요? 그와 같은 상황에서 "기쁜 소식"은 어떻게 보일까요?

4. 분명 예수님은 하늘과 땅 사이, 거듭 오시고 가시는 것 사이, 다양한 존재 상태(선재, 지상 존재, 영원한 존재) 사이의 이동이라는 개념을 받아들이십니다. 여러분은 어떤가요? 켈트족 그리스도인들은 그 사이가 흐릿해지는 "좁은 간격"(thin spaces)이라는 개념을 받아들입니다.

5. 현대 물리학자들과 우주론자들과 철학자들은 실재 자체의 본질을 사색합니다. 우리가 너무나 작게 생각해 온 (그리고 살아온?) 것일까요? 우주에는 얼마나 많은 차원이 존재할까요? 평행우주는 어떤가요? 존재의 가장 작은 단위는 무엇인가요(원자는 너무 "지난날"이고, 이제 우리는 [초]끈이론을 접하고 있습니다)? 여러분은 불가사의와 신비가 흥미진진하다고 생각하나요, 아니면 영감을 준다고 생각하나요, 그것도 아니면 그저 무의미하다고 생각하나요?

제13장

1. 그리스도인과 주류 문화 사이의 적절한 관계는 무엇인가요?

2. 무슨 일이 있든지 진리를 아는 대로 고수하는 것이 쉽다고 생각하나요? 여러분은 어떤 상황에서 주저하게 되나요?

3. 여기에서 요한복음을 공관복음과 비교하는 것, 즉 어느 복음서도 "교정"하지

않고 각 복음서가 예수님 삶에서 이 부분을 어떻게 다루는지 살펴보는 것이 유익한 활동이라는 것을 알게 될 거예요. 다음과 같은 질문을 생각해 보세요.

    a. 재판이 어떻게 돌아가나요?

    b. 고발 이유가 무엇인가요?

    c. 예수님은 어떻게 대답하시나요?

    d. 예수님이 누구 앞에 서서 재판을 받으시나요?

    e. 빌라도의 역할을 무엇인가요?

    f. 예수님이 왜 죽으시나요?

    g. 십자가에 누가 있나요?

    h. 그 밖에 또 무엇이 중요한가요?

제14장

1. 막달라 마리아의 이야기에서 여러분이 공감하는 관점은 무엇입니까?

2. 여러분은 눈물을 흘립니까? 요즘 여러분은 무엇을 위해, 또는 누구를 위해서 눈물을 흘립니까? 언제 희망이 사라진 기분이 드나요?

3. 지금까지 알고 있는 상실 중에서 가장 큰 상실은 무엇입니까?

4. 무언가가 여러분이 묻어 놓은 자리에 그대로 있지 않을 때 심란합니까? 왜 그런가요?

5. 하나님께서 여러분의 이름을 부르시는 것을 들은 적이 있습니까? 가장 최근 에는 언제 그런 일이 있었나요?

6. 여러분은 삶 속에서 그 동산지기이신 분의 임재에 어떻게 하면 더 주의를 기 울일 수 있습니까?

7. 우리가 놓아 주어야 하는데 붙잡고 있는 사람이나 일은 무엇입니까?

8. 나사렛 예수의 빈 무덤이 여러분에게는 무엇을 의미합니까?

9. 여러분은 자신의 삶에 하나님이 임재하심을 어떻게 증언합니까?

참고 문헌

Anderson, Paul. *The Riddles of the Fourth Gospel*. Minneapolis: Fortress, 2011.

Black, Kathy. *A Healing Homiletic: Preaching and Disability*. Nashville: Abingdon, 1996.

Callahan, Allen Dwight. "John." In *True to Our Native Land: An African American New Testament Commentary*, edited by Brian K. Blount. 186–212. Minneapolis: Fortress, 2007.

Carter, Warren. "'The Blind, Lame, and Paralyzed' (John 5:3): John's Gospel, Disability Studies, and Postcolonial Perspectives." In *Disability Studies and Biblical Literature*, edited by Candida R. Moss and Jeremy Schipper. 129–50. New York: Palgrave Macmillan, 2011.

Clark-Soles, Jaime. *Engaging the Word*. Louisville, KY: Westminster John Knox Press, 2010.

———. "'The Jews' in the Fourth Gospel." In *Feasting on the Gospels—John, Volume 1: A Feasting on the World Commentary*, edited by Cynthia A. Jarvis and E. Elizabeth Johnson. xi–xiv. Louisville, KY: Westminster John Knox Press, 2015.

———. "Mary Magdalene: Beginning at the End." In *Character Studies in the Fourth Gospel: Narrative Approaches to Seventy Figures in John*, edited by

Steven A. Hunt, D. Francois Tolmie, and Ruben Zimmermann. 626–40. Wissenschaftliche Untersuchungen zum Neuen Testament. Tübingen: Mohn Siebeck, 2013.

———. *Scripture Cannot Be Broken*. Leiden: E. J. Brill, 2003.

Coffin, William Sloane. *Credo*. Louisville, KY: Westminster John Knox Press, 2004. Kindle edition.

Coloe, Mary. *God Dwells with Us: Temple Imagery in the Gospel of John*. Wilmington, DE: Michael Glazier, 2001.

Daniel, John. *Of Earth: New and Selected Poems*. Sandpoint: ID: Lost Horse Press, 2012.

Garroway, Joshua D. "*Ioudaios*." In *The Jewish Annotated New Testament*, edited by Amy-Jill Levine and Marc Z. Brettler. 524–26. New York: Oxford University Press, 2011.

Levine, Amy-Jill. *The Misunderstood Jew: The Church and the Scandal of the Jewish Jesus*. New York: HarperOne, 2007.

Martyn, J. Louis. *History and Theology in the Fourth Gospel*. Rev. and Exp. New Testament Library. Louisville, KY: Westminster John Knox Press, 2003.

Meeks, Wayne A. "The Image of the Androgyne." *History of Religions* 13 (1974): 165–208.

Melcher, Sarah J., Mikeal C. Parsons, and Amos Yong, eds. *Disability and the Bible: A Commentary*. Waco, TX: Baylor University Press, forthcoming.

Mitchell, David T. and Sharon L. Snyder. *Narrative Prosthesis: Disability and the Dependencies of Discourse*. Ann Arbor: University of Michigan Press, 2000.

Moloney, Francis J. *The Gospel of John*. Sacra Pagina, vol. 4. Collegeville, MN: Liturgical, 1998.

Moore, Stephen E. *Post-structuralism and the New Testament*. Minneapolis: Fortress, 1994.

Oliver, Mary. *House of Light*. Boston: Beacon Press, 1990.

Reinhartz. *Befriending the Beloved Disciple: A Jewish Reading of the Gospel of John*. New York: Bloomsbury Academic, 2002.

———. "John." In *The Jewish Annotated New Testament*, edited by Amy-Jill Levine and Marc Z. Brettler. 152–96. New York: Oxford University Press, 2011.

Salmon, Marilyn. *Preaching without Contempt: Overcoming Unintended Anti-Judaism*. Minneapolis: Fortress, 2006.

Schneiders, Sandra. *Written That You May Believe*. New York: Crossroad, 2003.

Silverstein, Shel. *Where the Sidewalk Ends*. New York: Harper and Row, 1974.

Taylor, Beth. "Movement toward the Light: Nicodemus and Becoming a Child of God." Unpublished paper, Perkins School of Theology, December 5, 2014.

Trible, Phyllis. *God and the Rhetoric of Sexuality*. Philadelphia: Fortress, 1978.

The Visual Bible: The Gospel of John. DVD. Directed by Philip Saville. Toronto: Think Film, 2003.

von Wahlde, Urban. *The Gospel and Letters of John*. 3 vols. Grand Rapids: Eerdmans, 2010.

———. "'The Jews' in the Gospel of John: Fifteen Years of Research (1983-1998)." *Ephemerides Theologicae Lovanienses* 76 (2000): 30–55.

———. "The Johannine 'Jews': A Critical Survey." *New Testament Studies* 28 (1982): 33–60.

Wolff, Tobias. *The Vintage Book of American Short Stories*. New York: Vintage Contemporaries, 1994.

Wynn, Kerry H. "Johannine Healings and the Otherness of Disability." *Perspectives in Religious Studies* 34 (2007): 61–75.

ㄱ

ㅂ

ㅅ

요한복음에 가면: 제4복음서와 함께하는 영적 산책

초판1쇄   2023. 01. 31
저자   제이미 클락 솔즈
번역자   이여진
편집장   박선영
편집자   김남효 박이삭 이학영
디자이너   이학영

발행자   이학영
발행처   도서출판 학영
이메일   hypublisher@gmail.com
총판처   기독교출판유통

ISBN   9791197769641 (03230)
정 가   21,000원